Investitionen, Entei
und Umweltschutz

Europäische Hochschulschriften

European University Studies

Publications Universitaires Européennes

Reihe II **Rechtswissenschaft**

Series II Law

Série II Droit

Band/Volume **5497**

Andrea zur Nieden

Investitionen, Enteignungen und Umweltschutz

Ein Beitrag zur Auflösung des Zielkonflikts zwischen Investitions- und Umweltschutzrecht

Bibliografische Information der Deutschen Nationalbibliothek
Die Deutsche Nationalbibliothek verzeichnet diese Publikation in der Deutschen
Nationalbibliografie; detaillierte bibliografische Daten sind im Internet über
http://dnb.d-nb.de abrufbar.

Zugl.: Bonn, Univ., Diss., 2012

Gedruckt auf alterungsbeständigem,
säurefreiem Papier.

D 5
ISSN 0531-7312
ISBN 978-3-631-62694-8 (Print)
E-ISBN 978-3-653-02467-8 (E-Book)
DOI 10.3726/978-3-653-02467-8

© Peter Lang GmbH
Internationaler Verlag der Wissenschaften
Frankfurt am Main 2013
Alle Rechte vorbehalten.
PL Academic Research ist ein Imprint der Peter Lang GmbH.
Peter Lang – Frankfurt am Main · Bern · Bruxelles · New York · Oxford · Warszawa · Wien

www.peterlang.de

Vorwort

Die vorliegende Arbeit wurde im Wintersemester 2012/2013 von der Juristischen Fakultät der Rheinischen Friedrich-Wilhelms-Universität als Dissertation angenommen. Das Grundwerk befindet sich auf dem Stand Herbst 2011.

Ich danke meinem Doktorvater, Herrn Professor Dr. Dr. Rudolf Dolzer, für seine zahlreichen Anregungen und seine Geduld, Herrn PD Dr. Dr. Tade Matthias Spranger für die zügige Erstellung des Zweitgutachtens sowie dem Vorsitzenden des Prüfungsausschusses, Herrn Professor Dr. Matthias Schmidt-Preuß.

Außerdem gebührt all jenen Dank, die im täglichen Umgang mit mir zum Gelingen der Arbeit beigetragen haben. Sei es durch ihr Fachwissen und ihr stets offenes Ohr für Diskussionen, durch Korrekturlesen und nicht zuletzt durch ihren Langmut, Ansporn und ihre Unterstützung in sämtlichen Phasen der Erstellung dieser Arbeit. Danke daher vor allem an Dr. Wolf zur Nieden, Dr. Daniela Stagel, Georg A. Edeler, Dr. Florian Schöfer und Dr. Tina Groll.

Abschließend möchte ich es nicht versäumen, ganz besonders meiner Familie und insbesondere meinen Eltern zu danken. Ihnen ist diese Arbeit gewidmet.

Bonn, im April 2013   Andrea zur Nieden

Inhaltsverzeichnis

8

Einleitung

In den vergangenen drei Jahrzehnten ließ sich weltweit ein bemerkenswerter Anstieg von Auslandsdirektinvestitionen beobachten. Der überwiegende Teil dieser Investitionen wurde und wird nach wie vor zwischen den Industrienationen ausgetauscht. Allerdings profitieren nunmehr auch weniger entwickelte Länder von steigenden Investitionsvolumina. Dies zeigt sich einerseits in höheren Investitionszuflüssen aus den Industrienationen in diese Länder. Andererseits ist nun auch zwischen den sogenannten Schwellen- und Entwicklungsländern vermehrte Investitionstätigkeit zu beobachten, was der insgesamt gestiegenen wirtschaftlichen Bedeutung dieser Staaten entspricht. Zwei Gründe lassen sich für diese rasante Entwicklung anführen. Zunächst wirkt sich die zunehmende internationale wirtschaftliche Integration – von Befürwortern wie Kritikern kurz als Globalisierung bezeichnet – in einem immer dichter werdenden Netz internationaler Kapitalverflechtungen aus. Mittel und Werkzeug für das Entstehen solcher den Globus umspannenden Kapital- und Beteiligungsbeziehungen sind Investitionen in ihren unterschiedlichsten Spielarten und Varianten. Der andere Grund liegt darin, dass sich das gerade in Entwicklungsländern und kommunistischen Staaten lange Zeit vorherrschende investitionsfeindliche Klima gewandelt hat.[1] Durch die politischen Umwälzungen der späten 1980er-Jahre in den ehemals kommunistischen Ländern Ost- und Mitteleuropas konnten nun weitgehend offene und liberale marktwirtschaftliche Systeme entstehen und sich in der Folgezeit mehr oder weniger erfolgreich etablieren. Ähnliches galt für viele Länder Mittel- und Südamerikas, die sich von ihrem sozialistischen Erbe abwandten. In der jüngsten Vergangenheit sind jedoch auch wieder Gegenentwicklungen zu beobachten.[2]

Gewichtiger ist jedoch, dass sich nunmehr das Bewusstsein über die möglichen positiven Auswirkungen, die ausländischer Kapitalzufluss mit sich bringen kann, durchsetzen konnte. Lange Zeit hegten gerade Staaten der sogenannten Dritten Welt Vorbehalte gegenüber starkem ausländischem

---

1 Zu den Änderungen in der Haltung der Entwicklungsländer gegenüber ausländischen Direktinvestitionen und den dahinterstehenden globalen wirtschaftlichen Entwicklungen vgl. *Vandevelde*, Michigan Journal of International Law, 19 (1998), 373, 386 ff. *Kühn*, in: Zielsetzung Partnerschaft, Die weltwirtschaftliche Bedeutung von Auslandsinvestitionen und Technologietransfer, S. 229 ff.; *Braun*, in: Zielsetzung Partnerschaft, Die weltwirtschaftliche Bedeutung von Auslandsinvestitionen und Technologietransfer, S. 289 ff.

2 Venezuela und seine Politik der schrittweisen Verstaatlichung seiner Ölvorkommen sei als Beispiel erwähnt. S. außerdem The Economist, „The Return of Populism", 15. April 2006.

Engagement in den eigenen Volkswirtschaften. Dies kam unter anderem in den Resolutionen der Generalversammlung der Vereinten Nationen, die eine „Permanent Sovereignty over Natural Resources" postulieren, zum Ausdruck.

Von Investitionen erhofft man sich natürlich positive Effekte, die letztlich in der Mehrung des Wohlstandes des Gastlandes bestehen sollen. Aus diesem Grund wurden von zahlreichen Staaten große Anstrengungen unternommen, um als attraktives Ziel für Investitionen zu gelten. Dabei steht die Schaffung eines investitionsfreundlichen Klimas im Vordergrund, das durch ein hohes Maß an Rechtssicherheit ebenso geprägt ist wie durch ein hohes Schutzniveau für die einmal getätigte Investition. Die damit verbundenen Risiken dürfen jedoch nicht vergessen oder verharmlost werden. Weitgehende Zugeständnisse genereller oder auch individueller Natur an ausländische Investoren können sich unter geänderten politischen oder wirtschaftlichen Umständen negativ auswirken. Was zu einer gegebenen Zeit vernünftig erschien, kann sich später schnell als nachteilig herausstellen.

Befürchtet wird, dass Regierungen wegen des bestehenden Wettbewerbes der Volkswirtschaften um Investitionen unter unkontrollierbaren Druck geraten. In einer solchen Situation könnten sich Staaten beispielsweise veranlasst sehen, neben der Etablierung von Maßnahmen zum Schutz von Investitionen bewusst arbeits- oder sozialrechtliche Standards abzusenken, um die eigene Volkswirtschaft am Markt zu positionieren.[3] Besondere Aufmerksamkeit ist dieser Gefahr in umweltrechtlicher Hinsicht zuteilgeworden. Zur Schaffung eines attraktiven Investitionsumfeldes könnten Staaten versucht sein, Umweltstandards sehr niedrig anzusetzen oder sogar ohnehin niedrige Standards noch weiter zu senken. In die gleiche Richtung weist die Sorge, dass bestehende Vorschriften und Regelungen zum Schutz der Umwelt möglicherweise nicht stringent oder nur unzureichend durchgesetzt oder angewandt werden könnten. Gerade dieser Aspekt mobilisiert diejenigen Gegner von Investitionsabkommen, die sich dem Umweltschutz verschrieben haben, einem Anliegen, das in den vergangenen 40 Jahren immer mehr an Bedeutung gerade im internationalen Rahmen gewonnen hat.

Den positiven Wirkungen von ausländischen Investitionen stehen also ernst zu nehmende negative Aspekte entgegen. Denn selbst wenn das beschriebene Vorgehen kurzfristig wirtschaftliche Erfolge zeitigt und die Volkswirtschaft des Gaststaates profitiert, wird man dem allseits postuliertem langfristigen Ziel einer umfassenden nachhaltigen Entwicklung nicht näherkommen. Wäre nun eine

---

3   Grundlegend *Stewart,* Yale Law Journal, 86 (1977), 1196, 1212 (für die Situation der föderalen USA, in der dieser Wettlauf zwischen den einzelnen Bundesstaaten einsetzen könnte).

solche Fehlentwicklung ohne Weiteres umkehrbar oder wäre es einsichtigen Regierungen jederzeit möglich, den eingeschlagenen Kurs zu ändern, könnte man von einer unseligen, im Ergebnis jedoch unschädlichen Episode sprechen. Doch Korrekturen der beschriebenen Art würden oftmals unvermeidlich in die Sphäre des Investors eingreifen. So kann es notwendig sein, das gerade noch willkommene ausländische Engagement derart weitgehend zu beeinträchtigen, dass im rechtlichen Sinne von Enteignung gesprochen werden muss. Die grundsätzliche Befugnis eines Staates, fremdes Eigentum oder Investitionen zu enteignen, steht zwar auch bei Bestehen von völkerrechtlichen Investitionsschutzverpflichtungen außer Frage. Allerdings sind an das Vorliegen einer rechtmäßigen Enteignung einige Voraussetzungen geknüpft. Die wirtschaftlich wichtigste Folge einer Enteignung besteht dabei in der Pflicht einer Entschädigungszahlung. Gerade ein wirtschaftlich schwaches Land kann durch diese Pflicht empfindlich getroffen werden.

Es geht jedoch nicht allein um Korrekturen einer möglicherweise verfehlten Politik. Entscheidungsträger müssen grundsätzlich bei jeder zu ergreifenden Maßnahme eine umfassende Abwägung treffen. Auf der einen Seite steht das öffentliche Interesse, das staatliches Handeln verlangt. Auf der anderen Seite müssen die Folgen der erwogenen Maßnahmen abgeschätzt werden. Dies gilt umso mehr, als nicht nur direkte Enteignungsformen, d.h. finale Eingriffe in die Rechtspositionen von ausländischen Investoren, sondern auch indirekte Eingriffe eine Entschädigungspflicht auslösen können. Im Grunde steht hinter diesen Überlegungen die Frage, wer die Kosten einer ausländische Rechtspositionen verletzenden Maßnahme tragen soll. Sollen diese Kosten dem allgemeinen Steuerzahler des betreffenden Staates auferlegt werden, oder soll der ausländische Investor mit ihnen belastet werden? Eine Politik, die etwa zur Verfolgung von umweltrechtlichen Zielen dazu führt, dass hohe Kompensationszahlungen geleistet werden müssen, ist dabei weder den eigenen Bürgern noch den solche Vorgänge stets kritisch beobachtenden Nichtregierungsorganisationen (Non-Governmental Organisations, im Folgenden kurz „NGO") vermittelbar. In diese vielleicht überspitzt geschilderte Zwangslage können Staaten jedoch leicht geraten. Es wird befürchtet, dass das international vorausgesetzte hohe Schutzniveau für ausländische Investitionen zu empfindlichen Einschränkungen der Handlungsspielräume von Regierungen führen kann. Denn schlicht nicht zu handeln, selbst dort, wo entsprechender Bedarf besteht oder durch internationale Verträge verpflichtend vorgeschrieben wurde, ist wiederum auch keine den Anforderungen einer „Good Governance" genügende Lösung.

Die vorliegende Arbeit will dazu beitragen, den völkerrechtlichen Rechtsrahmen für diesen Konflikt zu beleuchten und zu verdeutlichen. Welche Regelungen sind einschlägig, welche Maßstäbe werden bei der Beurteilung von

Enteignungen ausländischer Investitionen angelegt? Bestehen Besonderheiten, wenn es sich um Maßnahmen handelt, die aus Gründen des Umweltschutzes ergriffen werden? Lassen sich möglicherweise Parallelen zu ähnlich gelagerten Situationen ziehen, sodass dort getätigte Überlegungen für die vorliegende Frage fruchtbar gemacht werden könnten? Letztendlich soll eine Antwort auf die Frage gegeben werden, ob die Befürchtungen, effektiver Investitionsschutz und nachhaltiger Umweltschutz seien miteinander unvereinbar, einer rechtlichen Untersuchung standhalten. In einem einleitenden Kapitel sind zunächst die Grundlagen aufzuarbeiten. Aufmerksamkeit wird hierbei zunächst den Hintergründen der Wechselbeziehung zwischen Investitionen, Enteignungen und Umweltschutz zu widmen sein. Nachfolgend sollen die Kernbegriffe der Investition und der Enteignung vorgestellt werden. Der jeweilige Rechtsrahmen soll erläutert und in Bezug zu den dargestellten Hintergründen gesetzt werden. Schon die Frage nach der verwandten Definition für den Begriff der Investition kann maßgeblichen Einfluss auf die enteignungsrechtliche Beurteilung möglicher späterer Entscheidungen des Gastlandes der Investition entfalten. Zum besseren Verständnis werden die Entwicklung und der Regelungsgehalt des internationalen Enteignungsrechts in wesentlichen Punkten dargestellt und nachgezeichnet. Abschließend werden einige für das Zusammenspiel mit dem Investitionsrecht relevante Prinzipien des Umweltvölkerrechts vorgestellt. Nur vor dem Hintergrund dieser Grundlagen ist eine detaillierte Auseinandersetzung mit den im folgenden Kapitel aufgeworfenen Problemstellungen möglich.

Der Hauptteil der Arbeit wird sich damit auseinandersetzen, welchen Weg das geltende Völkerrecht in Situationen wie dem oben angerissenen Verhältnis zwischen Enteignungen und Umweltschutz aufzeigt. Methodisch empfiehlt es sich dabei, anhand der verschiedenen völkerrechtlichen Rechtsquellen von Einzelfällen unabhängige Leitlinien und Grundgedanken aufzuzeigen. Besondere Aufmerksamkeit wird dabei den im Rahmen des North American Free Trade Agreement (im Folgenden kurz „NAFTA")[4], der Nordamerikanischen Freihandelszone[5], geführten Auseinandersetzungen gelten. Große öffentliche Resonanz zogen hier Fälle nach sich, deren Brisanz darin bestand, dass dem Umweltschutz dienende Regelungen aus Gründen des Investitionsschutzes angegriffen wurden. Auch einige Streitfälle, die auf der Grundlage bilateraler Investitionsabkommen (Bilateral Investment Treaties, BIT) geführt wurden, sind interessant. Darüber hinaus geben auch einige Fälle nach der Europäischen

---

4   North American Free Trade Agreement between the Government of Canada, the Government of the United Mexican States and the Government of the United States of America, in Kraft getreten 1. Januar 1994, abgedruckt in International Legal Materials, 32 (1993), 289–456, 605–799.

5   Sie umfasst Kanada, die Vereinigten Staaten von Amerika und Mexiko.

Konvention für Menschenrechte Aufschluss über den Umgang mit dem aufgezeigten Zielkonflikt.

1. Kapitel: Investitionen, Enteignungen, Umweltschutz

Wie eingangs bereits erwähnt, hat sich das weltweite Investitionsklima in den vergangenen Jahren grundlegend geändert. Untermauert wurde dieser Stimmungswandel durch die Einführung liberaler nationaler Investitionsregimes in vielen Staaten. In den Staaten des ehemaligen Ostblocks mussten nach der Wende oftmals komplette Gesetzeswerke von Grund auf neu geschaffen werden, in anderen Staaten vollzog sich der Wechsel vor dem Hintergrund schon bestehender Regeln. Von den insgesamt 150 hierfür relevanten Gesetzesänderungen, die beispielsweise im Jahr 2000 in 69 Ländern umgesetzt wurden, waren 147 investitionsfreundlicher Natur.[6] Hiervon umfasst sind liberalisierende und investitionsanreizsetzende oder -verstärkende Änderungen sowie solche Regelungen und Gesetze, die auf eine Funktionsstärkung des Kapitalmarktes abzielen.[7]

Feststellungen darüber, welcher Faktor im Rahmen dieser Entwicklung Ursache und welcher Wirkung ist, sind nahezu unmöglich und im Grunde auch müßig. Einerseits kann die Liberalisierung nationaler Gesetze als Begleiterscheinung eines immer offener werdenden Investitionsklimas verstanden werden. Regierungen sind bestrebt, ihr Land als attraktives Investitionsziel zu positionieren und für ausländisches Kapital zu öffnen, um so von dessen positiven Effekten für die eigene Volkswirtschaft profitieren zu können. Die Aufgabe nationaler Investitionspolitik besteht demzufolge unter anderem darin, Rechtssicherheit hinsichtlich des Schicksals der anvisierten Investitionen zu schaffen und so klare Rahmenbedingungen für Kapitalansiedlungen und daraus resultierende Kapitalbewegungen zu bieten. Die Bedeutung dieser Faktoren für die Investitionsentscheidung eines ausländischen Investors sollte nicht unter-

---

6   *UNCTAD*, World Investment Report 2002, S. 7, Box I.2. „Changes in FDI regimes". So auch in Deutschland: Das Außenwirtschaftsgesetz (AWG vom 28. April 1961, BGBl. I 1961, S. 481, zuletzt geändert durch Artikel 8 Gesetz vom 16. August 2002, BGBl. I 2002, S. 3202) sah bis 2001 in den §§ 22 und 23 die Möglichkeit vor, Kapitalimporte wie -exporte zur Aufrechterhaltung einer ausgeglichenen Zahlungsbilanz oder im Interesse einer starken D-Mark zu beschränken, §§ 22 Abs. 3, 23 Abs. 3. Dies kam freilich nur einmal vor, vgl. zu den Vorgängen *Hahn/Gramlich*, Archiv des Völkerrechts, 21 (1983), 145, 167. Durch Artikel 20 Nr. 2 des 9. Euro-Einführungsgesetz vom 10. November 2001 (BGBl. I 2001, S. 2992) wurden diese Regelungen im Zuge der dritten Stufe der Europäischen Währungsunion ersatzlos gestrichen.

7   Grundlegend hierzu: *Mishkin/Eakins*, Financial Markets and Institutions, S. 13–34.

schätzt werden.[8] Andererseits darf nicht außer Acht gelassen werden, dass Regierungen vielfach dem Druck der fortschreitenden Globalisierung und dem damit einhergehenden Wettbewerb der Volkswirtschaften untereinander nachgeben müssen, auch wenn sie im Grunde vielleicht nicht besonders investitionsfreundlich eingestellt sind.[9] Es kann sich jedoch kaum ein Staat erlauben, in diesem Wettbewerb ins Hintertreffen zu geraten. Neben dem Ziel, überhaupt Investitionen ins Land zu holen, verfolgen viele legislative Änderungen darüber hinaus den Zweck, gerade für hochwertige, der Entwicklung des Gastlandes förderliche Investitionen ein attraktives Umfeld zu schaffen. Die positiven Auswirkungen solcher Investitionen auf die wirschaftliche Entwicklung eines Landes nachzuweisen war Ziel zahlreicher Studien[10], deren Ergebnisse (wenig überraschend) nicht unwidersprochen geblieben sind. Von der Bewertung der Nützlichkeit ausländischer Investitionen hängt in der Praxis viel ab. Politische Entscheidungen und daraus resultierende rechtliche Weichenstellungen sind häufig davon beeinflusst, ob der Einfluss ausländischen Kapitals für wünschenswert gehalten wird und sich in der Realität tatsächlich wie erhofft auswirkt oder ob überwiegend negative Erwartungen und Erfahrungen daran geknüpft werden.

Investitionen entfalten Auswirkungen – positive wie negative – in besonders prägnanter Weise in den Volkswirtschaften von Entwicklungsländern. Diese weisen Merkmale auf, die den Einfluss von ausländischem Kapital potenzieren, auch wenn der Zufluss absolut gesehen oftmals nicht besonders voluminös ist. Die in Entwicklungsländern ansässigen lokalen Unternehmen sind überwiegend klein. Meist sind sie im Hinblick auf ihr technologisches Know-how und ihre Ausstattung im internationalen Vergleich nicht wettbewerbsfähig. Der Eintritt ausländischer, zumeist westlicher Unternehmen, hat demnach weitreichende Folgen. Zudem unterscheiden sich die Staaten von industrialisierten Volkswirtschaften in Faktoren wie ihrer Marktgröße und -erschließung, der im Land selbst vorhandenen Konsumentennachfrage sowie in der Verfügbarkeit von qualifizierten Arbeitskräften.[11] Investitionen treffen in Entwicklungsländern somit

---

8   *Morisset/Pirnia*, World Bank Working Paper No. 2509, S. 6 f., stellt einige Studien vor, welche die für Unternehmen bei Investitionsentscheidungen wichtigen Standortfaktoren untersuchen und nach ihrer jeweiligen Wichtigkeit abstufen.

9   *UNCTAD*, IIA Series – Trends, S. 9; *Frey*, Minnesota Journal of Global Trade, 6 (1997), 153, 160.

10   Vgl. zu den positiven Auswirkungen von Auslandsdirektinvestitionen grundlegend: *MacDougall*, Economic Record, Vol. 36, 13–35; *Klein/Aaron/Hadjimichael*, World Bank Working Paper No. 2613; ebenso *Blomström/Kokko*, World Bank Working Paper No. 1745.

11   *Blomström/Kokko*, World Bank Working Paper No. 1745, S. 2.

häufig auf ein „unbestelltes Feld", was ihren Einfluss auf das Gastland verglichen mit dem, den sie in einem hoch industrialisierten Staat hätten, erheblich verstärkt.

Auf der Positivseite steht zunächst der Zufluss von Kapital in die Volkswirtschaft des Gastlandes. Der ins Land kommende Investor muss, um sein Projekt erfolgreich auf den Weg zu bringen, gewisse Anlaufinvestitionen tätigen, von denen oftmals auch lokale Anbieter profitieren. Weiterhin kann mit einer Erhöhung des Steueraufkommens gerechnet werden; dies zum einen im Rahmen der Unternehmensbesteuerung selbst[12], zum anderen tragen steigende Lohnsteuererträge durch neu eingerichtete Arbeitsplätze ihren Teil bei. Dadurch, dass neue Arbeitsplätze entstehen, wird die allgemeine Kaufkraft gestärkt, was schlussendlich zu höherem Wohlstand der jeweiligen Volkswirtschaft führt.

Neben den monetären Vorteilen, seien sie unmittelbar wie steigende Steuereinnahmen oder mittelbar wie etwa erhöhte Kaufkraft, sind mit Investitionen bestenfalls auch weitere sogenannte „spill over"-Effekte verbunden. Unter dem Aspekt des wachsenden technischen, wirtschaftlichen oder kaufmännischen Know-hows der lokalen Arbeitskräfte beleben und fördern sie die wirtschaftliche Entwicklung des Gastlandes.[13] Auch der durch die Auslandsinvestitionen ins Land getragene Wettbewerb wirkt sich oftmals stimulierend auf die heimischen Betriebe aus.

Mit dem Eintritt eines neuen, auch für den lokalen Markt produzierenden Wettbewerbers müssen die schon vorhandenen Marktteilnehmer neu um ihre Marktanteile ringen. Ihr in älterer Technik bestehender Wettbewerbsnachteil kann nur am Anfang durch bessere Marktkenntnis, die Kenntnis der lokalen Verbraucherpräferenzen und der herrschenden Geschäftsgepflogenheiten aufgewogen werden. Das bis dato bestehende Gleichgewicht des Marktes gerät durcheinander und kann nur zugunsten der alteingesessenen Unternehmen stabilisiert werden, wenn diese den Hemmschuh veralteter Technik, ineffizienter Arbeitsabläufe und mangelnder Innovationen abstreifen. Neben dieser indirekten Stimulation wird oftmals staatlicherseits auf die Einbringung moderner Technologien und den Transfer von modernen Managementmethoden durch den Investor Wert gelegt. So treten die Vorteile eines möglichst offenen und liberalen Investitionsklimas zutage.

Doch die Attraktivität von Auslandsinvestitionen hat auch ihre Tücken. Gerade im Wissen um die positiven Folgen solcher Investitionen können

---

12 *Klein/Aaron/Hadjimichael,* World Bank Working Paper No. 2613, S. 15.
13 *Blomström/Kokko,* World Bank Working Paper No. 1745, S. 3 ff., die neben den formalen Wegen des Technologietransfers auch die Auswirkungen und Bedeutung der mehr informellen Wege beleuchten, vgl. S. 7 f.

Regierungen versucht sein, weitreichende Zugeständnisse zu machen, um als möglichst interessanter Anlagestaat zu gelten. Besonders häufig anzutreffen sind steuerliche Anreize gerade in afrikanischen Entwicklungsländern.[14] Weitgehende Marktöffnungen auch in sensiblen Bereichen und der Verzicht auf „local-content"-Anforderungen, d.h. Mindestanforderungen beispielsweise hinsichtlich der Einbeziehung von lokalen Arbeitskräften auf Managementebene oder auch die Verarbeitung heimischer Rohstoffe oder Grundprodukte in einer Produktion, sind weitere mögliche Maßnahmen. Befürchtet wird zudem, dass Staaten ihre arbeits- oder umweltrechtlichen Standards senken oder es unterlassen, bestehende Standards in angemessener Weise durchzusetzen, sodass es, global betrachtet, zu einem „race to the bottom" kommen könnte.[15] Neben dem Motiv, attraktive Bedingungen für ausländische Investitionen zu schaffen, wird als Hintergrund für diese Vorgehensweise der Wettbewerb mit anderen Empfängerstaaten oder sogar Einflussnahme mächtiger potenzieller Investoren vermutet.[16] Auch wenn gerade die letztgenannte Befürchtung sehr überzeichnend erscheint, muss man sich vor Augen führen, dass sich mit dem Eintritt neuer Akteure das bestehende Machtgefüge eines durch die für Entwicklungsländer typischen Kriterien gekennzeichneten Marktes notwendigerweise verschiebt. Dies geschieht zum einen horizontal, d.h. hinsichtlich der am Markt tätigen Unternehmen untereinander, was wie oben erläutert generell als positiv gewertet wird. Zum anderen ist eine Machtverschiebung auch auf vertikaler Ebene denkbar. Tochterunternehmen großer Weltkonzerne können nicht nur wirtschaftlich im Markt des Gastlandes für grundlegende Veränderung sorgen, sondern zudem auch – bewusst oder unbewusst – Einfluss auf dessen staatliche Organe gewinnen, denn im Vergleich zu staatlichen Volkswirtschaften sind manche Konzerne wirtschaftlich gesehen tatsächlich um ein Vielfaches größer.[17] Die mit Großinvestitionen verbundene Wirtschaftsmacht kann auf diese Weise die Gefahr einer Einflussnahme internationaler Konzerne auf die Geschicke und politischen Entscheidungen des Empfängerstaates bergen, obwohl sie oftmals nur mit einem für ihre Verhältnisse kleinen Teil, nämlich einem Tochterunternehmen, dessen Rechtsordnung unterliegen.[18]

---

14   Hierzu und zu deren Wirksamkeit kritisch: *Morisset/Pirnia,* World Bank Working Paper No. 2509.

15   S. *Wheeler,* World Bank Working Paper No. 2524.

16   Diesen Aspekt veranschaulicht *Alenfeld,* Investitionsförderverträge, S. 23.

17   So waren um die Jahrtausendwende gerade mal ganze sieben nationale Volkswirtschaften größer als General Motors, und nur dreizehn Staaten hatten höhere Einkünfte als die 15 mächtigsten Konzerne, vgl. *Stephens,* Berkeley Journal of International Law, 20 (2002), 45, 57.

18   Ebenda; *Sornarajah,* The International Law on Foreign Investment, S. 174.

In rechtlicher Hinsicht ist die Behandlung von ausländischen Investitionen in ihrem Gaststaat in den meisten Fällen von einem hohen, für manche Kritiker zu hohen, Schutzniveau gekennzeichnet. Mit der Aufnahme ausländischer Investitionen in seinem Territorium verpflichtet sich ein Staat zu Einhaltung gewisser Grundregeln. Im Rahmen dieser Arbeit interessiert vordringlich der Schutz dieser Anlagen vor Enteignungen. Weiterhin sind Investitionen zumeist auch vor einer Behandlung geschützt, die nicht den Grundsätzen gerechter und billiger Behandlung entspricht. Darüber hinaus sind die meisten Schutzverträge dem Prinzip der Inländerbehandlung und dem Günstigkeitsprinzip verpflichtet. Auch wird Investitionen zumeist „volle Sicherheit und Schutz" zugesagt. Die genauen Konturen der billigen und gerechten Behandlung sind schwer auszumachen.[19] Im Gegensatz zu den Prinzipien der Inländerbehandlung und Meistbegünstigung, bei denen die geforderte Behandlung sich am Maßstab anderer Verhaltensweisen orientiert, wird anhand der billigen und gerechten Behandlung ein absoluter Behandlungsstandard verlangt. Ob man sich dabei an den völkergewohnheitsrechtlichen Mindeststandards oder sonstigen darüber hinausgehenden Rechtsquellen orientiert, ist von der konkreten Ausgestaltung des relevanten Investitionsschutzinstruments abhängig. Das Prinzip der Inländerbehandlung garantiert eine Gleichstellung mit den Staatsangehörigen des Gaststaates. Ausländische Investoren dürfen somit nicht schlechter, wohl aber besser behandelt werden als diese.[20] Das Meistbegünstigungsprinzip sichert einem ausländischen Investor eine ebenso günstige Behandlung zu, wie sie der jeweilige Gaststaat gegenüber Investitionen aus einem dritten Staat gewährleistet.[21] In der Praxis werden Beschwerden von Investoren bezüglich der letztgenannten Schutzgarantien in den meisten Fällen mit einem Enteignungsvorwurf verbunden, dem das Hauptaugenmerk dieser Arbeit gilt.

Bei Enteignungen sind staatlicherseits einige Voraussetzungen zu beachten. Enteignungen dürfen nur für einen öffentlichen Zweck und auf nicht diskriminierende Weise geschehen. Weiterhin ist die Leistung einer Entschädigung notwendig.[22] Eine Enteignung, die nicht diesen Anforderungen genügt, wird als völkerrechtliches Delikt eingestuft. Dabei ist der Maßstab für direkte und indirekte, nicht finale Enteignungen der gleiche. Grundsätzlich steht es einem Staat jedoch frei, ausländisches Eigentum oder Investitionen zu enteignen. Dies folgt aus seiner Eigenschaft als Souverän.[23] Die eben genannten Voraus-

---

19 Im Englischen ist dieses Prinzip als „fair and equitable treatment" bekannt. Hierzu mehr, vor allem zur Abgrenzung gegenüber Enteignungen, s. S. 196.

20 Dieses Prinzip wird im Englischen mit „national treatment" bezeichnet.

21 Der englische Ausdruck hierfür ist „most favoured nation treatment".

22 So etwa Artikel 1110 des North American Free Trade Agreement, Fn. 4.

23 *Ipsen*, Völkerrecht, § 47 Rn. 16.

setzungen schränken die Souveränität im Grundsatz nicht ein, das Handeln des Staates ist insoweit lediglich bestimmten Modalitäten unterworfen, die Entscheidung über die Enteignung an sich bleibt jedem Staat unbenommen. Spiegelbildlich könnte ein Staat sich in Ausübung seiner Souveränität einem anderen Staat oder dessen Angehörigen gegenüber ebenso verpflichten, überhaupt von Enteignungen abzusehen, insofern also auf dieses souveräne Recht zur Gänze zu verzichten. Die Festlegung eines souveränen Staates auf ein besonders liberales nationales Investitionsregime, das beispielsweise aufgrund weitgefasster Definitionen von Grundbegriffen wie „Investition" und „Enteignung" ein hohes Schutzniveau aufweist, ist unter diesem Gesichtspunkt erst recht nicht zu beanstanden.

Auch wenn die Schaffung eines von Rechtssicherheit geprägten Investitionsklimas einem Staat im Wettbewerb dienlich sein wird und er in der Folgezeit von den dadurch angezogenen Investitionen sicherlich wird profitieren können, dürfen die damit einhergehenden rechtlichen Konsequenzen nicht außer Acht gelassen werden. Die zwischen Gaststaaten und ausländischem Investor zuweilen vertraglich vereinbarten Stabilisierungsklauseln etwa, die bestimmen, dass Änderungen gegenüber der Rechtslage, die der Investor zum Zeitpunkt des Eintritts in die Rechtsordnung des Empfängerstaates vorfand, nicht zu seinen Ungunsten wirken, haben das Einfrieren der Rechtslage in dem Zeitpunkt des Eintritts des Investors zur Folge.[24] So verliert der Gaststaat die Möglichkeit, regulierend auch auf die geschützte Investition einzuwirken. Eine Anhebung von Emissionsgrenzwerten oder ein neues arbeitsschutzrechtliches Instrument würde daher an dem Investor vorbeilaufen und an dessen Rechtspflichten nichts ändern können. Eine deutliche Beschränkung der Handlungsspielräume des Empfängerstaates ist das Ergebnis.

Ähnlich stellt sich die Situation im Hinblick auf ein extrem liberales nationales Investitionsregime dar. Wo einem Investor weitgehende Rechte gewährt werden, ist es nicht einfach, staatliches Handeln so zu organisieren, dass eine Beeinträchtigung dieser Rechte unterbleibt. Dies gilt umso mehr, als Handlungen eines Staates nicht nur als direkte oder indirekte Enteignungen, sondern darüber hinaus auch als Verletzung sonstiger investitionsschützender Garantien (wie dem Prinzip der Inländerbehandlung oder dem der Meistbegünstigung) eingestuft werden können. Eine staatliche Maßnahme greift im Fall eines hohen Schutzniveaus entsprechend schneller in den geschützten Bereich ein, die Pflicht zur Entschädigungsleistung droht so potenziell häufiger als bei Anwendung eines eher restriktiven Investitionsregimes. Dennoch werden oftmals Situationen

---

24 Ausführlich *Merkt,* Investitionsschutz durch Stabilisierungsklauseln; *Higgins,* Recueil des Cours, 176 (1982), 259, 303 ff.

entstehen, in denen ein Staat sich gar nicht anders wird verhalten können, als in die Eigentumsrechte ausländischer Investoren einzugreifen. Der Handlungsauftrag an den Staat, sei es zur Verfolgung innenpolitischer Ziele oder zur Erfüllung international eingegangener Verpflichtungen, zwingt ihn, regulierend tätig zu werden. Sehr liberale Investitionsregimes verschärfen in solchen Situationen die Lage der Regierungen. Hohe Kompensationsforderungen der von den Maßnahmen betroffenen Investoren, die im Hinblick auf das internationale Ansehen des Staates honoriert werden sollten, bringen Politiker schnell in Erklärungsnot und sorgen für Missfallen gegenüber den so vermeintlich profitierenden ausländischen Investoren. So zeigt sich, dass Regelungen, die dazu beitragen, einen Staat als attraktives Ziel von Investitionen zu positionieren, seinen innenpolitischen Bedürfnissen nicht uneingeschränkt zugutekommen müssen.[25]

Fühlen sich Investoren durch Aktivitäten ihres Gaststaates enteignet, stellt sich die Frage nach der angemessenen Reaktion und dem angezeigten Rechtsweg. Standard – wenn auch sogar in „westlichen Kreisen" nicht unumstritten[26] – heutiger Investitionsschutzverträge und der bestehenden multilateralen Abkommen auf diesem Gebiet ist ein einvernehmlicher Streitschlichtung nachgeschaltetes[27] direktes Klagerecht des privaten Investors gegen seinen Gaststaat vor einem internationalen Schiedsgericht.[28] Der Weg zu den nationalen Gerichten steht ihm natürlich selbstverständlich weiterhin offen, die Erschöpfung des nationalen Instanzenzuges ist danach jedoch keine Zulässigkeitsvoraussetzung der internationalen Streitschlichtung mehr. Da die Beschreitung des nationalen Instanzenzuges zumeist als ohnehin wenig aussichtsreich angesehen wurde, kann in diesem Bereich eine große Erleichterung für ausländische Investoren konstatiert werden. Die früher um diese Fragen geführten

---

25 Siehe auch *UNCTAD,* World Investment Report 2003, S. 110 ff.

26 S. dazu die Nachweise in Fn. 32 ff.

27 Zunächst soll durch gütliche Verhandlungen ein Ergebnis für den jeweiligen Fall gefunden werden, vgl. *UNCTAD,* IIA Series – Dispute Settlement: Investor-State, S. 23 ff., mit Nachweisen zu verschiedenen Verträgen und weiteren Erläuterungen.

28 Vgl. Art 1116 i.V.m. 1120 des NAFTA, s. Fn. 4., das im Rahmen dieser Arbeit interessierende Chapter 11 zum Investitionsschutz beginnt auf S. 639; Artikel 26 des Vertrages über die Energiecharta, in Kraft getreten April 1998, BGBl. II 1997, S. 4; Artikel 12 des Vertrages zwischen der Bundesrepublik Deutschland und den Vereinigten Mexikanischen Staaten über die Förderung und den gegenseitigen Schutz von Kapitalanlagen, BGBl. II 2000, S. 867; Artikel 8 des Agreement between the Government of the United Kingdom of Great Britain and Northern Ireland and the Government of the Republic of El Salvador for the Promotion and Protection of Investments, in Kraft getreten 1. Dezember 2001, Treaty Series No. 17 (2001); weiterhin ausführlich *Parra,* ICSID Review – Foreign Investment Law Journal, 12 (1997), 287 ff.

dogmatischen Auseinandersetzungen[29] müssen somit als von der Praxis überholt angesehen werden. Auch die früher gängige Sicht, dass ein seine Rechte verletzt sehender Investor auf diplomatischen Schutz durch seinen Heimatstaat hoffen musste[30], ist aufgrund des inzwischen fast flächendeckenden Schutzes durch Verträge nicht mehr aktuell. Das Ob und Wie der Rechtsverfolgung obliegt somit nunmehr einzig und allein dem Investor. Diese Erleichterung zusammen mit der angesprochenen erweiterten Bandbreite enteignender Maßnahmen hat zu vermehrten juristischen Auseinandersetzungen geführt. Dem Schutz der Investoren kommt dies entgegen, daher werden sie im Rahmen ihrer Möglichkeiten auf einer solchen internationalisierten Schiedsgerichtsklausel bestehen.[31] Regierungen dagegen sehen sich einer genaueren und in vielen Bereichen wirksameren Beobachtung und juristischen Beurteilung ihrer Aktivitäten gegenüber.

An der Streitbeilegung durch Schiedsgerichte wird allerdings kritisiert, dass die klassischerweise zur Beilegung von rein kommerziellen Streitigkeiten privater Akteure angerufenen ad-hoc-Schiedsgerichte in Fällen wie diesen nicht angemessen seien.[32] Die weitgehenden Geheimhaltungsregelungen, die zur Ausschließung der interessierten Öffentlichkeit führen können, sind dabei nur ein Punkt, der für nicht tragbar gehalten wird.[33] Politische Entscheidungen eines souveränen Staates, so wird argumentiert, sollten nicht von einem Gremium beurteilt werden, das niemandem Rechenschaft schuldet und zudem meist nicht aus ausgewiesenen Verfassungsexperten, sondern Wirtschaftsrechtlern besteht. Die statt dessen vorgetragenen Lösungsvorschläge können jedoch nicht immer überzeugen. Je nach Ausrichtung des jeweiligen Kritikers reichen die Vorschläge von einer Reformierung des bestehenden Systems anhand unterschied-

---

29 S. dazu noch Artikel 2.2 (b) der UN Charter of Economic Rights and Duties of States, Resolution 3281 (XXIX), 29 UN GAOR, Supp. (No. 31) 50, UN Doc. A/9631 (1974), abgedruckt in International Legal Materials, 14 (1975), 251 ff. Viele lateinamerikanische Staaten bestanden auf der Erschöpfung des lokalen Instanzenzuges nicht nur in nationalen Gesetzen [hierzu *Wiesner*, University of Miami Inter-American Law Review, 24 (1992–1993), 435 ff., 458 ff.], es finden sich derartige Regelungen auch in multilateralen Texten wie der Entscheidung Nr. 24 der Kommission des Cartagena-Abkommens vom 31. Dezember 1970 (hier Artikel 50 und 51), abgedruckt in *UNCTAD* International Investment Instruments: A Compendium, Vol. II, S. 454.

30 *UNCTAD*, IIA Series – Dispute Settlement: Investor-State, S. 6 f.

31 *UNCTAD*, IIA Series – Dispute Settlement: Investor-State, S. 13; *Higgins*, Recueil des Cours, 176 (1982), 259, 294.

32 *Mann/von Moltke*, NAFTA's Chapter 11 and the Environment, S. 14; *Ferguson*, Colorado International Environmental Law & Policy, 11 (2000), 499, 514 f.

33 *Soloway*, Minnesota Journal of Global Trade, 8 (1999) 55, 108 ff.; *Mann/von Moltke*, NAFTA's Chapter 11 and the Environment, S. 51 ff.

lichster Vorgehensweisen bis hin zu einer gänzlich anderen Form der Streitbei-legung.[34]

Der Umweltschutz ist im Gegensatz zum Investitionsschutz und dem Ent-eignungsrecht erst spät in das Licht der Öffentlichkeit gerückt. Zudem sind die jeweiligen Ansatzpunkte schon vom Grundsatz sehr verschieden, was eine Ver-bindung dieser beiden Rechtsgebiete erschwert. Seit der als Anfangspunkt inter-nationalen Umweltschutzrechts verstandenen „Stockholm Declaration" aus dem Jahr 1972[35] ist eine Vielzahl internationaler Verträge und entsprechender nationaler Umsetzungsinstrumente zum Umweltschutz auf den Weg gebracht und verabschiedet worden. Das Interesse der breiten Öffentlichkeit an dem Thema Umweltschutz ist seit jeher groß, was sich schon durch die über-proportional große Zahl umweltinteressierter NGOs zeigt. Der Einfluss, den diese Gruppierungen und die durch sie generierte öffentliche Meinung auf das Verhalten von Entscheidungsträgern in Regierungskreisen haben, darf nicht unterschätzt werden. Ebenso wachsam sind nationale wie internationale NGO bei der Überwachung und Begleitung der Umsetzung internationaler Verein-barungen in nationalstaatliches Recht. Auch die langfristige Anwendung und Durchsetzung der Regeln und Normen begleiten sie kritisch.

Den vermehrten Zufluss ausländischer Investitionen aus Industriestaaten in weniger entwickelte Länder beobachten viele Umweltinteressierte mit einer ge-wissen Besorgnis. Neben den angesprochenen wirtschaftlichen und macht-politischen Auswirkungen oder Gefahren von Auslandsdirektinvestitionen machen sie auf einen weiteren Punkt aufmerksam. Sie befürchten, dass Konzerne und Anleger aus den Industriestaaten gezielt diejenigen Staaten als Anlagestaaten auswählen könnten oder schon ausgewählt haben, in denen sie weniger strengen Umweltstandards unterliegen als in ihrem Heimatstaat. Produktionsweisen, die aufgrund ihrer Umwelt- oder Gesundheitsschädlichkeit im Exportstaat unerwünscht oder verboten sind, würden im Importstaat be-denkenlos ausgeführt, obwohl selbstverständlich auch dort die gleichen schäd-lichen Auswirkungen zu befürchten sind. Diese These wird mit dem Ausdruck

---

34 *Brower,* Columbia Journal of Transnational Law, 40 (2001–2002), 43, 46, fasst die bis dato vorgeschlagenen Änderungen zusammen. S. auch die Liste bei *Mann/von Moltke,* NAFTA's Chapter 11 and the Environment, S. 8 ff.; ein wohl eher isolierter Vorschlag kommt von *Godshall,* die den Investor-Staat-Streitbeilegungsmechanismus gleich ganz abschaffen will, *Godshall,* N.Y.U. Environmental Law Journal, 11 (2002), 264, 287.

35 Declaration of the U.N. Conference on the Human Environment, 16. Juni 1972, U.N. Doc. A/CONF.48/14/Rev.1 (1973), abgedruckt in International Legal Materials, 11 (1972), 1416.

der dadurch entstehenden „Pollution Havens" umschrieben.[36] Darüber hinaus werden die schon erwähnten Befürchtungen formuliert, dass ein Staat zur vermeintlichen Steigerung seiner Attraktivität als Anlageziel auf die Einführung oder effektive Durchsetzung von umweltschützenden Regelungen verzichten könnte.

Bei der Beurteilung der Stichhaltigkeit der „Pollution Haven"-These ist Vorsicht geboten.[37] Die große Bandbreite der weltweiten Investitionen verbietet eine unterschiedslose Betrachtung. Für einige Industrie- oder Produktionszweige sind die Umweltstandards in einem potenziellen Gastland sicherlich entscheidender als für den großen Rest. So ist verständlich, dass beispielsweise ein Investor der Chemiebranche oder jemand, der sich auf Umwelttechnologie spezialisiert hat, sehr großes Interesse an den einschlägigen Bestimmungen im anvisierten Anlagestaat hegt, während diese Überlegung etwa für Dienstleistungsunternehmen nahezu bedeutungslos ist. Untersuchungen der Organisation für wirtschaftliche Zusammenarbeit und Entwicklung (Organisation for Economic Cooperation and Development, im Folgenden kurz „OECD"), die ausführliche Studien zur Beziehung zwischen Investitionen und Umweltauswirkungen durchgeführt hat[38], belegen dies. In der großen Mehrzahl unternehmerischer Entscheidungen für oder gegen einen Zielstandort spielten Erwägungen über die dort bestehenden umweltrechtlichen Rahmenbedingungen keine oder eine nur untergeordnete Rolle.[39] Viel wichtiger waren wirtschaftliche oder allgemeine Standortfaktoren. Die Größe und Beschaffenheit des lokalen oder regionalen Marktes im Anlagestaat und die Verfügbarkeit von Rohstoffen oder geschulten Arbeitskräften sind primäre Entscheidungskriterien.

Spiegelbildlich zu der Feststellung, dass strenge Umweltvorschriften alleine keinen Investor von seinem Vorhaben abrücken lassen, ist nachgewiesen

---

36   Diese Befürchtungen gelten im Übrigen in gleicher Weise für Arbeitsbedingungen, zu diesem Themenkomplex gibt es eine nicht zu überschauende Fülle an Literatur, vgl. nur *Weissbrot/Kruger,* Amercian Journal of International Law, 97 (2003), 901–922, mit weiteren zahlreichen Nachweisen.

37   Ausführlich hierzu *Böttger,* Umweltpflichtigkeit, S. 26 ff.; *Mani/Wheeler,* In Search of Pollution Havens? Dirty Industry in the World Economy, 1960–1995 (April, 1997), room document presented to the OECD Conference on FDI and the Environment (The Hague, 28–29 January 1999); *Smarzynska/Shang-Jin Wie,* World Bank Working Paper No. 2673; *Eskeland/Harrison,* World Bank Working Paper No. 1744.

38   Vgl. die Webseite unter www.oecd.org. Sowohl das Directorate for Financial and Enterprise Affairs als auch das Environment Directorate beschäftigen sich mit diesem Themenkomplex. Eine Übersicht hat die Working Party on Global and Structural Policies im Jahr 2002 herausgegeben: Environmental Benefits of Foreign Direct Investment: A Literatur Overview, Dokumentennr. ENV/EPOC/GSP(2001)10/FINAL.

39   *Gentry,* Foreign Direct Investment and the Environment: Boon or Bane?, S. 13 mwN.

worden, dass steuerliche Anreize bei Weitem nicht so wirksam sind wie erhofft. Dieses gerade in den Ländern auf dem afrikanischen Kontinent beliebte Instrument, bei dem einem Investor etwa langjährige Steuerfreiheit oder deutlich verringerte Steuersätze gewährt werden[40], ist trotz der für ihn zum Teil massiven finanziellen Vorteile für sich genommen nicht besonders erfolgreich gewesen. Denn für die Wirtschaftlichkeitserwägungen spielen auch die Kosten eine Rolle, die ein Investor aufgrund von Umweltvorschriften einzukalkulieren hat. Eine allgemeingültige Aussage darüber, wie hoch dieser Kostenblock ausfällt, ist schlicht unmöglich. Zahlreiche Studien haben es sich zum Ziel gesetzt, zumindest für einzelne Branchen und Standorte eine Antwort darauf zu finden. Eine Untersuchung kam etwa zu dem Ergebnis, dass das von der amerikanischen Industrie zu Beginn der 1990er-Jahre aufgewendete Kapital zur Befolgung der geltenden Umweltvorschriften weniger als 5% des insgesamt kalkulierten Kostenaufwands ausmachte.[41] Insofern kann den Mahnern wider eines „environmental dumping" entgegnet werden, dass die finanzielle Abschreckungswirkung eines effektiven Umweltregimes auf potenzielle Investoren zu vernachlässigen ist. Wenn schon geldwerte Anreize wie Steuervorteile keine Wirkung zeitigen, werden die zur Einhaltung von Umweltvorschriften aufzubringenden Kosten andererseits einen von den sonstigen Bedingungen überzeugten Investor nicht zurückschrecken lassen.

Ebenso wenig können die Auswirkungen von Investitionen auf die sie umgebende lokale Umwelt kategorisch als gut oder schlecht beschrieben werden. Ein Unternehmen, das im Bereich des Rohstoffabbaus oder der Rohstoffgewinnung eines Gastlandes tätig ist, ist unter dem Gesichtspunkt der Umweltrelevanz der Investition grundsätzlich zu unterscheiden von einem Dienstleister etwa der Computer- oder Telekommunikationsbranche. Auch die Gegebenheiten im Gaststaat selbst spielen eine wichtige Rolle. Wie bereits festgestellt, führen auch die spezifischen Charakteristika von Entwicklungsländern dazu, dass die wirtschaftlichen Auswirkungen von Investitionen hier besonders zum Tragen

---

40   Eine ausführliche Studie wurde von der *UNCTAD* herausgegeben: Tax Incentives and Foreign Direct Investment – A Global Survey, 2000.

41   Vgl. *Zarsky,* Havens, Halos and Spaghetti: Untangling the Evidence about Foreign Direct Investment and the Environment, OECD 1999, S. 12 mwN. Dieser Wert stellt lediglich einen Durchschnittswert dar. Ebenso wie das Interesse einiger Branchen am umweltrechtlichen Standard eines Gastlandes größer ist als das anderer, verhält es sich mit dem Kostenblock, der für die Einhaltung bestehender Umweltstandards einzukalkulieren ist. Allerdings wird davon auszugehen sein dürfen, dass Interesse und Kostenbelastung in diesem Punkt miteinander korrelieren. Die zitierte Studie belegt dies mit der Aussage, dass beispielsweise die petrochemische Industrie in den USA mit 25% „Umweltkosten" eine sehr viel höhere Belastung aufweist.

kommen. Diese Überlegung kann auf die Situation im Umweltbereich übertragen werden. Trotz eines globalen Rückganges insgesamt stellen Rohstoffgewinnungsinvestitionen noch immer einen bedeutenden Anteil an den in Entwicklungsländern getätigten Investitionen. Deren erhebliche Auswirkungen nicht nur auf die unmittelbar umliegende Umwelt sind bekannt. Hinzu kommt, dass in Entwicklungsländern zum Schutz der Umwelt allein schon in infrastruktureller Hinsicht oft schlechtere Bedingungen herrschen als im industrialisierten Norden bzw. Westen. Selbst wenn der Wille zu einer westlichen Standards entsprechenden Umweltpolitik vorhanden ist, fehlt es häufig an den erforderlichen Kapazitäten auf administrativer oder legislativer Ebene. Auch die in entwickelten Ländern wie selbstverständlich vorhandenen Einrichtungen wie ein ausgebautes Straßennetz, Müllverarbeitungsanlagen oder Ähnliches sind in vielen Entwicklungsländern nicht in diesem Maße vorhanden. Insofern sind mögliche Auswirkungen auf die Umwelt unter gänzlich anderen Vorzeichen zu beurteilen als in den entwickelten Staaten und machen sich in Entwicklungsländern dementsprechend stärker bemerkbar.

In der Diskussion um die Schädlichkeit oder Unschädlichkeit von Investitionen in Entwicklungsländern wird zuweilen ein entscheidender Punkt außer Acht gelassen. Das primäre Interesse der weniger entwickelten Staaten liegt in dem Fortkommen der eigenen wirtschaftlichen Entwicklung. Das Drängen entwickelter Staaten auf Berücksichtigung von Aspekten des Umweltschutzes wird oftmals, sofern es nicht schlicht ignoriert wird, als Einmischung in die eigenen Angelegenheiten verstanden. Vor diesem Hintergrund lässt sich die noch häufig geäußerte Ansicht „develop now, clean up later" verstehen.[42] Allerdings setzt sich mehr und mehr auch hier die Erkenntnis durch, dass wirtschaftlicher Aufschwung (auch mithilfe ausländischer Investitionen) und Umweltschutz sich nicht gegenseitig ausschließen. Denn in der Tat gibt es zahlreiche Belege, die nützliche Effekte von Investitionen für die Umwelt nahelegen. Die im Hinblick auf technisches und kaufmännisches Wissen gewichtigen „spill over"-Effekte sind gerade auch in umwelttechnischer Hinsicht bedeutsam. Durch sie wird Wissen, welches von ausländischen Investoren in ein Land importiert wurde, durch Schulung einheimischer Mitarbeiter integriert und auf-

---

42 So etwa das Beispiel von China. Das Land erlebt einen ungeahnten wirtschaftlichen Aufschwung, der zum großen Teil durch Auslandsinvestitionen getragen wird, und sorgte sich lange Zeit – trotz vorhandener Mahnungen – nicht um die damit einhergehenden Umweltprobleme. Diese Haltung hat sich jedoch auch bei der chinesischen Regierung geändert, s. „Environmental Protection in China (1996–2005)", herausgegeben vom Information Office of the State Council of the People's Republic of China, Juni 2006, abrufbar unter www.sepa.gov.cn.

genommen.[43] Positive Auswirkungen sind ebenso bei der Einführung von Umweltmanagement nach industrialisiertem Vorbild zu erwarten. Zudem sind zahlreiche Fälle dokumentiert, in denen ein ausländischer Investor einen Standort vor Ausführung einer geplanten Investition zunächst gründlich saniert hat. Auch wenn in eine schon bestehende Produktionsstätte investiert wird, sind aufgrund zum Einsatz kommender besserer Technik neben gesteigerten wirtschaftlichen Ergebnissen vielfach auch positive Entwicklungen aus Sicht des Umweltschutzes zu verzeichnen. Wenn beispielsweise im Zuge der Modernisierung einer Anlage ein effektiveres Filtersystem installiert wird, kann aufgrund gedrosselter Emissionen der Schadstoffausstoß reduziert werden. In Fällen, bei denen ein von Grund auf neues Unternehmen aufgebaut wird (eine solche Investition wird im Englischen als „greenfield investment" bezeichnet), ist es naturgemäß erheblich einfacher, bestehenden modernen Standards zu genügen. Ein weiterer Punkt kommt hinzu: Große transnational tätige Unternehmen sind aus Kostengründen und wegen der Kompatibilität von Arbeitsabläufen oftmals darauf bedacht, weltweit nach möglichst gleichen Standards zu operieren. Um auch in dem Staat mit dem strengsten Umweltregime den einschlägigen Bestimmungen gerecht zu werden, ist infolgedessen ein diesen Anforderungen entsprechend hohes Niveau vorgegeben. Auf diese Weise kommen dann auch in anderen Staaten die darauf ausgelegten und betriebenen Techniken und Abläufe zum Einsatz.

Neben positiven Beispielen, bei denen ein Gastland vom Zufluss von Investitionen auch im Hinblick auf die Umwelt profitieren konnte, werden jedoch immer wieder Fälle bekannt, die in eine gänzlich andere Richtung weisen. Aufgrund der erhöhten Medienaufmerksamkeit für diese Negativbeispiele ist verständlich, dass die breite Öffentlichkeit ein insgesamt eher skeptisches Verhältnis zu Investitionen gerade in Entwicklungsländern aufgebaut hat. Neben Berichten über Umweltgefährdungen oder -zerstörungen prägen Vorwürfe in arbeitsrechtlicher Hinsicht das Bild. Die Erklärung für diese verschobene Wahrnehmung mag in einem einfachen Mechanismus liegen: Berichte über die „schwarzen Schafe" unter den Investoren erregen naturgemäß ein höheres mediales Interesse als das unspektakuläre Wohlverhalten der meisten anderen. Zudem werfen die Fälle, in denen fehlerhafte Verhaltensweisen eines Investors nachgewiesen werden, Fragen nach der richtigen juristischen Behandlung auf. Untersuchungen darüber, welche Normen verletzt wurden, ob diese auf multinationale Unternehmen überhaupt anwendbar sind und wem die rechtliche Durchsetzung – sofern möglich – obliegt, müssen angestellt werden und ziehen

---

43   Ausführlich hierzu *Blomström/Kokko,* World Bank Working Paper No. 1745, S. 7 ff.; *Saggi,* World Bank Working Paper Nr. 2349.

wiederum Stellungnahmen nach sich.[44] Die bloße Feststellung, dass ein in einem Entwicklungsland tätiges Unternehmen allen aufgestellten umweltrechtlichen Standards gerecht wird und darüber hinaus seine dortigen Angestellten ordentlich behandelt werden, bleibt demnach meist unbeachtet.

Diesen Mechanismus haben Unternehmen erkannt. Vor dem Hintergrund der Überlegung, dass hohe negative Medienpräsenz unmittelbaren Einfluss auf den wirtschaftlichen Erfolg – oder besser Misserfolg – eines Unternehmens nehmen kann[45], ist man dazu übergegangen, selbst verstärkt mit positiven Meldungen an die Öffentlichkeit zu gehen. Ein weiteres Motiv besteht darin, dem gerade in den Industriestaaten vorhandenen kritischen Interesse an der Tätigkeit großer Konzerne in Entwicklungsländern[46] aktiv zu begegnen. Die Möglichkeiten des Internets haben in diesem Zusammenhang zu einer ungeahnten Informationsfülle und ganz neuen Kampagnemöglichkeiten geführt. Auf der anderen Seite bleibt auch Fehlverhalten wie die Nichteinhaltung elementarer Vorschriften über Arbeitsbedingungen oder umweltgefährdende oder -zerstörende Produktionsweisen nicht lange unbemerkt. Die Verbindung einer offensiv vermarkteten „Corporate Social Responsibility" mit dem damit einhergehenden guten Image und wirtschaftlichen Erfolg[47] hat viele Entscheidungsträger in der Wirtschaft dazu veranlasst, sogenannte „Codes of Conduct" für ihr jeweiliges Unternehmen einzuführen.[48] Diese firmeninternen Leitlinien streben unter Verwendung eines Überwachungsmechanismus die Anwendung einheitlich hoher Standards sowohl in sozialer als auch umwelt-

---

44 S. stellvertretend für die umfangreiche Literatur nur *Deva,* Connecticut Journal of International Law, 19 (2003), 1 ff.; *Westfield,* Virginia Journal of International Law, 42 (2002), 1075 ff.

45 Man erinnere sich an das Beispiel der Ölplattform „Brent Spar" aus dem Jahr 1995, von deren Versenkung auf See Shell erst nach heftigen, von Greenpeace initiierten Protesten absah. Der damit einhergegangene Imageschaden hatte Angaben von Greenpeace zufolge einen 50-prozentigen Umsatzrückgang in Deutschland zur Folge (vgl. http://www.greenpeace.de/themen/oel/brent_spar/).

46 Als Beispiel mag hier die Kampagne gegen den Nike-Konzern dienen. Nike wurde vorgeworfen, in asiatischen Entwicklungsländern unter unhaltbaren Arbeitsbedingungen zu produzieren, ausführlich dokumentiert in *Ayoub,* DePaul Business Law Journal, 11 (1999), 395, 405 ff.; anderen Firmen werden umweltrechtliche Vergehen vorgeworfen: vgl. nur *Eaton,* Boston University International Law Journal, 15 (1997), 261, 264 ff.; *Kimerling,* Hastings International and Comparative Law Review, 14 (1991), 849 ff.

47 Zum Beispiel die Kosmetikkette „Body Shop".

48 Hierzu s. unten S. 124.

rechtlicher Hinsicht im gesamten Konzern an und sind für alle Konzernteile verbindlich.[49]

Neben den Angriffen, denen sich Unternehmen ausgesetzt sehen, steht auch die Investitionsschutzpolitik von Staaten aus umweltrechtlichen Gründen in der Kritik. Wie schon ausgeführt, besteht bei Einführung sehr liberaler und damit investitionsfreundlicher Regelungen leicht die Gefahr, in die Rechte so weitgehend geschützter Investoren einzugreifen, wenn ein Staat regulativ tätig werden möchte. In besonders augenfälliger Weise tritt dieses Dilemma im Bereich umweltschützender Regelungen zutage. Gerade hier sind viele Interessengruppen aktiv und versuchen, auf Regierungen einzuwirken, um den Belangen des Umweltschutzes eine Stimme zu verleihen.

Als Ende 1996 der erste Fall im Rahmen des Investitionskapitels des NAFTA bekannt wurde[50], der genau in diesem Spannungsfeld angesiedelt war, wandte sich das geballte öffentliche Interesse diesem Freihandelsvertrag und seinen Auswirkungen zu. Die am NAFTA beteiligten Regierungen der USA, Kanadas und Mexikos hatten sich noch bei Abschluss der Verhandlungen zu dem Abkommen gut für solche Fälle gerüstet gefühlt. Aufgrund der von NGOs geäußerten Befürchtungen hinsichtlich der umweltspezifischen Konsequenzen eines ungehinderten Wettbewerbs um Investitionen nahm man einige bis dahin nicht gekannte Vorschriften in den Text auf. Artikel 1114 NAFTA beispielsweise enthält das Verbot, nationale, im weitesten Sinne umweltschützende Vorschriften zum Zwecke der vermeintlichen Attraktivitätssteigerung nicht anzuwenden bzw. deren Standards abzusenken. Darüber hinaus wurde ein umweltrechtliches Nebenabkommen zum NAFTA abgeschlossen, das North American Agreement on Environmental Cooperation.[51] Aus diesem Grund wurde das NAFTA nach Abschluss der Verhandlungen im Dezember 1992 vielfach als ein besonders „grünes" Freihandelsabkommen bezeichnet.[52] Auch der nächste, unter dem Namen „Ethyl" bekannt gewordene Fall fachte die Auseinandersetzungen weiter an. Kanada, dem bis dahin Vorwürfe dieser Art völlig unbekannt waren, wurde hierbei von einem amerikanischen Investor in die Pflicht genommen. Durch das Verbot eines Benzinadditivs, dessen einziger Hersteller dieser In-

---

49 Verbindlichkeit meint hier selbstverständlich keine rechtliche Verbindlichkeit.

50 Metalclad Corporation v. The Government of the United Mexican States, ausführlich s. S. 128.

51 Es trat am gleichen Tag wie das NAFTA in Kraft. Abgedruckt in International Legal Materials, 32 (1993), 1480 ff.

52 Statt vieler *Ferretti*, Canada-United States Law Journal, 28 (2002), 81 ff.; s. auch die Nachweise bei *Mann/von Moltke*, NAFTA's Chapter 11 and the Environment, S. 3, Fn. 6.

vestor war, sei wegen unterbliebener Entschädigungen unter anderem gegen die Enteignungsvorschrift des Investitionskapitels des NAFTA verstoßen worden.[53]

Diese Vorgänge schienen die schlimmsten Befürchtungen der Gegner des NAFTA zu bestätigten: Regierungen wurden von nur auf den eigenen Profit achtenden privaten ausländischen Unternehmen wegen ihrer nationalen Umweltpolitik in einem internationalen Rahmen angegriffen und auf Zahlung von Millionenbeträgen in Anspruch genommen. Das Ende jeglichen legislativen Umweltschutzes schien nahe und zugunsten des Freihandels und Investitionsschutzes geopfert. Es formierte sich heftiger Widerstand, der sich teilweise auch detailliert mit den einzelnen Regelungsaspekten des NAFTA auseinandersetzte. Hintergründig spielten darüber hinaus auch oft Vorbehalte gegenüber einer liberalen globalen Wirtschaftsordnung eine Rolle.

In etwa die gleiche Zeit fiel das Bekanntwerden umfangreicher Verhandlungen über das Multilaterales Investitionsabkommen (Multilateral Agreement on Investment, im Folgenden kurz „MAI") im Rahmen der OECD, was zu einer Verschärfung der Kritik führte.[54] An den Verhandlungen waren ausschließlich die Mitglieder der OECD neben einigen anderen Staaten wie beispielsweise Argentinien, Brasilien, China oder den baltischen Staaten beteiligt, denen jedoch lediglich Beobachterstatus zukam. Interessierte Staaten sollten dem Abkommen zu einem späteren Zeitpunkt beitreten können. Dieser Aspekt erntete Kritik, da man Entwicklungsländer hierdurch zukünftig unter dem starken Druck sah, sich ohne vorherige inhaltliche Gestaltungsmöglichkeit dem Abkommen anzuschließen. Der Inhalt des angestrebten Abkommens lehnte sich zu einem großen Teil an die Bestimmungen des Kapitel 11 des NAFTA über Investitionen an. Mit dem noch frischen Eindruck der ersten Auseinandersetzungen in diesem Forum protestierten zahlreiche Gruppierungen und Interessengemeinschaften gegen die Verhandlungen und die geplanten Rechtsinhalte. Die gut orchestrierte und sämtliche Medien nutzende Kritik[55] traf die verhandelnden Staaten vor allem aufgrund der ungekannten Heftigkeit unvorbereitet.[56] Letztendlich wurden die Verhandlungen im Sommer 1998 tatsächlich abgebrochen, was ein wenig Ruhe in die Diskussion einkehren ließ.

---

53 Ethyl Corporation v. Government of Canada, ausführlich s. S. 135.

54 Eine Darstellung der Proteste und der zeitlichen Abfolge findet sich bei *Salzman,* Michigan Journal of International Law, 21 (2000), 769, 824 f.

55 Gerade das Internet spielte eine wichtige Rolle, vgl. *Henderson,* Pelham Paper 5, Melbourne Business School, 1999, S. 11.

56 So etwa in Deutschland, wo zahlreiche NGOs einen von Germanwatch verfassten offenen Brief an die Bundesregierung, den Bundestag und den Bundesrat unterzeichneten, der Text vom Februar 1998 ist unter http://www.germanwatch.org/tw/mai-brf1.htm abrufbar (zuletzt am 1. März 2013 abgerufen).

Doch nicht nur die Gegner von Investitionsabkommen nach Art des MAI oder des Kapitel 11 des NAFTA schlagen schrille Töne an. Auch die Befürworter solcher Abkommen argumentieren teilweise mit erstaunlicher Schärfe.[57] Und in der Tat überraschen zuweilen die Heterogenität der Abkommensgegner und die Allianzen, die bei diesem Widerstand eingegangen werden. Im soeben kurz angerissenen *Ethyl*-Fall, in dem Kanada einen Benzinzusatz verbot, schlugen sich nicht nur umweltinteressierte NGOs, wie der Sierra Club oder das International Institut for Sustainable Development, unterstützend auf die Seite der kanadischen Regierung. Beifall fand die Maßnahme auch vonseiten einiger Industrieverbände, deren Motive eindeutig nicht im Umweltschutz lagen, sondern rein mitgliederorientierter Natur waren, da ihre Mitglieder von dem in Rede stehenden Verbot profitierten.[58] Das mit diesem Fall befasste Schiedsgericht bezeichnete diesen bemerkenswerten Interessengleichklang als „Baptist-Bootlegger-Coalition".[59] Der Begriff stammt aus den Zeiten der amerikanischen Prohibition, die sowohl religiösen Vorstellungen entsprach als auch alkoholschmuggelnden Gaunern zugutekam. Er umschreibt treffend die Verbindung von Gruppierungen, die sich hinter einer Idee zusammenfinden, obwohl sie im Grunde unterschiedliche oder sogar gegensätzliche Positionen vertreten. Den Kritikern von Investitionsabkommen wird weiterhin vorgeworfen, Motive des Umweltschutzes im Grunde nur vorzuschieben, um als eigentliches Ziel den Lauf immer globaler werdender Handels- und Kapitalströme zu verlangsamen, wenn nicht sogar zum Erliegen zu bringen.[60] Daneben stehen NGOs aus einem weiteren Grund in der Kritik. Naturgemäß verfolgen sie nur eng umrissene Interessen. Rechenschaft sind sie nur ihren dieses Interesse teilenden Mitgliedern und Unterstützern schuldig. Diese Tatsache bringe mit sich, dass der von NGOs beanspruchte Einfluss in internationalen Verhandlungen in keinem Verhältnis zu ihrer Legitimation stehe.[61]

Für Regierungen stellt sich jedoch nach wie vor die Frage nach der angemessenen Verfahrensweise. Einen Königsweg scheint es nicht zu geben: Ein Staat möchte oder muss im Rahmen von internationalen Verpflichtungen und auf öffentlichen Druck hin im Bereich des Umweltschutzes legislativ tätig werden und steht gleichzeitig gegenüber den Investoren im Wort, zu deren

---

57 So z.B. *Wälde,* in: International Investment and Protection of the Environment, S. 30 ff.; *Weiler,* Business Law International, 2 (2002), 158, 180 ff.

58 *Soloway,* Minnesota Journal of Global Trade, 8 (1999) 55, 56.

59 A.a.O., 59.

60 *Wälde/Kolo,* International and Comparative Law Quarterly, 50 (2001), 811, auch *Salzman,* Michigan Journal of International Law, 21 (2000), 769, 825, weist auf diese Problematik hin.

61 *Henderson,* Pelham Paper 5, Melbourne Business School, 1999, S. 11 f., 46 ff.

Schutz und Anreiz ein liberales Investitionsregime etabliert wurde. Das Forum, in welchem die internationale Diskussion über diesen Komplex auszutragen sein wird, hat sich nach dem Scheitern der Verhandlungen über das MAI nunmehr in die Welthandelsorganisation (World Trade Organization, im Folgenden kurz „WTO") verlagert. Schon in der Welthandelsrunde 1996 in Singapur artikulierten Industrienationen das Bestreben[62], das Thema im Rahmen der WTO aufzugreifen, um schlussendlich ein multilaterales Investitionsschutzinstrument auf nahezu globaler Ebene zu verabschieden. Dieses wäre dann für alle Mitglieder der WTO verbindlich.[63] Bislang hatten diese Bemühungen noch keinen Erfolg. So scheiterten nicht nur Verhandlungen auf der Ministerkonferenz der Welthandelsorganisation in Cancún, Mexiko, die den Weg für zielführende Verhandlungen in diesem Bereich ebnen sollten[64], sondern auch die folgenden Kompromissversuche im Rahmen der Doha-Runde.[65] Es bleibt abzuwarten, ob sich die einflussreichen Industrienationen trotz interner Unstimmigkeiten in einigen Teilbereichen auf lange Sicht durchsetzen werden und ein globales Abkommen über Investitionen zustande kommen wird. Der Fragestellung nach dem Zusammenspiel von investitionsschützenden Enteignungsregelungen und Belangen des Umweltschutzes wird dabei schon aufgrund des großen öffentlichen Interesses erhebliche Bedeutung zukommen.

I. Investitionen

1. Geschichtlicher Aufriss

Während „Investitionen" in Bereichen wie etwa den Wirtschaftswissenschaften schon seit Langem ein Begriff sind[66], existieren sie als Rechtskategorie erst seit wenigen Jahrzehnten. Bis etwa zum Ende des Zweiten Weltkrieges war zumeist

---

62 Vgl. Punkt 20 der Singapore Ministerial Declaration vom 13. Dezember 1996, WT/MIN(96)/DEC, DOC. No. 96-5316.

63 Die WTO funktioniert nach dem Prinzip der umfassenden Übernahme der bestehenden Vereinbarungen und der dazugehörigen rechtlichen Instrumente, Artikel II (2) und XII (2) des Marrakesh Agreement establishing the World Trade Organization vom 15. April 1994 (LT/UR/A/2).

64 „Debakel von Cancún spaltet WTO", Financial Times Deutschland, 16.09.2003, S. 1.

65 „Welthandelsgespräche auf unbestimmte Zeit vertagt", Frankfurter Allgemeine Zeitung, 25. Juli 2006, S. 1.

66 So z.B. nach *Rückle*, „Investitionen", in: Handwörterbuch der Betriebswirtschaft, Teilband 2, unter Verweis auf Literatur aus dem 19. Jh.

nur von „wohlerworbenen Rechten" oder „vested rights" die Rede[67], wenn nicht sogar noch allgemeiner und umfassender „fremdes Eigentum" geschützt wurde.[68] Erst allmählich wurde auch in Rechtskreisen vermehrt von „Investitionen", „Investments" oder „Investissement" gesprochen, so zum Beispiel in der Zielbestimmung und an weiteren Stellen des Übereinkommens zur IBRD[69] (International Bank for Reconstruction and Development). Vor dem geschichtlichen Hintergrund grenzüberschreitender Wirtschaftsbeziehungen[70] wird dieser begriffliche Wandel deutlich, er bildet die zunehmende Spezialisierung im wirtschaftlichen Bereich ab.

Der grenzüberschreitende Waren- und Kapitalverkehr war im 19. Jahrhundert durch lange Transportwege und die damit verbundenen Schwierigkeiten behindert. Insgesamt wurde daher ein nur geringes Gesamtvolumen erreicht. Fremdes Eigentum in einem anderen Staat war zu jener Zeit allenfalls in Form von für den lokalen Markt importierten Handelsgütern üblich. Daneben wurde damals auch das persönliche Hab und Gut eines in einem fremden Land lebenden Kaufmanns als „foreign property" geschützt.[71] Verbesserungen bei Transport- und Kommunikationsmöglichkeiten läuteten Ende des 19. Jahrhunderts vermehrte grenzüberschreitende Handelsbeziehungen ein. Investitionen in den eigenen Kolonien kamen hinzu, zählten jedoch nicht als Auslandsinvestitionen. Die liberale Grundeinstellung der damals bedeutenden Handelsnationen leistete einem weitgehend freien und ungehinderten Kapitalverkehr Vorschub. Die Staaten waren im Allgemeinen nicht daran interessiert, diese privaten Transaktionsströme systematisch zu verhindern oder auch nur zu kontrollieren. Üblich waren Direktinvestitionen zu jener Zeit in Unternehmungen zum Abbau natürlicher Ressourcen oder zum Betrieb von Infrastrukturprojekten wie der öffentlichen Daseinsvorsorge. Auch für den lokalen Markt produzierende Fabriken waren Ziel ausländischer Investitionen. Ausländisches Vermögen fand so, zumeist auf lange Verweildauer ausgerichtet,

---

67 *Kaeckenbeeck,* British Yearbook of International Law, 17 (1936), 1–18; *Hahn/Gramlich,* Archiv des Völkerrechts, 21 (1983), 145.

68 *UNCTAD,* IIA Series – Scope and Definition, S. 9; und das sogar noch 1953, vgl. Artikel 6 des Treaty of Friendship, Commerce and Navigation between the United States of America and Japan, in Kraft getreten am 30. Oktober 1953, Treaties and Other International Acts Series (TIAS) 2863, April 2, 1953 (Washington, DC., U.S. Dept. of State).

69 Vgl. Artikel I (ii), IV (8) (i), (ii) des Agreement of the International Bank for Reconstruction and Development, U.N.T.S. 2 (1947), 134 ff.

70 Hierzu ausführlich *Vandevelde,* Michigan Journal of International Law, 19 (1998), 373, 375 ff.

71 Vgl. Artikel 10 General Convention of Peace Amity Navigation and Commerce, United States-Colombia, 3. Oktober 1824, United States Treaty Series, No. 52.

Eingang in fremde Rechtsordnungen. Allerdings waren indirekte Investitionsformen durch Kredite und Emissionen von staatlichen Wertpapieren im Hinblick auf ihr Gesamtvolumen bedeutsamer. Dies erklärt sich mit den immer noch gravierenden Schwierigkeiten einer grenzüberschreitenden Einflussnahme auf Unternehmen, sodass das Entstehen eines umspannenden Kapitalmarktes und die Tendenz zur wirtschaftlichen Konzentration in immer größeren Unternehmen nicht verwundern.[72] Rechtliche Auseinandersetzungen waren trotz des erhöhten Volumens allerdings selten.

Die Kommunikations- und Transportmöglichkeiten haben sich seit Ende des Zweiten Weltkrieges mit immer höherer Geschwindigkeit weiterentwickelt und verbessert. Damit eröffneten sich viele bisher unbekannte Möglichkeiten wirtschaftlicher Betätigung. Direktinvestitionen übertrafen bald das Volumen der weltweiten indirekten oder Portfolio-Investitionen. Vielfach wurde im primären Sektor investiert, sodass neben den tatsächlich im Anlagestaat belegenen Vermögensgegenständen auch die „geldwerten" Konzessionsabkommen über Rohstoffabbau und -gewinnung an Bedeutung gewannen. Die weltweite Verbreitung von Technologien und deren Lizenzierung rückten Belange des Urheberrechtsschutzes in das internationale Blickfeld. So wurde die Bandbreite von im Ausland investierten Vermögenswerten immer größer. Die eingangs beschriebenen Formen transnationalen Handelns und Investierens bilden nur noch einen sehr kleinen Teilbereich heutiger Erscheinungsformen ab, sodass dementsprechend auch die rechtliche Ausgestaltung differenzierter geworden ist.

2. Abgrenzungen

In den gängigen Investitionsschutz- und -förderinstrumenten, seien es nationale Gesetze oder völkerrechtliche Verträge, werden lediglich ausländische Investoren und ihre Investitionen im Gastland geschützt.[73] Die Abgrenzung zu inländischen Investitionen, für die das völkerrechtliche Regime nicht gilt, erfolgt über den Begriff des „Investors". Dabei kommen als Investoren neben natürlichen Personen selbstverständlich auch juristische Personen in Betracht. Grundsätzlich ist zur Bestimmung, welcher Investor dem Schutz eines Vertrages oder Gesetzes unterfällt, auf seine Staatsangehörigkeit abzustellen. Bei natürlichen Personen wird dieser Anknüpfungspunkt nur selten Probleme aufwerfen. Anders stellt sich die Situation bei juristischen Personen dar, die in der Praxis

---

72 *UNCTAD*, IIA Series – Scope and Definition, S. 7.
73 Ausführlich: *Hahn/Gramlich*, Archiv des Völkerrechts, 21 (1983), 145, 154 ff.;
    UNCTAD, IIA Series – Scope and Definition, S. 32 ff.

den weitaus größeren Anteil der Investoren stellen. Ausführlich wird in diesem Zusammenhang diskutiert, welches Kriterium bei der Bestimmung der Nationalität einer juristischen Person als ausschlaggebend anzusehen ist.[74] Der Staat der Gründung, der des Sitzes der juristischen Person werden als Anknüpfungspunkt ebenso vertreten wie der Staat des Zentrums der Tätigkeit oder jener, dessen Staatsangehörigkeit die kontrollierenden Personen besitzen.[75] In Investitionsschutzverträgen finden sich Beispiele für jede der vier Möglichkeiten.

Eine weitere Abgrenzung ausländischer Investitionen findet zwischen verschiedenen Arten oder Grundtypen statt. So werden Investitionen von Privaten denen der öffentlichen Hand gegenübergestellt.[76] Gemeinhin werden jedoch nur private Investitionen von internationalen Investitionsschutzverträgen erfasst. Auch zwischen finanziellen (Kapital-) und Sachinvestitionen wird differenziert.[77] Bedeutender jedoch ist die Unterscheidung in Portfolio- und Direktinvestitionen. Während im Rahmen von Portfolioinvestitionen, die auch indirekte Investitionen genannt werden, nur in begrenztem Maße in anderen Unternehmen oder Unternehmungen investiert wird, erwirbt der Investor einer Direktinvestitionen ein Mitentscheidungs- und gegebenenfalls das Kontrollrecht, dessen genaue Ausgestaltung im Einzelnen nicht unumstritten ist. Auf ein solch hohes Maß an möglicher Einflussnahme zielen Portfolioinvestitionen indessen nicht ab. Als über den Kapitalmarkt gehandelte Anlagen liegt ihr alleiniger Schwerpunkt in der Erzielung einer Dividende.[78] So sind sie um ein Vielfaches volatiler als Direktinvestitionen. Der Investor kann sie ohne große Schwierigkeiten aus einem in wirtschaftliche oder politische Schwierigkeiten geratenen Land abziehen.[79] Tun es anderem ihm gleich und geschieht dies in der Folge massenhaft, ist es möglich, dass sich die Situation des Anlagestaates weiter verschärft.[80] Aufgrund dieser Merkmale ist es für Gaststaaten solcher Investitionen faktisch nur schwer möglich, regulierend auf diese Einfluss zu nehmen. Daher

---

74   Vgl. hierzu statt vieler *Ipsen,* § 24 Rn. 21 ff.

75   Bislang hat der IGH sich in zwei Fällen zu dieser Frage geäußert, mit jeweils anderem Ergebnis: Barcelona Traction, Light and Power Company, Limited (Belgium v. Spain), ICJ Reports 1964, S. 6 ff., und 1970, S. 3 ff., und Elettronica Sicula S.p.A. (ELSI) (United States of America v. Italy), ICJ Reports 1988, S. 15 ff.

76   Im Vergleich der absoluten Zahlen nehmen sich die öffentlichen Investitionen gering aus. Vgl. Figure I.1 und I.2., *UNCTAD,* World Investment Report 2003, S. 4.

77   *Hahn/Gramlich,* Archiv des Völkerrechts, 21 (1983), 145, 149, noch zu § 23 AWG (inzwischen weggefallen).

78   *Häde,* Archiv des Völkerrechts, 35 (1997), 181.

79   *UNCTAD,* IIA Series – Scope and Definition, S. 9; Sornarajah, The International Law on Foreign Investment, S. 8.

80   So geschehen in der „Asienkrise", die Mitte 1997 begann.

können sie größtenteils unreguliert und durch Staatengrenzen weitgehend ungehindert von einem Ort zum anderen dirigiert werden. Diese Nachteile weisen Direktinvestitionen nicht auf, auch sind sie regulativ leichter zu erfassen, da sie ihrem Wesen nach auf längere Zeit im Gaststaat belegen sind. Hierin ist darüber hinaus der Grund zu sehen, warum Statistiken über Investitionen nur den Bestand von Direktinvestitionen erfassen und abbilden. Nur für sie ist es überhaupt praktikabel, Meldevorschriften und -pflichten zu erlassen.

Eine abstrakte, alle vorstellbaren Fälle erfassende Abgrenzung von Direkt- und Portfolioinvestitionen ist indessen nicht einfach. Soweit ersichtlich, ist sie weder im Schrifttum noch auf legislativer Ebene gelungen.[81] Neben einer graduellen Abstufung nach Prozentanteilen ist zu diesem Zweck auch das subjektive Merkmal der Geschäftsführungsabsicht herangezogen worden. Als Anhaltspunkte hierfür sind eine die Beeinflussung von Managemententscheidungen ermöglichende Anteilsinhaberschaft sowie das Vorliegen eines „important managerial interest" oder „entrepreneurial commitment" gefordert worden.[82] Es liegt auf der Hand, dass sich diese Kriterien einer trennscharfen Anwendung entziehen. Fassbarer gestalten sich dagegen die vorgeschlagenen Prozentanteile, die einen „significant degree of influence on the management" oder „some degree of managerial control" kennzeichnen sollen.[83] Für den Fall einer alleinigen oder mehrheitlichen Anteilseignerschaft stellt sich kein Problem. Doch wann bei Beteiligungen unterhalb der Grenze von 50,1% von Direktinvestitionen gesprochen werden kann, wurde noch bis vor Kurzem unterschiedlich beurteilt.[84] Inzwischen wird international von einer Grenze von 10% ausgegangen. Als Beispiel der vereinheitlichten Entwicklung sei die deutsche Rechtslage angeführt. Zur Erstellung der Zahlungsbilanz der Bundesrepublik muss der Bundesbank nach § 56a Außenwirtschaftsverordnung[85] Vermögen Gebietsansässiger in fremden Wirtschaftsgebieten gemeldet werden. Bei Erlass der Verordnung 1986 mussten lediglich Beteiligungen außerhalb des deutschen Wirtschaftsgebietes von mindestens 25% gemeldet werden. Nach der 1993 durchgeführten umfassenden Neuordnung der Verordnung[86] lag die Meldegrenze des § 56a AWV schon bei 20%. Nunmehr liegt sie in Übereinstimmung

---

81   Ausführlich Note by the UNCTAD Secretariat, S. 4 ff.

82   Vgl. die entsprechenden Nachweise bei *Böttger,* Umweltpflichtigkeit, S. 50.

83   Ebenda.

84   Darstellung des Streitstandes ebenda.

85   Verordnung zur Durchführung des Außenwirtschaftsgesetzes (AWV) vom 18. Dezember 1986, zuletzt geändert durch Artikel 2 des Gesetzes vom 27. Juli 2011 (BGBl. I 2011, S. 1595).

86   Neugefasst durch die Bekanntmachung vom 22. November 1993, BGBl. I 1993, S. 1934.

mit den von der Europäischen Zentralbank (EZB) herausgegebenen statistischen Leitlinien zur Erstellung von Zahlungsbilanzen[87], die wiederum an „internationale Standards"[88] angelehnt sind, bei der oben angesprochenen 10-prozentigen Beteiligung an einem in einer anderen Volkswirtschaft ansässigen Unternehmen. Die EZB-Leitlinie geht davon aus, dass bei dieser Beteiligungshöhe das Vorhandensein einer Direktinvestition mit dem für sie konstituierenden langfristigen Interesse vermutet werden kann.[89]

Auch wenn diese schematische Betrachtung nicht immer mit dem tatsächlichen Vorhandensein der für das Vorliegen einer Direktinvestition erforderlichen Einflussnahmemöglichkeiten zusammenfällt, bietet das 10%-Kriterium eine nunmehr allgemein anerkannte Arbeitsgrundlage. Die Vermutungsregelung der EZB-Leitlinie legt allerdings nahe, dass dieses Kriterium zur Abgrenzung von Portfolioinvestitionen keine Ausschließlichkeit für sich beanspruchen kann. Liegen Faktoren vor, die trotz einer 10-prozentigen Beteiligung gegen die Mitentscheidungsmöglichkeit sprechen oder bei einem geringeren Anteil dafür, sind diese wertend in die Beurteilung einzubeziehen.

3. Wirtschaftliche Bedeutung

Die wirtschaftliche Bedeutung von Direktinvestitionen lässt sich am besten anhand einiger Zahlen verdeutlichen. Dabei wird auf das von der United Nations Conference on Trade and Development (UNCTAD) zusammengetragene Datenmaterial zurückgegriffen.[90] Abgebildet werden hier lediglich die weltweiten Ströme der Direktinvestitionen, eine Zusammenstellung dieser Art auch für Portfolioinvestitionen ist nicht möglich. Die Entwicklung der weltweiten Investitionstätigkeit geht notwendigerweise mit derjenigen der allgemeinen Wirt-

---

87 Leitlinie der Europäischen Zentralbank vom 2. Mai 2003 über die statistischen Berichtsanforderungen der Europäischen Zentralbank im Bereich Zahlungsbilanz, des Auslandsvermögensstatus sowie des Offenlegungstableaus für Währungsreserven und Fremdwährungsliquidität, EZB/2003/7 (2003/381/EG), ABl. EG 2003, Nr. L 131/20 vom 28. Mai 2003, Anhang III, Nr. 1.3., S. 39.

88 Einen Überblick über die Standards der OECD und des IWF gibt der *OECD/IMF,* Report on the survey of Implementation of Methodological Standards for Direct Investment, DAFFE/IME (99) 17, 7. Juni 1999, S. 28 ff.

89 EZB, Leitlinie vom 2. Mai 2003, Fn. 87.

90 Jedes Jahr legt die UNCTAD einen „World Investment Report" vor, dem sich die neuesten Erhebungen und Trends entnehmen lassen. Weiterhin können unter http://unctadstat.unctad.org/ReportFolders/reportFolders.aspx?sRF_ActivePath=P,5,27 &sRF_Expanded=,P,5,27 (zuletzt am 1. März 2013) die von der UNCTAD zusammengetragenen Daten beliebig zusammengestellt abgerufen werden.

schaftstätigkeit einher. In Zeiten weltweiten Wirtschaftswachstums steigt dementsprechend das Investitionsvolumen, während umgekehrt Rezessionen mit zurückgehenden Investitionen verbunden sind. Dabei ist eine Zeitverzögerung von etwa einem Jahr für die eine wie für die andere Richtung festzustellen. Zudem hat die fortschreitende Globalisierung auch bei Investitionen dafür gesorgt, dass wirtschaftlich vormals fast unbedeutende Staaten und Volkswirtschaften in den vergangenen zwei Dekaden erhebliche Investitionsvolumina auf sich vereinigen konnten und auch mehr und mehr zu investitionsexportierenden Staaten werden.

Der Umfang der weltweit getätigten Investitionen ist seit Jahren kontinuierlich angestiegen und in der zweiten Hälfte der 1990er-Jahre geradezu explodiert. Zwar brach die Investitionstätigkeit in den Krisen nach den Anschlägen vom 11. September 2001 und der Insolvenz von Lehman Brothers im Herbst 2008 jeweils drastisch ein, doch die Jahre zuvor und zwischen den Krisen sahen einen beeindruckenden Aufwärtstrend. 1980 lag das weltweite Investitionsvolumen bei knapp über US$ 50 Milliarden, im Jahr 2000 wurden gut US$ 1,4 Billionen investiert. 2003 war dann ein Tiefpunkt mit US$ 573 Milliarden zu verzeichnen, bevor dann im Jahr 2006 mit weltweit US$ 1,4 Billionen bereits wieder die Bestmarke von 2000 erreicht wurde. Die 2008 beginnende Weltwirtschaftskrise führte dann zu einem neuerlichen Absturz von fast US$ 2 Billionen im Jahr 2007 auf nur US$ 1,2 Billionen im Jahr 2009. Der Hauptteil der Investitionen entfällt noch immer auf den Austausch zwischen den entwickelten Volkswirtschaften des Nordens und Westens. Die USA und die Staaten der Europäischen Union stehen hier an der Spitze. Doch auch für die Entwicklungsländer, von denen die UNCTAD die mittel- und osteuropäischen Staaten ausnimmt, sprechen die Wachstumsraten der Investitionszuflüsse eine deutliche Sprache. Gegenüber dem Jahr 1980, in dem US$ 7,5 Milliarden investiert wurden, flossen diesen Volkswirtschaften 1990 bereits US$ 35 Milliarden, im Jahr 2000 schon US$ 258 Milliarden und 2008 schließlich fast US$ 660 Milliarden zu.[91] Zwar nimmt sich dieser Zuwachs in absoluten Zahlen ausgedrückt nicht so spektakulär aus wie derjenige der Industriestaaten, weist dafür aber eine gewisse Konstanz auf. Das zeigte sich gerade bei den im Jahr 2001 verzeichneten massiven Einbrüchen des weltweiten Investitionsvolumens. Die Zuströme in die Entwicklungsländer gingen in vergleichsweise geringem Maße zurück, während der Rückgang in den Industriestaaten etwa 60% betrug.[92] Nicht nur die Zuflüsse

---

91 Datenmaterial s. Fn 90. Die Verteilung der Investitionen ist dabei sehr ungleichmäßig. Nur etwa zehn Staaten erhalten rund 80% der auf die gesamte Gruppe entfallenden Investitionen (vgl. Tabelle II.2., *UNCTAD*, World Investment Report 2001, S. 52).

92 Während die Investitionsvolumina in den entwickelten Volkswirtschaften von 2001 bis 2004 kontinuierlich sanken (von US$ 600 Milliarden im Jahr 2001 auf US$ 370

in Entwicklungsländer stiegen, auch deren Bedeutung beim Export von Investitionen hat in den vergangenen Jahren zugenommen.[93] Waren es 1980 Investitionen im Wert von US$ 3 Milliarden, stammten im Jahr 2000 schon rund US$ 133 Milliarden aus den Entwicklungsländern. Dieser Trend konnte nach 2001 nicht fortgesetzt werden, der Kapitalexport fiel unter das schon Mitte der 1990er-Jahre erreichte Niveau zurück. Dem weltweiten Trend folgend, sind seit etwa 2004 auch die Investitionsexporte aus den Entwicklungsländern wieder gestiegen.[94]

Interessant ist darüber hinaus die Entwicklung hinsichtlich der Wirtschaftszweige, die Ziel von Investitionen waren. Über die vergleichsweise kurze Zeitspanne von knapp fünf Jahrzehnten spiegelt sie den Trend zu immer größerer Spezialisierung und dem Entstehen eines Schutzbedürfnisses bislang nicht einbezogener Eigentumspositionen wider. Noch in den Fünfzigerjahren des vergangenen Jahrhunderts waren Investitionen in Entwicklungsländer im Rohstoffsektor und anderen Primärindustrien konzentriert.[95] Dieses Bild hat sich nach und nach gewandelt. Heute fließt ein Großteil der weltweiten Investitionen in den Servicebereich (tertiärer Sektor, hierzu zählen auch Infrastrukturleistungen) oder in Produktionszweige (sekundärer Sektor), die eine hohe Technisierung voraussetzen. Betrug der Anteil der auf den tertiären Sektor entfallenden Investitionen Anfang der 1970er-Jahre gerade einmal ein Viertel, hat er sich auf fast 60% im Jahre 2005 gesteigert.[96]

4. Definitionsansätze

Was ist unter einer Investition zu verstehen? Eine auf dem reinen Wortlaut basierende rechtliche Definition dieses Begriffes ist schwierig, wird er doch in den verschiedensten Kontexten mit völlig unterschiedlichen Bedeutungen gebraucht. Schon in der Alltagssprache ist häufig ganz unreflektiert von „investieren" und „Investitionen" die Rede. Die Wirtschaftswissenschaften wiederum unterscheiden einerseits in volkswirtschaftliche Investitionen in Sach-

---

Milliarden im Jahr 2003), konnten die Entwicklungsländer im gleichen Zeitraum von steigenden Zuflüssen profitieren und hatten schon 2004 das Niveau des Boomjahres 2000 überholt (2000: US$ 258 Milliarden; 2004: US$ 293 Milliarden).

93 Vgl. Part Two „FDI from Developing and Transition Economies: Implications for Development" in *UNCATD*, World Investment Report 2006.

94 Auf US$ 174 Milliarden.

95 Zu den im Folgenden genannten Zahlen und Größenordnungen vgl. *UNCTC*, World Investment Report 1991, S. 15 ff.; *UNCTAD*, World Investment Report 2001, S. 66.

96 *UNCTAD*, World Investment Report 2007, Annex A.I.11, S. 227.

und Humankapital, wohingegen sich die Betriebswirtschaft der Rentabilitäts-rechnung von Investitionen sowie der Planung betrieblicher Investitionen inner-halb des Managementprozesses angenommen hat.[97] Ganz allgemein werden Investitionen in diesem Zusammenhang als „jeder Verzicht auf heutigen Nutzen in der Hoffnung auf späteren Nutzen"[98] bezeichnet. So ist es in der Tat nicht verwunderlich, dass sich im Völkervertragsrecht keine allgemeingültige Definition von Investitionen finden lässt. Ein Rückgriff auf Völkergewohnheitsrecht ist vor dem Hintergrund der sich im zeitlichen Ablauf der Wirtschaftsentwicklung wandelnden Gegebenheiten und Prioritäten ebenso wenig aussichtsreich. Die Schwerfälligkeit, mit der Gewohnheitsrecht auf neue Situationen reagiert und naturgemäß nur reagieren kann, steht einer solchen Definition entgegen.[99] So war beispielsweise lange ungewiss, ob indirekte Investitionsformen wie Portfolioinvestitionen vom traditionellen Investitionsbegriff erfasst waren. Ähnlich gestaltet sich die Situation hinsichtlich immaterieller Vermögensgegen-stände wie dem geistigen Eigentum, die nach dem traditionellen Verständnis nicht unter Investitionen zu subsumieren waren[100], für den heutigen Wirtschafts-verkehr jedoch eine wichtige Rolle spielen.

a) Zwei Ansätze

Ein Investitionsschutzinstrument ohne eine Definition seines zentralen Begriffs erfüllt nur schwerlich den ihm zugewiesenen Zweck. Natürlich arbeitet jedes Instrument dieser Art mit einer definierenden Vorschrift. In der Vergangenheit waren dabei zwei verschiedene Herangehensweisen auszumachen, die in dieser starren Ausprägung aktuell nicht mehr vorzufinden sind. Regelungen, die der Kontrolle oder der Liberalisierung von Kapitalbewegungen dienten, definierten Investitionen im Allgemeinen restriktiv. Die Einflussnahmemöglichkeit des In-vestors war dabei notwendiges und entscheidendes Kriterium für die Klassi-fizierung einer der Regelung unterfallenden Investition.[101] Hiernach waren nur Direktinvestitionen im engsten Sinne umfasst. Dagegen verwendeten die frühen Investitionsschutzabkommen und -instrumente meist einen sehr weit gefassten Ansatz bei der Definition der ihrem Schutz unterliegenden Investitionsformen.

---

97 Vgl. *Bodie/Kane/Marcus*, Investments, in der Einleitung.

98 *Eisenführ*, Investitionsrechnung, 1998, S. 4.

99 Für den Bereich des internationalen Eigentumsschutzes im Völkergewohnheitsrecht vgl. *Dolzer*, Enteignung und Entschädigung im geltenden Völkerrecht, S. 166 f.

100 Hierzu *UNCTAD*, IIA Series – Scope and Definition, S. 9.

101 Wie im OECD Code of Liberalisation of Capital Movement, Annex A List A, ab-gedruckt in *UNCTAD*, International Investment Instruments: A Compendium, Vol. II, S. 17.

Nicht nur dass die Grenze überschreitende Kapital selbst wurde erfasst, sondern auch weitere, mit diesem Kapital erlangte oder geschaffene Vermögensgegenstände des Investors wurden einbezogen.[102]

Die unterschiedlichen Definitionen finden ihren Grund in der mit der jeweiligen Regelung intendierten Ausrichtung.[103] Definitionen in rechtlichen Texten sind nicht neutral oder als objektive Beschreibung der Wirklichkeit eines Konzeptes zu verstehen. Vielmehr bilden sie einen Teil des normativen Gehalts der Regelung und bestimmen auf diese Weise, in welchen Fällen sie eingreift. Neben politischen Erwägungen spielen dabei auch wirtschaftliche Interessen eine gewichtige Rolle. Regierungen können beispielweise einige Wirtschaftssektoren, die besonders profitabel oder politisch sensibel sind, als Ziel ausländischer Investitionen ausnehmen. Umgekehrt ist es denkbar, dass eine Regelung besonders liberal gestaltet wird, um Investitionen gerade in einen bestimmten Bereich zu lenken.

b) Kombinationslösung mit „asset-based"-Ansatz

Moderne Instrumente vereinen zumeist beide Ansätze und sehen ihre Zielsetzung in einer Kombination aus Liberalisierung und weitreichendem Schutz, wobei die früher wichtige Kontrollfunktion aufgrund der vorherrschenden liberalen Einstellung vieler Staaten nunmehr eine nur untergeordnete Rolle spielt. Davon ausgehend, wird der Anwendungsbereich der meisten in den vergangenen Jahren verabschiedeten Instrumente weit umschrieben und umfasst neben Direktinvestitionen häufig auch explizit indirekte Investitionen.[104] Der Grund für dieses weite Verständnis rührt aus der Einsicht, dass es keine ewig und allein gültige Definition für Investitionen gibt und dass eine heute abschließende Definition schon bald von den wirtschaftlichen Realitäten überholt

---

102 Vgl. etwa Artikel 25 Abs. 1 der ICSID Convention, der den Begriff der Investition nicht weiter definiert. Dies führte dazu, dass jüngst ein Schiedsgericht zu dem Schluss kam, auch eine Minderheitsbeteiligung stelle ein Investment im Sinne der Vorschrift dar, siehe CMS Gas Transmission Company v. Argentina, ICSID Fall Nr. ARB/01/8, Decision on Objections to Jurisdiction, 17. Juli 2003, Rn. 47. Siehe auch Artikel 12 der Convention Establishing the Multilateral Investment Guarantee Agency, International Legal Materials, 24 (1985), 1605.

103 *Hahn/Gramlich,* Archiv des Völkerrechts, 21 (1983), 145, 150; *UNCTAD,* IIA Series – Trends, S. 55.

104 Eine Darstellung und Aufzählung findet sich bei *Legum,* „Defining Investment and Investor: Who is Entitled to Claim?", S. 3 f.

worden sein kann. So bieten die gewählten „offenen" Definitionen genügend Spielraum und Flexibilität bei der Anwendung des jeweiligen Vertrages.[105]

Den gebräuchlichsten Ansatz bietet heute die „asset-based"-Definition. Der Begriff „asset" kann im Deutschen am treffendsten mit „Vermögensgegenstand" oder „Vermögenswert"[106] umschrieben werden. Anknüpfungspunkt ist bei dieser Methode die Form, in der die Investition im Gaststaat vorgefunden wird, das jeweilige „asset". Das „Agreement for the Promotion and Protection of Investments" der Association of South East Asian Nations (ASEAN) etwa definiert Investitionen in Artikel 1 (3) wie folgt: „The term investment shall mean every kind of asset [...]."[107] Die Vereinigten Staaten schützen in ihrem Modellvertrag von 1998 „every kind of investment owned or controlled directly or indirectly by a national or company [...]".[108] In den Verhandlungen im Rahmen der OECD über ein „Multilateral Agreement on Investment" (MAI) wurde als Ausgangsbasis der Ansatz der USA gewählt. Darüber hinausgehend sah man jedoch Bedarf nach einer „interpretative note". In dieser sollte größerer Rechtssicherheit wegen klargestellt werden, dass

> in order to qualify as an investment under the MAI, an asset must have the characteristics of an investment, such as the commitment of capital or other resources, the expectation of gain or profit, or the assumption of risk.[109]

Abgesehen von der Überlegung, dass gänzlich unklar ist, welche Form diese Klarstellung in einem späteren rechtsverbindlichen Text des MAI angenommen hätte und welche rechtliche Bedeutung ihr somit beizumessen wäre[110], kann sie dem Inhalt der gewählten Investitionsdefinition im Grunde nichts Neues hinzufügen. Auf einen Ausschluss von indirekten Investitionsformen wie etwa Portfolioinvestitionen ist anhand der genannten Voraussetzungen nicht ohne

---

105 *Dolzer/Stevens*, BIT, S. 26.

106 So die deutschen Investitionsschutz- und Förderverträge, die statt dem Terminus Investition von Kapitalanlagen sprechen. Hiermit verbindet sich jedoch kein anderer rechtlicher Gehalt, vielmehr werden die beiden Begriffe synonym verwendet.

107 ASEAN Agreement for the Promotion and Protection of Investments, abgedruckt in *UNCTAD*, International Investments Instruments, A Compendium, Vol. II, S. 294.

108 Artikel I (d) des Treaty between the Government of the United States of America and the Government of the Republic of ____ Concerning the Encouragement and Reciprocal Protection of Investment, 1994 Prototype, revised 4/1998, abgedruckt in *UNCTAD*, International Investments Instruments, A Compendium, Vol. VI, S. 501.

109 Note zu II.2. (Scope and Applications, Definitions) des Negotiating Text des Multilateral Agreement on Investment, Stand 24. April 1998, abrufbar unter www1.oecd.org/daf/mai/index.htm (zuletzt am 1. März 2013 abgerufen).

110 Zum Status von „interpretative notes" zu einem verabschiedeten Vertragswerk vgl. *McRae*, British Yearbook of International Law, 49 (1978), 155 ff.; *Horn*, Reservations and Interpretative Declarations to Multilateral Treaties, S. 229 ff.

Schwierigkeiten zu schließen. Auch bei indirekten Investitionen wird Kapital eingesetzt, um damit unter Inkaufnahme eines Risikos Gewinne zu erzielen.

aa) Aufzählungstechnik

Meist enthalten die nach dem „asset-based"-Ansatz verfahrenden Instrumente nach der vorgestellten Formeldefinition des Investitionsbegriffs eine erläuternde Aufzählung. Durch die aufgeführten Beispiele wird eine bessere Verständlichkeit der weit gefassten Definition angestrebt. Die Aufzählungen sind meist nur illustrativ und nicht abschließend. Verdeutlicht wird dies durch Formulierungen wie „The term ‚investment' shall mean every asset and in particular shall include though not exclusively: [...]"[111] oder „Für die Zwecke dieses Abkommens bezeichnet der Begriff ‚Kapitalanlagen' Vermögenswerte jeder Art, [...], und umfasst insbesondere, aber nicht ausschließlich [...]" eines deutschen Investitionsschutzvertrages.[112] Die in diesen Aufzählungen unter den Begriff der Investition gefassten Vermögenswerte fallen im Detail von Instrument zu Instrument unterschiedlich aus, doch lassen sich Untergruppen bilden, die nachfolgend dargestellt werden sollen. Als Beispiel soll die Aufzählung des deutschen Investitionsförder- und -schutzvertrags mit China[113] dienen, die nicht nur für die deutsche Praxis repräsentativ ist.[114] Die förderungswürdigen und zu schützenden Kapitalanlagen werden anhand von fünf Gruppen illustriert:

a) Eigentum an beweglichen und unbeweglichen Sachen sowie sonstige dingliche Rechte wie Hypotheken und Pfandrechte;

b) Gesellschaftsanteile, -obligationen, -einlagen und andere Arten von Beteiligungen an Gesellschaften;

c) Ansprüche auf Geld oder andere Leistungen, die einen wirtschaftlichen Wert im Zusammenhang mit einer Kapitalanlage haben;

d) Rechte des geistigen Eigentums, wie insbesondere Urheberrechte, Patente, Gebrauchsmuster und gewerbliche Muster und Modelle, Marken, Handelsnamen, technische Verfahren, Betriebs- und Geschäftsgeheimnisse, Know-how und Goodwill;

---

111 Artikel 1 Abs. 3 des ASEAN Agreement for the Promotion and Protection of Investments, abgedruckt in *UNCTAD*, International Investment Instruments, Vol. II, S. 293 ff.

112 Artikel 1, Ziff. 1. des Abkommens zwischen der Bundesrepublik Deutschland und der Volksrepublik China über die Förderung und den gegenseitigen Schutz von Kapitalanlagen, BGBl. II 2005, S. 733.

113 S. Fn. 112.

114 Vgl. die Aufzählung in Fn. 4 in WTO Working Group on the Relationship between Trade and Investment – Note by the Secretariat, "Scope and Definitions – Investment and Investor", 21. März 2002, WT/WGTI/W/108.

e) gesetzliche und vertragliche Konzessionen aufgrund von gesetzlichen Vorschriften, einschließlich von Konzessionen zur Aufsuchung, Bearbeitung, Förderung und Gewinnung von natürlichen Ressourcen [...].

aaa) Grundeigentum und dessen Derivate

Die erste Kategorie beinhaltet das Eigentum an beweglichen wie auch unbeweglichen Sachen und sonstigen dinglichen Rechten. Die Einbeziehung auch der sonstigen dinglichen Rechte macht deutlich, dass auch Rechtspositionen dem Schutzbereich unterfallen, die lediglich Teilbereiche des Eigentums umfassen. Die Nennung von Hypothek und Pfandrecht dient wiederum als Beispiel und ist nicht abschließend zu verstehen. Der Schutz von beweglichen Sachen knüpft an Gewohnheitsrecht an, das schon immer die Verkaufsgüter eines ausländischen Kaufmanns als schützenswert einstufte.[115] Die Tatsache, dass Ausländer in manchen Staaten kein Grundeigentum erwerben dürfen[116], steht dem Schutz von Immobilien nicht entgegen: Wenn ein Gut nicht erlangt werden kann, so kann es zumindest auch nicht enteignet werden.

bbb) Unternehmensbeteiligungen

In die zweite Kategorie fallen verschiedene Formen von Unternehmensbeteiligungen. In der englischen Fassung dieser Untergruppe ist erläuternd von "shares, stock, and other forms of equity participation, and bonds, debentures, and other forms of debt interests" die Rede.[117] Deutlich wird durch diese Formulierung, dass sowohl Eigenkapital- als auch Fremdkapitalbeteiligungen geschützt werden. Im Deutschen lässt die Differenzierung von „Anteilsrechten" und „Beteiligungen" darauf schließen, dass das Wort Anteilsrechte im Sinne von Mitgliedschaftsrechten gebraucht wird, während man unter Beteiligung eine bloße Kapitalbeteiligung ohne Kontroll- und Stimmrecht verstehen kann. Es kann somit nicht davon ausgegangen werden, dass nur solche Engagements geschützt werden, die unmittelbar ein Kontrollrecht des Investors mit sich bringen, auch Portfolioinvestitionen scheinen hiervon erfasst zu sein.

---

115   *UNCTAD*, IIA Series – Scope and Definition, S. 19.

116   Vgl. die Übersicht bei *Weisman*, Australian Journal of Contract Law 28 (1980), 39 ff.; oder auch *Dagon*, Recht der Internationalen Wirtschaft, 1985, 930 ff.

117   Vgl. Artikel I (d) (ii) des Model-BIT der USA, abgedruckt in *UNCTAD*, International Investment Instruments, A Compendium, Vol. VI, S. 502.

ccc) Rechte aus Vertrag

Anhand der dritten Untergruppe, die Ansprüche auf Geld oder Leistungen enthält, wird deutlich, dass nicht nur Rechte aus Eigentum, sondern auch solche, die aus Verträgen resultieren, unter Investitionen subsumiert werden können. Abzugrenzen sind solcherart geschützte Forderungen zum einen von rein privaten Forderungen, die nicht im Zusammenhang mit ausländischen Investitionen stehen[118], etwa dem privaten Bankguthaben eines Ausländers, und von schlichten Exportforderungen, die sich aus grenzüberschreitenden Warenaustauschverträgen ergeben. Demnach wird die Forderung eines Deutschen aus Warenlieferung an ein Unternehmen in einem Land, mit dem ein Investitionsschutzvertrag besteht, nicht als „Investition" geschützt (dies ist bloßer grenzüberschreitender Handel). Dagegen unterfallen die Ansprüche eines in diesem Land tätigen Deutschen oder deutschen Unternehmens gegen ein heimisches Unternehmen dem Schutzbereich. Ein ungeschützter Bereich entsteht so dennoch nicht, da die Bundesrepublik mithilfe der sog. Hermes-Exportgarantien wie die meisten OECD-Staaten ein Instrumentarium zum Schutz von Exportforderungen geschaffen hat.[119] Eine weitere wichtige Einschränkung besteht darin, dass die dem Schutz unterfallende Forderung dem Schutzbereich unterfallenden Investor direkt zustehen muss. So kann sich z.B. ein Deutscher, der an einer indonesischen Gesellschaft beteiligt ist, nicht auf den deutsch-indonesischen Investitionsschutzvertrag berufen, wenn die indonesische Regierung in eine vertragliche Forderung dieser Gesellschaft eingreift. Die Forderung steht nämlich nicht ihm, sondern dem indonesischen Unternehmen zu.

ddd) Geistiges Eigentum, Urheberrechte

Die vierte Untergruppe bezieht fast alle Erscheinungsformen geistigen Eigentums in den Schutzbereich ein. Urheberrechte, die Rechte geistigen Eigentums, technische Verfahren und Handelsnamen und -marken sind umfasst. Eine Aufzählung dieser Art findet sich nunmehr in den meisten Verträgen oder Gesetzen, sodass im Gegensatz zu früher davon ausgegangen werden kann, dass Rechte des geistigen Eigentums allgemein als Investition anerkannt werden. Auch hier gilt, dass es sich um Beispiele handelt, sodass eine eventuelle Auslassung nicht ohne Weiteres einen in dieser Hinsicht eingeschränkten Schutz bedeutet. Die

---

118 Vgl. *Banz,* Völkerrechtlicher Eigentumsschutz durch Investitionsschutzabkommen, S. 42.

119 Zum deutschen Beispiel ausführlich *Alenfeld,* Investitionsförderverträge, S. 31; *Böttger,* Umweltpflichtigkeit, S. 84 ff.

Aufnahme von „technischen Verfahren" und „Know-how" in den Schutzbereich bedeutet eine Ausdehnung über die klassischen und traditionell durch weltweite Konventionen regulierten Formen geistigen Eigentums hinaus. Dies beruht auf dem wirtschaftlichen Wert dieser Rechte.[120]

Die Aufnahme von „Goodwill" in die beispielhafte Aufzählung geht sehr weit. Geschützt werden dadurch wirtschaftlich wichtige Faktoren wie Kundenstamm, Geschäftsbeziehungen, Organisation und Renommee, die es einem Unternehmen ermöglichen, mit seinen sachlichen und persönlichen Mitteln Umsätze zu erwirtschaften und Gewinne zu ermitteln.[121] Die Einbeziehung dieses Aspekts lässt sich mit einer einfachen Überlegung erklären. Nicht nur die materiellen Werte des Anlagevermögens (Grundstücke, Bauten, Maschinen) und Umlaufvermögen (Rohstofflager und Vorräte) determinieren den Wert eines Unternehmens, erst durch die Berücksichtigung des Goodwill kann ein den wirtschaftlichen Realitäten entsprechendes Bild gewonnen werden. Anlage- und Umlaufvermögen können infolge von Eingriffen in den Goodwill wertlos werden, ohne dass auch nur – bildhaft gesprochen – eine Schraube aus dem Lager entfernt wurde. Mit der Erwähnung des Goodwill in der Aufzählung wird die Ertragskraft eines Unternehmens im Unterschied oder in Ergänzung zu seinem Substanzwert als Bestandteil einer Kapitalanlage anerkannt. Andererseits liegt auf der Hand, dass Enteignungen im Hinblick auf Goodwill uferlos sein können und eine wertmäßige Bezifferung zum Schadensausgleich mit großen Schwierigkeiten verbunden ist.

eee) Konzessionen

Die fünfte und letzte Kategorie bezieht einen weiteren wirtschaftlich sehr bedeutenden Bereich in die Definition von Investition ein. Konzessionen und Lizenzen, die einem Unternehmen zur Ausführung wirtschaftlicher Tätigkeit auf fremdem Staatsgebiet erteilt werden, stellen die Urform internationalen Investierens dar. Prominentes Beispiel hierfür ist die 1854 einer französischen Gesellschaft erteilte Konzession zum Bau und Betrieb des Suezkanals.[122] Allerdings ist der ökonomisch interessanteste Bereich heute nicht mehr in dem Maße wie noch vor einigen Jahrzehnten im primären Wirtschaftssektor der Rohstoffentdeckung und -gewinnung zu sehen. Diese sind jedoch nach wie vor ausdrücklich mit den „Aufsuchungs- und Gewinnungskonzessionen" erwähnt. Die

---

120 *UNCTAD,* IIA Series – Scope and Definition, S. 20 f.
121 Vgl. die hitzige, inzwischen jedoch historische Debatte darüber, ob Elemente wie Goodwill zu enteignungsrelevanten Eigentumspositionen gezählt werden sollen; *Christie,* British Yearbook of International Law, 38 (1962), 307, 319 mwN.
122 *Riesenfeld,* „Foreign Investment", EPIL, Band 8 I, 1985.

Erbringung von Dienstleistungen nicht nur im Infrastruktursektor wie den öffentlichen Versorgungseinrichtungen, sondern auch in zuvor für ausländisches Kapital unzugänglichen Sektoren wie der Telekommunikation oder Ähnlichem stehen heute mehr und mehr im Vordergrund. Auf der anderen Seite ist nicht beabsichtigt, wirklich jede Genehmigung, die ein Unternehmen zur Ausführung seiner Tätigkeit benötigt, zu schützen. Eine gewisse Dauer und ein damit einhergehender wirtschaftlicher Wert der Konzession werden daher teilweise ausdrücklich[123] gefordert. Ämterverleihungen, Wareneinfuhrlizenzen oder allgemeine gewerberechtliche oder sozialrechtliche Genehmigungen unterfallen nicht dem Schutzbereich.[124]

bb) Erträge und Re-Investionen

Ein weiterer Aspekt vieler Kodifikationen befasst sich mit dem Umgang mit den Erträgen der geschützten Investitionen und mit der Frage ob auch sie, sofern sie erneut angelegt werden, als „Investition" geschützt werden. In den meisten Fällen werden die Erträge anhand der ursprünglichen Investition im Gaststaat erwirtschaftet worden sein. Vor dem Hintergrund, dass ein Ziel von Investitionsschutzverträgen der verstärkte Kapital- und Investitionsimport ist, könnte man sich auf den Standpunkt stellen, dass re-investierte Gewinne nicht vom Schutzbereich erfasst sind.[125] Auf der anderen Seite ist für potenzielle Investoren gerade die Frage nach dem Schicksal der erwirtschafteten Erträge ein weiterer Faktor bei der Standortentscheidung. Aus diesem Grund ist es nunmehr Standard vieler Instrumente, auch re-investierten Erträgen als Investitionen den gleichen Schutz wie der ursprünglichen Investition zukommen zu lassen.[126] Ausdruck findet dies in Formulierungen wie

> [...] eine Änderung der Form, in der Vermögenswerte angelegt werden, lässt ihre Eigenschaft als Kapitalanlage unberührt.[127]

---

123 Die deutschen Investitionsschutzverträge mit Guinea (BGBl. II 1964, S. 145), Iran (BGBl. II 1967, S. 2549), Kamerun (BGBl. II 1963, S. 991), Madagaskar (BGBl. II 1965, S. 369), Malaysia (BGBl. II 1962, S. 1064), Niger (BGBl. II 1965, S. 1402), Singapur (BGBl. II 1975, S. 49) und Togo (BGBl. II 1964, S. 154) verlangen „gewisse Dauer".

124 So auch *Alenfeld*, Investitionsschutzverträge, S. 33; *Banz*, Völkerrechtlicher Eigentumsschutz durch Investitionsschutzabkommen, S. 47.

125 *UNCTAD*, IIA Series – Scope and Definition, S. 22; dem folgt einzig *Alenfeld*, Investitionsförderverträge, S. 35.

126 *Dolzer/Stevens*, BIT, S. 30.

127 Artikel 1 Abs. 1 des Vertrages zwischen Deutschland und China, s.o. Fn. 112.

Werden die Erträge dagegen nicht im Gaststaat investiert, sondern in den Heimatstaat transferiert, muss aus Sicht der Investoren auch für diesen Vorgang sichergestellt sein, dass hierbei keinerlei Beschränkungen stattfinden. Diesem Bedürfnis wurde entsprochen, indem sich in vielen Instrumenten Schutzklauseln hinsichtlich des freien Währungstransfers finden.

cc) Einschränkungen

Bei einem derart weiten Schutzbereich stellt sich in einem zweiten Schritt die Frage nach Möglichkeiten zu dessen Einschränkung, was, wie in der Einleitung dargestellt, aus den unterschiedlichsten Gründen gewünscht oder notwendig sein kann.

aaa) Einschränkungen durch Anforderungen an die Investition

Eine häufig gewählte Methode besteht darin, ausgehend vom weiten Investitionsbegriff Begrenzungen dergestalt vorzunehmen, dass an die zu schützende Investition selbst Anforderungen gestellt werden. So werden beispielsweise nur Investitionen geschützt, die nach einem im Investitionsschutzinstrument bestimmten Datum getätigt wurden.[128] Die Festlegung einer gewissen Mindestsumme[129] oder die Begrenzung auf bestimmte Sektoren, in denen investiert werden darf[130], sind weitere Möglichkeiten. Manchmal wird eine vorherige Genehmigung zur Voraussetzung des Schutzes gemacht.[131] Einige Instrumente schließen auf dieser Stufe Portfolioinvestitionen eindeutig aus. Als Beispiel hierfür dient der Investitionsfördervertrag zwischen Dänemark und Polen, der den Begriff „Investment" in Artikel 1 (1) (b) wie folgt umreißt:

---

128 Vgl. etwa den Artikel 9 des Vertrags zwischen der Bundesrepublik Deutschland und Sri Lanka, BGBl. II 1966, S. 909. Hier ist der Tag der Unterzeichnung (8. November 1963) der Stichtag.

129 Art 15 des Community Investment Code of the Economic Community of the Great Lakes Countries verlangt ein Investitionsvolumen von US$ 1 Millionen oder eine entsprechende Summe einer anderen Währung. *UNCTAD,* International Investment Instruments, A Compendium, Vol. II, S. 251.

130 Paradebeispiel ist hier der Energiecharter-Vertrag (Fn. 28), der ausschließlich auf Engagements im Energiesektor Anwendung findet.

131 Vgl. Artikel 2 Abs. 1 des ASEAN-Abkommens (Fn. 111):
"This Agreement shall apply only to investments brought into, derived from or directly connected with investments brought into the territory of any Contracting Party by nationals or companies of any other Contracting Party and which are specifically approved in writing and registered by the host country and upon such conditions as it deems fit for the purposes of this Agreement."

all investments in companies made for the purpose of establishing lasting economic relations between the investor and the company and *giving the investor the possibility of exercising significant influence* on the management of the company concerned.[132] (Hervorhebung nicht im Original)

Auch einige rechtlich nicht bindende Instrumente beinhalten Einschränkungen in diese Richtung. So verlangt die Definition des International Monetary Fund oder auch die „Benchmark Definition" der OECD, dass ein über das rein spekulative Interesse hinausgehendes Engagement vorliegen sollte.[133] Alternativ ist es möglich, dass ein Investitionsabkommen Portfolioinvestitionen zwar in seinen Schutzbereich einbezieht, jedoch nur unter der Voraussetzung einer gewissen Dauer. Die „Convention Establishing the Inter-Arab Investment Guarantee Corporation" wählt diesen Weg in ihrem Artikel 15.[134] Auch in den Verhandlungen der Arbeitsgruppe bei der Welthandelsorganisation scheint sich ein Konsens abzuzeichnen, der in diese Richtung weist.[135]

Das Kapitel 11 des NAFTA wählt ebenfalls einen interessanten Ansatz. Gewählt wurde hier eine Technik, die zwar von der hergebrachten „asset-based"-Definition ausgeht, diese jedoch in entscheidenden Punkten einschränkt. Investitionen werden in Artikel 1139 sehr ausführlich definiert als

(a) an enterprise;

(b) an equity security of an enterprise;

(c) a dept security of an enterprise

(i) where the enterprise is an affiliate of the investor, or

---

132 Article 1(1)(b) des Agreement between the Government of the Kingdom of Denmark and the Government of the Republic of Poland for the Promotion and the reciprocal Protection of Investments, abrufbar unter unctad.org/sections/dite/iia/docs/bits/denmark_poland.pdf (zuletzt am 1. März 2013 abgerufen).

133 OECD Benchmark Definition of Foreign Direct Investment, 4. Auflage, 2008, http://www.oecd.org/daf/inv/investmentstatisticsandanalysis/40193734.pdf (zuletzt am 1. März 2013 abgerufen); IMF: vgl. Communication from the IMF to the Working Group on the Relationship between Trade and Investment, 3. November 1998 (WT/WGTI/W/61).

134 Abgedruckt in *UNCTAD,* International Investment Instruments, A Compendium, Vol. II, S. 127.

135 Vgl. die Zusammenfassung der Ergebnisse der Arbeitsgruppe in „Report to the General Councel" der Working Group on the Relationship between Trade and Investment (WGTI) vom 11. Juli 2003, WT/WGTI/7, Rn. 15 ff., insbesondere Rn. 20; im Einzelnen exemplarisch Communication from Canada to the WGTI, Rn. 21, 12. April 2002 (WT/WGTI/W/113); Communication from Korea to the WGTI, Rn. 15, 15. April 2002 (WT/WGTI/W/114).

(ii) where the original maturity of the debt security is at least three years, but does not include a dept security, regardless of original maturity, of a state enterprise;

(d) a loan to an enterprise

(i) where the enterprise is an affiliate of the investor, or

(ii) where the original maturity of the loan is at least three years, but does not include a loan, regardless of original maturity, to a state enterprise;

(e) an interest in an enterprise that entitles the owner to share in income or profits of the enterprise;

(f) an interest in an enterprise that entitles the owner to share in the assets of that enterprise on dissolution, other than a dept security or a loan from sub-paragraph (c) or (d);

(g) real estate or other property, tangible or intangible, acquired in the expectation or used for the purpose of economic benefit or other business purposes; and

(h) interests arising from the commitment of capital or other resources in the territory of a Party to economic activity in such territory, such as under

(i) contracts involving the presence of an investor's property in the territory of the Party, including turnkey or construction contracts, or concessions, or

(ii) contracts, where remuneration depends substantially on the production, revenues or profits of an enterprise;

but investment does not mean,

(i) claims to money that arise solely from

(i) commercial contracts for the sale of goods or services by a national or enterprise in the territory of a Party to an enterprise in the territory of another Party, or

(ii) the extension of credit in connection with a commercial transaction, such as trade financing, other than a loan covered by subparagraph (d); or

(j) any other claims to money, that do not involve the kind of interests set out in sub-paragraphs (a) through (h).

Im Gegensatz zu den zuvor vorgestellten Definitionen, die durch eine knappe Definition mit anschließender kurzer Aufzählung von Beispielen gekennzeichnet sind, wird hier bis ins Detail erläutert, welche Güter dem Schutz des Kapitel 11 unterfallen. Ungewöhnlich ist des Weiteren, in welcher Ausführlichkeit „negativ" definiert wird, also festgelegt wird, was nicht erfasst werden soll. Portfolioinvestitionen unterfallen dem Schutz des Freihandelsabkommens, Darlehenssicherheiten („debt securities") und Darlehen an staatliche Unternehmen dagegen nicht. Auch Rechte aus Verträgen, die dem alltäglichen Wirtschaftsleben entstammen, werden nicht geschützt. Die Tatsache, dass das NAFTA kein ausschließliches Investitionsschutz- und Förderinstrument ist, erklärt, warum

Kapitel 11 einige Investitionsformen ausschließt.[136] Artikel 1101 Abs. 3 stellt klar, dass die Regelungen für Investitionen keine Anwendung auf Sachverhalte finden, die von Kapitel 14 über Finanzdienstleistungen behandelt werden. Aus diesem Grund ist die hier verwandte Definition nicht für sich alleine zu sehen, einige Investitionselemente werden einfach nur an anderer Stelle im Abkommen behandelt.

bbb) Einschränkungen der materiellen Garantien

Ein anderer Weg, die ursprünglich weite Investitionsdefinition wieder einzuschränken, führt über den materiell-rechtlichen Schutzgehalt des Instrumentes.[137] So kann bestimmt werden, dass Investitionen erst noch von einer staatlichen Stelle zugelassen werden müssen oder dass die Anwendung des „National Treatment"-Prinzips erst nach der Gründungsphase einer Investition eingreift. Auf diese Weise ist es den entscheidenden Stellen möglich, flexibel den jeweiligen Bedürfnissen des Empfängerstaates zu genügen. Der grundsätzlich weite Anwendungsbereich erlaubt ein liberales Verhalten ebenso wie ein restriktiveres Vorgehen.

c) Weitere Definitionstechniken

Die soeben dargestellte „asset-based"-Definition ist zwar mit großem Abstand die am häufigsten verwendete, doch wurden beispielsweise im Rahmen der WTO-Verhandlungen auch weitere Definitionsmöglichkeiten in Betracht gezogen.[138] Eine dieser Alternativen stellt auf „gewerbliche Unternehmen" oder die „kontrollierenden Interessen in einem Gewerbebetrieb" ab. Das Freihandelsabkommen zwischen den USA und Kanada von 1988[139], das durch das NAFTA[140] abgelöst wurde, kann als Beispiel für diesen unternehmensbezogenen Ansatz dienen. Artikel 1602 definierte Investitionen als

a) the establishment of new business enterprises located in its territory;

b) the acquisition of business enterprises located in its territory;

c) the conduct and operation of business enterprises located in its territory; and

---

136 Hierzu auch Communication from Canada to the Working Group on the Relationship between Trade an Investment, 11. April 2002 (WT/WGTI/W/113).

137 Hierzu Note by the Secretariat, s. Fn. 114, Rn. 22 ff.

138 Vgl. die Stellungnahmen der beteiligten Staaten in der Arbeitsgruppe „Working Group on Trade and Investment", jeweils Dokumentennummer WT/WGTI/W/...

139 International Legal Materials, 27 (1988), 271–402.

140 Das wie dargestellt dem „asset-based"-Ansatz folgt.

d) the sale of business enterprises located in its territory.

Hierbei ist also nicht die Tätigkeit des Investierens selbst oder der investierte Vermögensgegenstand geschützt, sondern das Ziel der Investition, und dies auch nur für den Fall, dass es sich als „enterprise" qualifizieren lässt. Nicht immer ist es einfach, eine genaue Abgrenzung zum „asset-based"-Ansatz zu treffen. Auch stellt sich der unternehmensbezogene Ansatz auf den ersten Blick enger als dieser dar, da der „asset-based"-Ansatz grundsätzlich nicht nur Unternehmen oder Unternehmensbeteiligungen erfasst. Diese stellen nur einen Teilbereich der geschützten Investitionen dar. Auf der anderen Seite ist es, wie gezeigt, auch bei der „asset-based"-Definition möglich, Einschränkungen vorzunehmen, indem etwa Portfolioinvestitionen vom Schutz ausgeschlossen werden. Diese sind vom unternehmensbezogenen Ansatz jedoch erfasst, die Art der Beteiligung ist hier nicht näher definiert, allein das Ziel der Investition bestimmt den Schutzbereich. Unter diesem Gesichtspunkt kann der unternehmensbezogene Ansatz demnach gemessen am insgesamt geschützten Volumen einen umfassenderen Schutz bieten.[141]

Einen weiteren, jedoch auf einer gänzlich anderen Konzeption beruhenden Ansatz stellt der transaktionsbezogene Ansatz dar. Er dient zudem weniger oder zumindest nur mittelbar dem Investitionsschutz, sondern kommt im Zusammenhang von Liberalisierungsanstrengungen zur Anwendung. Wenn also der „OECD Code of Liberalisation of Capital Movements"[142] in seinem Anhang A die zu liberalisierenden Arten von Kapitalflüssen aufzählt, so gehören neben vielen anderen auch Direktinvestitionen dazu. Da der Code vorrangig nicht dem Schutz von Investitionen als solchen gewidmet ist, unterfallen sie seinem materiellen Schutzbereich lediglich in ihrer grenzüberschreitenden Ausführung wie beispielsweise dem Kapitalfluss, der zur Gründung oder dem Verkauf eines Unternehmens getätigt wird.[143]

5. Fazit

Insgesamt bleibt festzuhalten, dass die überwiegend verwendete Definition für den Begriff der Investition sehr weit gefasst ist. Je nach Zweck des einschlägigen Instruments werden sodann einige Elemente einbezogen oder ausgeschlossen. Ein Vorteil der weiten Definitionen ist die damit einhergehende Flexibilität. Von einem großen Kreis geschützter Güter einige Teilbereiche aus-

---

141 Hierzu *UNCTAD*, IIA Series – Scope and Definition, S. 31.
142 OECD Code of Liberalisation of Capital Movements, *UNCTAD*, International Investment Instruments, A Compendium, Vol. II, S. 1–30.
143 *UNCTAD*, IIA Series – Scope and Definition, S. 32.

zuklammern ist rechtstechnisch einfacher zu erreichen, als ausgehend von einer restriktiven Definition den Schutz oder die Förderung für einige wenige Elemente auszudehnen. An weiten Definitionen ist im Rahmen der aktuellen Diskussion vielfach Kritik geübt worden. Als problematisch wird erachtet, dass staatliche Regulierungstätigkeit umso eher mit international geschützten Investitionen kollidiert, je weiter deren Schutzbereich anhand der verwendeten Investitionsdefinition ist. Daraus erwächst die Besorgnis, dass eine derart extensive Fassung der Investitionsdefinition gerade im Zusammenspiel mit den eingeräumten direkten Klagemöglichkeiten für Investoren dazu führen kann, dass sich eine unüberschaubar große Zahl von auch nur mittelbar betroffenen Investoren auf die Schutzklauseln der Instrumente berufen wird. Die bislang aufgetretenen Fälle unterstützen diese Schlussfolgerung indessen nicht. Investoren, die lediglich Inhaber einer Portfoliobeteiligung waren, sind bis zum heutigen Tag – soweit ersichtlich[144] – nur vereinzelt an Verfahren beteiligt gewesen.[145]

Für die Zukunft lässt sich diese Sorge jedoch nicht ganz von der Hand weisen. Relevanz erlangt die zugrunde liegende Überlegung für den Fall eines zahlreiche Staaten zusammenführenden multilateralen Investitionsschutzabkommens, wie es nach dem Scheitern der Verhandlungen zum MAI unter den Auspizien der WTO geplant war.[146] Hier ist in der Tat die Konstellation denkbar, dass sich ein Investor eines Staates A, der durch eine ursprünglich in Staat B getätigte Portfolioinvestition nur noch mittelbar im Gaststaat C engagiert ist, durch eine diese (mittelbare) Investition beeinflussende Maßnahme des Staates C verletzt fühlt. Der Investor des Staates A könnte dann von der Möglichkeit Gebrauch machen, sich mithilfe des Streitschlichtungsmechanismus direkt gegen diesen Staat C zu wehren. So würden auch nur kleine, über viele „Stationen" vermittelte Beteiligungen die Möglichkeit einer weitreichenden schiedsgerichtlichen Kontrolle eröffnen. In der gegenwärtigen Situation jedoch, die von vielen parallel existierenden bilateralen Investitionsverträgen und nur einigen regional begrenzten Abkommen geprägt ist, ist eine solche Konstellation schwer vorstellbar. Die bestehenden bilateralen Verträge schützen jeweils nur Investoren der beiden beteiligten Staaten. Der Kreis der potenziellen Kläger ist somit von Anfang an eingeschränkt, „mittelbare" Investoren eines dritten Landes können sich *ratione personae* nicht gegen Akte eines Vertragsstaates

---

144 Diese Einschränkung erklärt sich aufgrund der Tatsache, dass keine Pflicht zur Veröffentlichung im Rahmen von Schiedsgerichtsverfahren besteht.
145 Eine Aufzählung findet sich bei *Yannaca-Small,* OECD Working Paper on International Investment, No. 2006/01, Rn. 74 ff.
146 Auch hier bleibt abzuwarten, was aus diesem Unterfangen nach dem Scheitern der Doha-Handelsrunde wird, vgl. S. 34.

wenden, wenn nicht ein eigener bilateraler Investitionsschutzvertrag mit dem Heimatstaat gerade dieses Investors besteht.[147]

II. Enteignungen

Enteignungen ausländischen Eigentums durch den Gaststaat stellten in der Vergangenheit wie auch noch heute eines der größten Risiken für ausländische Investitionen dar.[148] Die rein wirtschaftlichen Rahmenbedingungen einer anvisierten Investition lassen sich im Vorfeld meist relativ genau abschätzen und analysieren. So kann der potenzielle Investor im Vorhinein die ökonomischen Risiken gegen die zu erwartenden Vorteile abwägen und aufgrund dieser Prognose zu seiner Entscheidung gelangen. Hat sich nun der Investor entschieden und sein oder das ihm anvertraute Geld oder Vermögen investiert, findet er sich in Bezug auf fast alle weiteren Fragen ihn und seine Investition betreffend in der Rechtsordnung des Gaststaates wieder.[149] Auch das dem Investor zunächst fremde administrative System entfaltet seine Wirkungen. Diese Faktoren gilt es neben den rein wirtschaftlichen Erwägungen ins Kalkül zu ziehen. Doch auch die sorgfältigste Risikoabschätzung kann sich als fehlerhaft herausstellen. Die Vergangenheit hat gezeigt, dass eben noch sicher geglaubte rechtliche Rahmenbedingungen leicht ins Wanken geraten können, denn ausländische Investitionen unterliegen stets einer kritischen Beobachtung nicht nur durch die jeweilige Öffentlichkeit, sondern auch durch die staatlichen Autoritäten. Eine neue Regierung, Ideologiewechsel, wirtschaftlicher Nationalismus (wie in jüngerer Zeit in Venezuela oder Bolivien unter Chavez und Morales) oder finanzielle Krisen kommen als Auslöser solcher Änderungen in Betracht.

Das folgende Kapitel dient der Darstellung der im Zuge von Enteignungen einzuhaltenden Regeln. Zunächst soll zum besseren Verständnis eine Abgrenzung zwischen direkten und indirekten Enteignungsformen versucht werden. Dem folgt eine Vorstellung der dem Enteignungsrecht zugrunde liegenden Rechtsquellen.

---

147 Dieser Fall ist bislang erst einmal aufgetreten, s. die Schilderung bei *Kühn/Gantenberg,* SchiedsVZ 2004, 1 ff.

148 Eine Darstellung auch früherer Fälle findet sich bei *Christie,* British Yearbook of International Law, 38 (1962), 307 ff.

149 *Brownlie,* S. 501 f.

1. Direkte und indirekte Enteignungen

Je nach Art der Enteignung wird zwischen direkten und indirekten Enteignungen unterschieden, wobei eine absolut trennscharfe Abgrenzung trotz zahlreicher Versuche noch nicht einmal in theoretischen Abhandlungen sicher gefunden wurde.[150] Allerdings sind die praktischen Auswirkungen dieser Differenzierung eher gering, denn es wird in jedem Fall erheblich in die Rechte eines Investors eingegriffen. Allerdings hat sich – letztlich wenig überraschend – gezeigt, dass indirekte Enteignungen deutlich schwerer nachweisbar sind als direkte Enteignungsformen. Auch die Diskussion darüber, ob eine Maßnahme nun wirklich die gleichen Wirkungen wie eine ungeschminkte Enteignung zeitigt und damit „tantamount to expropriation" ist, wird zwischen Investor und vermeintlich enteignendem Gaststaat kontrovers geführt. In rechtlicher Hinsicht besteht jedoch kein Unterschied, bei direkten und indirekten Enteignungen müssen die gleichen Voraussetzungen erfüllt sein, um rechtmäßig durchgeführt werden zu können.

a) Direkte Enteignungen

Eine direkte Enteignung liegt vor, wenn der Eigentumstitel selbst durch einen hoheitlichen Akt entzogen oder transferiert oder die Kontrolle und die Nutzung des Eigentums dauerhaft entzogen wird.[151] Als Beispiel eines derartigen Akts kann ein libysches Gesetz aus dem Jahr 1974 dienen, in dem ausdrücklich die Nationalisierung jeglicher Vermögenswerte und sonstiger Rechte der California Asiatic Oil Company und der Texaco Overseas Petroleum Company angeordnet wurde.[152] In einigen Fällen kommt noch der direkte Übergang des physischen Besitzes hinzu. Entscheidend ist, dass der bisherige Eigentümer final und zur Gänze von jeglicher Eigentumsposition ausgeschlossen wird. Mit der Fallgruppe der direkten Enteignungen werden allgemein solche „klassischen" Maßnahmen verbunden, die zu der Entstehung internationaler Regeln in diesem Bereich geführt haben und oft als Nationalisierungen und seltener auch

---

150 *Dolzer,* ICSID Review – Foreign Investment Law Journal, 1 (1986), 41, 43 f.; *Weston,* Virginia Journal of International Law 16 (1975–1976), 103, 106, bezeichnet es als "failure of international law scholars and practitioners to provide anything remotely approaching a systematic appraisal of the many ways in which aliens, not the targets of 'confiscation', 'expropriation', 'nationalization', or 'requisition' *strictu sensu,* can be and have been effectively deprived, in whole or in part, of the 'use and enjoyment' of their foreign-based wealth by the exercise of so-called police powers."

151 *Brownlie,* S. 509.

152 Texaco v. Libyan Arab Republic, International Law Reports, 53 (1979), 419, 426.

„Sozialisierungen"[153] bezeichnet werden. Trotz des unterschiedlichen Sprachge-brauchs ist damit keine neue Rechtskategorie gemeint.[154] Vielmehr werden als Nationalisierungen oder Sozialisierungen Situationen bezeichnet, in denen ein Staat danach trachtet, nicht nur einzelne Investoren zu enteignen, sondern ganze Industriezweige, Branchen oder anderweitig charakterisierte Unternehmens-gruppen (wieder) unter nationale Kontrolle zu bringen.[155] Auch die systematische Enteignung sämtlichen Privateigentums wird unter diesen Begriff subsumiert.[156] Somit umschreibt dieser Begriff nichts anderes als Enteignungen einer über den Einzelfall hinausgehenden Dimension.

b) Indirekte Enteignungen

Indirekte Enteignungen dagegen belassen den formalen Eigentumstitel bei dem Betroffenen. Die hoheitliche Maßnahme ist jedoch von so einschränkendem Charakter, dass der Betroffene erhebliche Nachteile hinsichtlich seines vormals uneingeschränkten Eigentums erleidet.[157] Obwohl sich hier die formale Eigen-tumsposition des Eigentümers nicht verändert, werden beispielsweise seine Nutzungs- oder Ertragsmöglichkeiten, die sich aus seinem Eigentum oder seiner Investition ergeben, in signifikanter Weise beschnitten. Er kann über sein Eigen-tum nicht mehr in der Weise verfügen, die ihm durch den Titel von Rechts wegen bislang zustand. Denkbar sind daneben auch Konstellationen, in denen dem Eigentümer explizit bestimmte Nutzungen untersagt werden. Weiterhin ist vorgekommen, dass sich dieses Ergebnis erst durch die Zusammenschau zeitlich abgestuften Verhaltens eines Gaststaates ergibt, wenn jede Maßnahme für sich genommen noch keine Enteignung darstellt. Diese Vorgehensweise ist als „creeping expropriation" bekannt geworden.[158]

Entscheidend ist, dass nicht jede Beeinträchtigung der Position eines In-vestors oder Eigentümers – und sei sie auch noch so geringfügig – als Ent-eignung einzustufen ist. Vielmehr bedarf es einer „substantial deprivation".

---

153 *Brownlie,* S. 509.
154 Auch die UN setzt die beiden Begriffe häufig gleich, vgl. UN-GA Res. 1803 (XVII) vom 14. Dezember 1962 in Abschnitt I Nr. 4 „Nationalization, expropriation or requisi-tioning shall be based […]."
155 *Ipsen,* Völkerrecht, § 47 Rn. 16, als Beispiel mögen die Vorgänge rund um die „Nationalisierung des Energiesektors" in Bolivien im Frühjahr 2006 dienen, Frankfurter Allgemeine Zeitung 3. Mai 2006, S. 1.
156 *UNCTAD,* IIA Series – Taking of Property, S. 10.
157 *Christie,* British Yearbook of International Law, 38 (1962), 307, 309 ff.
158 Restatement Third of the Foreign Relations Law of the United States, 1987, § 712, comment g, reporter's note 7.

Klassischerweise wird gefordert, dass der Effekt der angeblich indirekt enteignenden Maßnahme dem einer direkten Begehungsform gleichkommen muss.[159] In Rechtsprechung und Literatur sind dafür zwei wesentliche Merkmale ausgemacht worden. Zum einen gilt es den Grad der Beeinträchtigung zu untersuchen. Zum anderen ist auch dessen Dauer entscheidend. Weiterhin wird verschiedentlich darauf abgestellt, ob die Maßnahme nachvollziehbare und tragfähige mit der Investition verbundene Erwartungen schädigt.

aa) Grad der Beeinträchtigung

Der Grad der Beeinträchtigung ist über die vergangenen 20 Jahre von vielen Entscheidungen ganz unterschiedlicher Rechtsprechungsorgane als einer der Hauptfaktoren zur Beurteilung der Frage, ob eine Maßnahme als Enteignung einzustufen ist, akzeptiert und herangezogen worden. Würde jede noch so kleine Beeinträchtigung eine Schadensersatzpflicht nach sich ziehen, wären dem Staat tatsächlich die Hände gebunden. Meistens wird daher die Schwelle sehr hoch angelegt, wobei jedoch eine klare Richtschnur fehlt.

Der Europäische Gerichtshof für Menschenrechte in Straßburg, berufen, über Verletzungen der Europäischen Menschenrechtskonvention zu befinden, hat in einem frühen Fall nach Artikel 1 des 1. Zusatzprotokolls eine Enteignung bejaht, als die Eigentumsentziehung definitiv und vollständig war („permanently and definitively deprived of his possessions").[160]

In einem der ersten Fälle des nach der iranischen Revolution von 1981 eingesetzten Iran-United States Claims Tribunal wurde eine Enteignung anerkannt, als die vom iranischen Staat eingesetzten Manager die Steuerung des Wohnungsprojekts des amerikanischen Investors übernahmen:

> [I]t is recognized by international law that measures taken by a State can interfere with property rights *to such an extent that these rights are rendered so useless that they must be deemed to have been expropriated,* even though the State does not purport to have expropriated them and the legal title to the property formally remains with the original owner.[161]

Um eine ähnliche Situation ging es in *Tippetts.* Auch hier wurde ein iranischer Manager bestellt, der, nachdem die amerikanischen Angestellten das Land ver-

---

159 *Newcombe* spricht in diesem Zusammenhang vom "orthodoxen" Ansatz, ICSID Review – Foreign Investment Law Journal, 20 (2005), 1, 9 ff.

160 Handyside ./. Vereinigtes Königreich, Urteil des EGMR v. 7. Dezember 1976, Serie A 24; Poiss ./. Österreich, Urteil des EGMR v. 23. April 1987, Serie A 117.

161 Starrett Housing Corp. v. Islamic Republic, Interlocutory Award no. ITL 32-24-1 vom 19. Dezember 1983, International Legal Materials, 23 (1984), 1090, 1115, oder Iran-US Claims Tribunal Report 4, 122, 154. Hervorhebung nicht im Original.

lassen hatten, auf keinerlei Kontaktaufnahme seiner „Auftraggeber" mehr reagierte. Hierzu hielt das Schiedsgericht fest:

> While assumption of control over property by a government does not automatically and immediately justify a conclusion that the property has been taken by the government, thus requiring compensation under international law, such a conclusion is warranted whenever events demonstrate that the owner was deprived of fundamental rights of ownership and it appears that the deprivation *was not merely ephemeral*.[162]

Auch im Rahmen des NAFTA setzte sich diese Sichtweise durch, selbst nachdem einer der ersten Schiedssprüche, der sich mit Artikel 1110 NAFTA beschäftigte, diesen Punkt noch etwas stiefmütterlich behandelt hatte. Das Schiedsgericht im Fall *Metalclad* gegen Mexiko hatte eher nebensächlich konstatiert, eine Enteignung umfasse neben bewussten, offen durchgeführten und als solchen bezeichneten Eigentumsentziehungen auch verborgene und eher beiläufige Beeinträchtigungen der Nutzungsmöglichkeiten eines Eigentümers, solange sie dessen Position vollständig oder zu einem signifikanten Teil einschränkten („which has the effect of depriving the owner, in whole or in significant part, of the use or reasonably-to-be-expected economic benefit of property").[163] Im Schiedsspruch der Sache *Pope & Talbot* gegen Kanada finden sich ausführlichere Darlegungen. Unter Berufung auf den sogenannten „Harvard Draft"[164] und das „Restatement"[165] wird hier davon ausgegangen, dass von einer Enteignung dann gesprochen werden kann, wenn

> interference is sufficiently restrictive to support a conclusion that the property has been "taken" from the owner.[166]

---

162 Tippetts, Abbett, McCarthy, Stratton v. TAMS-AFFA Consulting Engineers of Iran, Award No. 141-7-2 vom 29. Juni 1984, Iran-US Claims Tribunal Report 6 (1984), 219, 225. Hervorhebung nicht im Original.

163 Metalclad Corporation v. Mexico, ICSID Fall Nr. ARB(AF)/97/1, Award, 30. August 2000, Rn. 102.

164 *Sohn/Baxter,* Draft Convention on the International Responsibility of States for Injuries to Aliens, abgedruckt in American Journal of International Law, 55 (1961), 548. In Artikel 10 Abs. 3 (a) heißt es:
"A taking of property includes not only an outright taking of property but also any such unreasonable interference with the use, enjoyment, or disposal of property as to justify an inference that the owner thereof will not be able to use, enjoy or dispose of the property within a reasonable period of time after the inception of such interference."

165 S. Fn. 158, in der Reporter's Note 6 wird als ein Kriterium vorgeschlagen, zu berücksichtigen „the degree to which the government action deprives the investor of effective control over the enterprise".

166 Pope & Talbot Inc. v. Canada, Interim Award, 26. Juni 2000, Rn. 102.

Unter anderem sei hierfür zu berücksichtigen, ob der Investor die Kontrolle über seine Investition behält, er die täglichen Geschäfte leitet oder seine Angestellten vom Staat bei der Ausübung ihrer Aufgaben überwacht werden, der Staat einen Teil der Erlöse einzieht, eine Dividendenzahlung verhindert, sich in die Bestellung wichtiger Firmenorgane einmischt oder andere Maßnahmen ergreift, die den Investor aus seiner faktischen Position vertreiben.[167]

Das Schiedsgericht in *S.D. Myers* gegen Kanada beschritt in seinem nur wenige Monate später ergangenem Schiedsurteil den gleichen Weg. Hier heißt es:

> An expropriation usually amounts to a lasting removal of the ability of an owner to make use of its economic rights although it may be that, in some contexts and circumstances, it would be appropriate to view a deprivation as amounting to an expropriation, even if it were *partial* or temporary.[168]

Da sich das Schiedsgericht in der auf diese Feststellung folgenden Analyse jedoch auf den temporalen Aspekt beschränkt und als nicht ausreichend verneint, nimmt es keine detaillierte Stellung dazu, welchen Grad die „partial deprivation" erreichen muss, um als Enteignung angesehen zu werden.

Von dem Schiedsgericht, das in der Sache *Marvin Roy Feldman Karpa (CEMSA)* gegen Mexiko zu entscheiden hatte, wurde ein weiterer interessanter Aspekt eingeführt. In diesem Fall wurde dem Investor durch die strikte Anwendung von zuvor schon bestehenden, jedoch ignorierten Gesetzen das Fortbetreiben eines Teilgeschäftes unmöglich gemacht. Das Schiedsgericht wandte unter Berufung auf *Pope & Talbot* den Test an, inwieweit der Investor noch Kontrolle über seine Investition hatte, und kam zu dem Schluss, er sei trotz allem noch

> free to pursue other continuing lines of export trading, such as [...], although he is effectively precluded from exporting cigarettes.[169]

Daher sei er nicht enteignet worden. Zudem sei aufgrund der zweifelhaften Legalität der nunmehr unmöglich gewordenen Tätigkeit ohnehin fraglich, ob diese Position überhaupt enteignet werden könne.[170] Der Verweis auf die weiterhin möglichen Geschäfte des Investors leuchtet hier einerseits ein, denn er war in der konkreten Situation ja tatsächlich noch in der Lage, mit seinen nicht betroffenen Unternehmensteilen wirtschaftlich weiter zu arbeiten. Andererseits

---

167 A.a.O., Rn. 100.
168 S.D. Myers, Inc. v. Canada, Partial Award, 13. November 2000, Rn. 283. Hervorhebung nicht im Original.
169 Marvin Roy Feldman Karpa (für die Firma CEMSA) v. Mexico, ICSID Fall Nr. ARB(AF)/99/1, Award, 16. Dezember 2002, Rn. 152.
170 Ebenda.

liegt so für Investoren die Möglichkeit nahe, verschiedene Geschäftszweige jeweils eigenständigen Firmen zu unterstellen, die im Fall der Fälle dann zur Gänze beeinträchtigt und somit enteignet wären.

Einen etwas anderen Ansatz wählte ein Schiedsgericht, das in einer Streitigkeit nach dem bilateralen Investitionsschutzvertrag zwischen den Niederlanden und der Tschechischen Republik zu entscheiden hatte. Das niederländische Unternehmen CME Czech Republic B.V. war über eine Beteiligung an einem in einem Joint Venture eingebundenen tschechischen Unternehmen mittelbar Halterin einer tschechischen Rundfunklizenz. Durch verschiedene Handlungen und Unterlassungen von tschechischer Seite verlor CME diese Lizenz, als sie auf den tschechischen Joint-Venture-Partner übertragen wurde. Das Schiedsgericht sah darin eine Enteignung, da dem Investor zwar sein Beteiligungsunternehmen mit sämtlichen Vermögensgegenständen verbleibe, diesem aber sein gesamtes Geschäft verloren gegangen sei.[171]

Eine über das bislang verlangte Maß hinausgehende Beeinträchtigung verlangte das Schiedsgericht im Fall *Tecmed* gegen Mexiko. Während die bisherigen Schiedsurteile zwar „substanzielle" oder „signifikante" Beeinträchtigungen verlangten, sich darüber hinaus nicht weiter hinsichtlich deren genauer Dimension festlegten, wurde hier die Messlatte hin zur vollständigen Wertentziehung verschoben. Das Schiedsgericht verlangt, dass die Beeinträchtigung ein Ausmaß erreicht, bei dem der Investor

> was radically deprived of the economical use and enjoyment of its investments, as if the rights related thereto had ceased to exist.[172]

Auch wenn diese Aussage dem Rechtsanwender auf den ersten Blick einen eindeutigen Leitfaden an die Hand zu geben scheint, drängen sich bei genauerem Hinsehen erneut Abgrenzungsprobleme auf. Wenn feststeht, dass eine 100-prozentige Beeinträchtigung vonnöten ist, sollte man doch annehmen können, dass auch eine 99% des Wertes vernichtende Maßnahme ausreicht. Ansonsten wären kreative Gesetzgeber sicherlich versucht, Regelungen zu schaffen, die dem Investor noch einen winzigen (Rest-)Anteil belassen. Doch wie ist dann

---

171 CME Czech Republic B.V. v. Czech Republic, Partial Award, 13. September 2001 (abrufbar unter http://italaw.com/documents/CME-2001PartialAward.pdf, zuletzt am 1. März 2013 abgerufen), Rn. 591.

172 Tecnicas Medioambientales, TECMED S.A. v. Mexico, ICSID Fall Nr. ARB(AF)/00/2, Award, 29. Mai 2003, Rn. 115.

eine Situation zu beurteilen, in der 95% oder 90% der Investition verloren gehen?[173]

Eine Auswertung der Schiedspraxis der vergangenen Jahre zeigt, dass die Mehrzahl der Fälle, in denen der Kläger eine Enteignung behauptete, zurückgewiesen wurde, weil der Eingriff nicht schwerwiegend genug war.[174] Oftmals waren die Kläger jedoch in anderen Punkten, etwa einer Verletzung des Grundsatzes der fairen und gerechten Behandlung, erfolgreich.

bb) Dauer der Beeinträchtigung

Sowohl im Schrifttum als auch in der Rechtsprechung ist anerkannt, dass eine beeinträchtigende Maßnahme von gewisser Dauer sein muss, um die Schwelle zur Enteignung zu erreichen. Lediglich kurzzeitige Unannehmlichkeiten sollen nicht zur Entschädigungspflicht führen. Beide Elemente – Schwere und Dauer des Eingriffs – können daher nicht isoliert und unabhängig voneinander betrachtet werden.[175] Das zeitliche Kriterium wird dabei oftmals schon bei der Bestimmung der Schwere des Eingriffs berücksichtigt und nicht immer als eigenständiger Faktor untersucht. In der Frage, wie lang eine einschränkende Maßnahme wirken muss, um als enteignend angesehen zu werden, sind Schiedsgerichte, wohl auch aufgrund der Vielgestaltigkeit der Sachverhalte, zu ganz unterschiedlichen Aussagen und Ergebnissen gelangt. Die Spannbreite reicht von wenigen Monaten bis hin zu fast eineinhalb Jahren. In einem Fall wurden schon vier Monate als ausreichend erachtet,[176] während in einem anderen 16

---

173 *Coe/Rubins,* in: Weiler, International Investment Law and Arbitration – Leading Cases from the ICSID, NAFTA, Bilateral Treaties and Customary International Law, S. 664.

174 Neben den soeben genannten Fällen s. nur Occidental Exploration and Production Company (OEPC) v. Ecuador, London Court of International Arbitration, Administered Case No. UN 3467, Final Award, 1. Juli 2004 (abrufbar unter http://italaw. com/documents/Oxy-EcuadorFinalAward_001.pdf, zuletzt am 1. März 2013 abgerufen), Rn. 88 f.; CMS Gas Transmission Company v. Argentina, ICSID Fall Nr. ARB/01/8, Final Award, 12. Mai 2005, Rn. 262; Azurix Corp. v. Argentina, ICSID Fall Nr. ARB/01/12, Award, 14. Juli 2006, Rn. 322; Telenor Mobile Communications A.S. v. Hungary, ICSID Fall Nr. ARB/04/15, Award, 13. September 2006, Rn. 65 f., 79.

175 Mit dieser Schwierigkeit hatte auch das Schiedsgericht in Cargill, Inc. v. Mexico zu kämpfen, ICSID Fall Nr. ARB(AF)/05/02, Award, 18. September 2009, Rn. 361. Letztlich lehnte das Schiedsgericht den Eingriff als nicht schwerwiegend genug ab (implizit auch weil er nicht dauerhaft war), untersucht wurde dann aber dennoch noch die Dauer.

176 Middle East Cement and Shipping Handling Co. S.A. v. Egypt, ICSID Fall Nr. ARB/99/6, Award, 12. April 2002, Rn. 107.

Monate nicht lang genug waren.[177] Kritische Stimmen bringen vor, dass nicht alleine die Geltungsdauer einer enteignenden Maßnahme untersucht werden sollte. Genauso seien Situationen denkbar, in denen eine nur für kurze Zeit gültige Regelung oder Aktion eines Staates den betroffenen Investor im Ergebnis dauerhaft des Wertes seiner Investition beraubt.[178] Da jedoch der Effekt einer Maßnahme auf die Investition ebenso zu berücksichtigen ist wie ihre Geltungsdauer, können Situationen wie die beschriebene einer Einstufung als Enteignung allein aufgrund ihrer kurzen Dauer nicht entgehen. Aus diesem Grund ist die Sorge unbegründet.

cc) Form und Intention

Die schwere Fassbarkeit und die komplizierte rechtliche Klassifizierung indirekter Enteignungen hat sich in den zahlreichen zur Beschreibung des Konzepts verwandten Begriffen und Ausdrücken niedergeschlagen. Besonders deutlich wird dies im Englischen: Von „creeping", „de-facto", „constructive", „partial" expropriations oder „regulatory takings" ist dort die Rede und von Maßnahmen, die „tantamount" oder „equivalent" zu direkten Enteignungen sind.[179] Bezeichnet oder beschrieben werden durch diese Vielfalt allein die unterschiedlichen „Begehungsweisen" indirekter Enteignungen, rechtlich werden sie grundsätzlich gleich behandelt.

Indirekte Enteignungen können viele Formen annehmen. Sie können etwa durch ein Gesetz, Verordnungen oder Einzelanweisungen geschehen. Auch materiell-rechtlich ist eine große Bandbreite denkbar, die in einer indirekten Enteignung eines ausländischen Eigentümers oder Investors resultieren können.[180] Aus diesem Grund herrscht Einigkeit, den Fokus einer Untersuchung

---

177 S.D. Myers, Inc. v. Canada, Partial Award, 13. November 2000, Rn. 284 ff. Mit einer Beeinträchtigung, die rund ein Jahr andauerte, liegt der Fall Wena Hotels gegen Ägypten genau zwischen den beiden genannten, Wena Hotels Limited v. Egypt, ICSID Fall Nr. ARB/98/4, Award, 8. Dezember 2000, Rn. 99.

178 *Coe/Rubins,* in: Weiler, International Investment Law and Arbitration – Leading Cases from the ICSID, NAFTA, Bilateral Treaties and Customary International Law, S. 621.

179 *Newcombe,* ICSID Review – Foreign Investment Law Journal, 20 (2005), 1, 10; *UNCTAD,* IIA Series – Taking of Property, S. 4.

180 *Gudofsky,* Northwestern Journal of International Law and Business, 21 (2000), 243, 259, nennt einige Beispiele:
    "unreasonable taxation; discriminatory legislation and administrative decrees; certain cases of zoning; the granting, in certain cases, of a monopoly by a government; prolonged 'temporary seizure'; unreasonable price ceilings which are not allowed to keep pace with inflationary trends; the rendering useless of property so intimately connected with the first that it ceases to have any further value or function; the forced sale of alien

auf die Auswirkungen der fraglichen Maßnahme und nicht auf ihre „Gestalt" zu legen. Ansonsten hätten staatliche Stellen die Möglichkeit, das angestrebte Ziel ohne die Pflicht zur Entschädigungsleistung einfach dadurch zu erreichen, die Maßnahme so zu gestalten, dass sie in einer der nicht als enteignend angesehenen Formen erlassen wird. Als grober Merksatz kann gelten: Zumindest dann, wenn sich das Ergebnis einer Maßnahme für den Eigentümer genauso darstellt, als habe der Staat eine direkte Enteignung seiner Eigentumsposition durchgeführt, wird von einer indirekten Enteignung gesprochen.

Damit stellt sich die Frage nach der Bedeutung der Intention des handelnden Staates. Bei einer direkten Enteignung liegt es nahe, dass der eine final wirkende Maßnahme ergreifende Staat den betroffenen Investor auch tatsächlich enteignen will. Bei indirekten Enteignungen ist dies zwar nicht immer deutlich. In Fällen, in denen die Absicht zu enteignen auf welche Weise auch immer hervorgetreten und beweisbar ist, wird sich schwer argumentieren lassen, dass keine Enteignung gewollt war. Im Gegenschluss ist damit aber ebenso klar, dass die Behauptung, man habe eine Enteignung gar nicht gewollt, einen so handelnden Staat nicht aus seiner Verantwortung entlassen kann. Die Intention des handelnden Staates ist somit nicht entscheidend dafür, ob eine Maßnahme als Enteignung qualifiziert werden kann. Nach hier vertretener Ansicht ist dieser Schluss in Fällen nicht gerechtfertigt, in denen ein Staat Regelungen oder Gesetze im Rahmen seiner sogenannten „Police Powers" erlässt[181], sodass die Intention des handelnden Staates in diesen eng umrissenen Fällen den entscheidenden Unterschied machen kann. Es steht zwar außer Frage, dass eine zu einem solchen Zweck verabschiedete Maßnahme ebenso enteignend wirken kann wie jede andere. Allerdings wird die Meinung vertreten, dass derartige Regelungen nicht entschädigungspflichtig seien. In der Diskussion erfolgt dabei in den seltensten Fällen eine systematische Einordnung. Es wird meist einfach festgestellt, dass ein Staat aufgrund solcher Maßnahmen nicht zur Zahlung einer Entschädigung verpflichtet sei. Ob damit eine Enteignung verneint oder nur eine Ausnahme zur ansonsten bestehenden Entschädigungspflicht konstituiert werden soll, bleibt offen.

---

property at a price which falls far short of the actual value of the property or of its real worth had its real worth not been interfered with by the state; the setting of local wages at prohibitively high rates; the appointment of custodians, managers or inspectors who substantially impair the free use by the alien of his premises and facilities; contract renegotiation or discriminatory contract termination; prohibition of gainful activity previously lawfully engaged in [...]."

181 Diesem Komplex widmet sich Kapitel IV. ausführlich (S. 97).

2. Rechtsrahmen

Auf der Ebene des Völkerrechts existiert im Bereich des Enteignungsrechts kein allgemein verbindliches Rechtsinstrument. Die anwendbaren Rechtssätze haben sich über lange Zeiträume hinweg entwickelt und ihren Niederschlag in verschieden Formen gefunden, sodass die rechtliche Situation eines ausländischen Investors in einem Staat von einer Vielzahl von Instrumenten umrissen werden kann. Mit unterschiedlicher Regelungstiefe werden dabei die Rechte des Investors gegenüber seinem Gastland umrissen. Ebenso sind Festlegungen enthalten, unter welchen Voraussetzungen der Staat in diese Rechte eingreifen oder die Investition enteignen darf.

a) Nationale Rechtsordnung

Ausgangspunkt der Überlegung ist der Grundsatz, dass jedes im Territorium eines Staates belegene Subjekt dem Recht und den Gesetzen dieses Staates unterliegt.[182] Manche Autoren sprechen hier von einem „hostage status" der getätigten Investition.[183] Auch wenn diese Formulierung ein wenig überzogen erscheint, so ist richtig, dass grundsätzlich sämtliche Regelungen, vom allgemeinen Zivilrecht, Handels- und Gesellschaftsrecht, Steuerrecht, Arbeitsrecht oder Kartellrecht bis hin zu z.B. gewerberechtlichen oder umweltrechtlichen Bestimmungen, anwendbar sind. Die allgemeine Rechtsordnung legt somit die Rahmenbedingungen für die Handlungsmöglichkeiten des Investors sowie die des Staates fest und kann je nach Einstellung des Staates investitionsfreundlich oder eben nicht sein. Zu beachten sind hierbei allerdings die Einwirkungen internationaler Verträge auf die lokalen Regelungen. Investitionsschützende Wirkung kann innerhalb nationaler Rechtssysteme darüber hinaus den Verfassungen zukommen.[184] Sie legen in vielen Staaten den innerstaatlichen Rahmen für Enteignungen durch die öffentliche Hand fest. Inwieweit nationale Verfassungen einen ausländischen Investor schützen, hängt von der Frage ab, ob fremde Staatsangehörige überhaupt in den Schutzbereich fallen. Welches

---

182 Tradex Hellas S.A. v. Albania, ICSID Fall Nr. ARB/94/2, Award, 29. April 1999, Rn. 130–131.
    Brownlie, S. 499; *Häde*, Archiv des Völkerrechts, 35 (1997), 181, 183.

183 Vgl. *Wälde/Kolo*, International and Comparative Law Quarterly, 50 (2001), 811, 820; *Schanze*, Investitionsverträge im internationalen Wirtschaftsrecht, S. 47 f.

184 Eine Aufzählung von Entwicklungsländern, deren Verfassungen das Eigentum schützen, findet sich bei *Patzina*, Rechtlicher Schutz, S. 35, in Fn. 2.

Niveau solche Garantien sodann in der Realität erreichen, ist in einem zweiten Schritt zu beurteilen.[185]

Neben diesen generellen, auch für eigene Staatsangehörige geltenden Vorschriften finden sich im Recht vieler Staaten spezielle Regelungen für Auslandsinvestitionen[186], die als Spezialgesetze das allgemeine Recht verdrängen können.[187] Nationale Investitionsgesetze regeln, in welcher Form ein Staat ausländisches Vermögen als „Investition" auf seinem Territorium behandeln wird. Dazu gehören oftmals Regelungen über den Schutz einer Investition vor Enteignung, in denen Rechte und Pflichten des Investors und des Gaststaates festgelegt werden.[188] Darüber hinaus können sie Vorschriften über besondere steuerliche oder andere Vorteile oder auch Beschränkungen wie Erlaubnisvorbehalte für Ausländer etwa für sensible Industriezweige enthalten.[189] Somit stellen diese Gesetze, deren Regelungsumfang von Land zu Land sehr unterschiedlich sein kann[190], ein Instrument sowohl zur Förderung als auch zur Lenkung oder Beschränkung ausländischer Investitionen dar. Besonders Entwicklungsländer des afrikanischen Kontinents haben solche Investitionsgesetze erlassen[191], aber auch im Recht der Industriestaaten sind sie zu finden. So wurde das seit Beginn der 1960er-Jahre bestehende deutsche Außenwirtschaftsgesetz, das sowohl den Export als auch den Import von Kapital regelte, erst 2002 zur Einführung des Euro abgeschafft.[192]

Der grundsätzliche Wert der Investitionsgesetzgebung besteht in der überprüfbaren rechtlichen Basis für die Behandlung einer ausländischen Investition. Die klare Auskunft, die davon erwartet wird, wird jedoch oftmals durch die vorgesehenen Ermessensspielräume nicht erreicht.[193] Allerdings ist gerade der

---

185 Zur Situation in Deutschland, Österreich, der Schweiz und Lichtenstein *Dolzer/Bloch,* Der rechtliche Schutz ausländischer Investitionen, Rn. 4–38; *Gramlich,* Rechtsgestalt, Regelungstypen und Rechtsschutz bei grenzüberschreitenden Investitionen, 292 ff.

186 Sehr ausführlich zu den verschiedenen Inhalten und Ansätzen innerstaatlicher Investitionsregelungen *Gramlich,* ebenda.

187 Manche Gesetze sehen dies ausdrücklich vor (so etwa Artikel 10–13 des ägyptischen Gesetzes No. 43/1974, zit. nach *Hahn/Gramlich,* Fn. 6. Dieses Gesetz ist inzwischen durch das „Law No. 8 on Investment Incentives and Guarantees" von 1997 abgelöst worden), bei anderen ergibt es sich aus der allgemeinen Regel des „lex specialis derogat legi generali".

188 *Hahn/Gramlich,* a.a.O., S. 191 f., insbesondere die Nachweise in Fn. 273; *Patzina,* a.a.O., S. 38.

189 Ausführlich zu einigen gebräuchlichen Regelungen *Patzina,* ebenda.

190 *Hahn/Gramlich,* a.a.O., S. 148, 153 f.

191 *Hahn/Gramlich,* a.a.O., S. 191 f.

192 Vgl. Fn. 6

193 *Patzina,* Rechtlicher Schutz, S. 40.

Faktor Rechtssicherheit einer der wichtigsten Punkte bei Investitionsentscheidungen, sodass sich die häufig in Entwicklungsländer herrschenden instabilen politischen Verhältnisse als ein ernst zu nehmender Standortnachteil erweisen können. Ein nationales Gesetz ist hier unter Umständen schnell geändert.[194] Verließe ein Investor sich somit ausschließlich auf die zu seinem erstmaligen Tätigwerden geltenden Gesetze des Gaststaates, könnte ihm ein politischer Meinungsumschwung unter Umständen sehr schaden.

b) Bilaterale und regionale Instrumente

Um dieser Gefahr zu begegnen und zusätzliche Sicherheit zu garantieren, wurde seit den 1960er-Jahren auf bilateraler Ebene gegengesteuert.[195] Neben dem innerstaatlichen Recht stecken nach heutigem Stand weltweit ca. 2800 bilateral geschlossene Investitionsschutzverträge (BITs) den rechtlichen Rahmen nicht nur für Enteignungen ab.[196] Dies gilt allerdings immer nur unter der Voraussetzung, dass der betroffene ausländische Investor Staatsbürger eines Staates ist, der mit dem Gastland einen solchen Vertrag geschlossen hat. Sie lösten die zum Teil schon seit dem hohen Mittelalter bestehenden und noch bis in die 1950er-Jahre etwa von den USA verwandten zweiseitigen Freundschafts-, Handels- und Schifffahrtsverträge ab.[197] Wie ihr Name verrät, beschränkte sich deren Anwendungsbereich nicht auf Investitionen, sondern umfasste sämtliche in Bezug auf die wirtschaftlichen Beziehungen zweier Länder infrage kommenden Teilbereiche.

Auch auf regionaler Ebene wurden vergleichbare Verträge geschlossen. Erwähnenswert ist in diesem Zusammenhang das NAFTA. In dessen Kapitel 11 finden sich Vorschriften über die Behandlungen von Investitionen. Auch der „Energy Charter Treaty" (ECT)[198] beinhaltet Regelungen über den Schutz von Investitionen vor Enteignungen. Er umfasst sämtliche Staaten der EU und die meisten Staaten des ehemaligen Ostblocks, findet jedoch ausschließlich auf Investitionen im Energiesektor Anwendung.

---

194 *Fischer,* in: FS Seidl-Hohenveldern, S. 95, 102; *Häde,* S. 187; *Patzina,* S. 40.
195 Zur Geschichte der BITs s. *Dolzer/Stevens,* 1. Kapitel; zur Bedeutung der BITs als Rechtsquelle ausführlich *Schill,* The Multilateralization of International Investment Law.
196 Einen ersten Zugang stellt UNCTAD zur Verfügung: http://www.unctadxi.org/templates/DocSearch___779.aspx (zuletzt am 1. März 2013 abgerufen).
197 Nachweise bei *Hahn/Gramlich,* Archiv des Völkerrechts, 21 (1983), 145, 169.
198 Abgedruckt in International Legal Materials, 34 (1995), 360.

c) State Contracts

Ein weiteres Instrument sind sogenannte „State Contracts".[199] Die eben erwähnten BIT sind oftmals Voraussetzung für ihren Abschluss. Vertragspartner sind dabei der ausländische Investor und sein (zukünftiges) Gastland. Gerade bei Großprojekten wie im Rohstoffbereich oder bei Infrastrukturvorhaben sind Verträge dieser Art anzutreffen.[200] Ebenso wie im Falle der bilateralen Verträge beinhalten sie Vorschriften über den Schutz der Investition, gehen aber anders als diese sehr viel stärker auf die jeweilige individuell zu regelnde Konstellation ein.[201] Die Beschreibung der projektbezogenen Pflichten des Investors nimmt notwendigerweise großen Raum ein. Auch die individuellen Förderungen oder Vergünstigungen durch den Gaststaat werden festgehalten. State Contracts bieten den Vorteil, die zu regelnde tatsächliche Situation mit ihren Ausprägungen bestmöglich erfassen zu können. Andererseits können sich Probleme hinsichtlich ihrer rechtlichen Einordnung ergeben.[202] Ausgehend von der grundsätzlichen Anwendbarkeit nationalen Rechts können Schwierigkeiten insbesondere dann auftreten, wenn die Parteien die Anwendbarkeit des Völkerrechts neben dem nationalen Recht oder an dessen Stelle vereinbaren. In einem solchen Fall ist ungeklärt, ob die Pflichten der Vertragspartner völkerrechtlicher Natur sind und in welchem Forum diese durchzusetzen sind.[203]

d) Völkergewohnheitsrecht

Nicht zuletzt hat sich im Laufe der Zeit ein Korpus internationaler Regeln und Standards auf dem Gebiet des Enteignungsrechts herausgebildet. Auch private Akteure können sich auf deren Gehalt berufen, sofern das sie schützende Instrument einen Bezug auf Völkergewohnheitsrecht enthält.[204] Die für die Ent-

---

199 Ausführlich *Delaume*, ICSID Review – Foreign Investment Law Journal, 12 (1997), 1 ff., der Annex wartet mit einer detaillierten Aufstellung zu diesem Thema durchgeführter Studien auf.

200 Vgl. Nachweise bei *Hahn/Gramlich*, Archiv des Völkerrechts, 21 (1983), 145, in Fn. 303 mwN; ausführlich auch *Schanze*, Investitionsverträge im internationalen Wirtschaftsrecht, S. 51–94.

201 *Patzina*, Rechtlicher Schutz, S. 40.

202 Prägnanter Problemaufriss bei *Ipsen*, § 9 Rn. 8 ff.; *Brownlie*, S. 522 ff.

203 Vgl. zu dieser Auseinandersetzung ausführlich *Stoll*, Vereinbarungen zwischen Staat und ausländischem Investor, 1982, S. 23 ff.

204 *Lauterpacht* bezeichnet die lange existierende Auffassung, dass lediglich Staaten Völkerrechtssubjekte sein sollen, als Mythos und bekräftigt, dass auch Privaten völkerrechtliche Rechte zustehen können. Diesen stehen dann auch häufig völkerrechtliche Pflichten gegenüber, vgl. *Lauterpacht*, Global Legal Studies, 4 (1997), 259, 274. Dieser

stehung von Völkergewohnheitsrecht aufgestellten Voraussetzungen der allgemeinen Rechtsüberzeugung und ständigen Übung sind zumindest für die Grundzüge des Enteignungsrechts erfüllt. Aufgrund der im Folgenden dargestellten wechselvollen Geschichte des völkerrechtlichen Enteignungsrechts fällt eine genauere Festlegung auf einzelne inhaltliche Regelungen, die völkergewohnheitsrechtlichen Status innehaben, schwer. Über die Zeit wurde nicht nur die konkrete Ausgestaltung einzelner Garantien kontrovers diskutiert, auch für grundlegende Konzepte wurden immer wieder Gegenentwürfe zum „westlichen" Vorbild präsentiert. Allerdings ist die Diskussion in den vergangenen Jahrzehnten mehr oder minder verstummt, sodass inzwischen (wieder) von weitgehender Einigkeit hinsichtlich der wesentlichen Grundsätze ausgegangen werden kann.

3. Materielle Rechtslage

Die Auslegung der einzelnen Merkmale einer rechtmäßigen Enteignung unterlag im Laufe der Zeit deutlichen Schwankungen und war nicht immer einheitlich. Welchen Gehalt die Voraussetzungen des öffentlichen Zwecks, der Nichtdiskriminierung und der Entschädigungspflicht im Einzelnen innehaben, lässt sich daher schlüssig nur vor dem Hintergrund der Geschichte erläutern.

a) Historischer Aufriss

Schon aus der zweiten Hälfte des 19. Jahrhunderts sind zahlreiche Enteignungsfälle in einschlägigen Fachzeitschriften dokumentiert.[205] Wie auch die bekannteren Fälle aus dem beginnenden 20. Jahrhundert stehen sich zumeist Parteien aus der Gruppe der industrialisierten Staaten gegenüber. Zitiert werden in diesem Zusammenhang die berühmten Fälle *Chorzów Factory*[206], *Norwegian Shipowners*[207] und *Oscar Chinn*[208]. Für die Beteiligten, d.h. den enteignenden

---

Punkt, dass einem Privaten Rechte als Reflex zustehen, darf jedoch nicht mit der Frage verwechselt werden, unter welchen enggesteckten Voraussetzungen Individuen als Völkerrechtssubjekte angesehen werden können, s. zum Streitstand *Ipsen*, Völkerrecht, § 7.

205 *Fachiri*, British Yearbook of International Law, 6 (1925), 159 ff.; weitere Nachweise bei *Herz*, American Journal of International Law, 35 (1941), 243, 244, Fn. 7.

206 Chorzów Factory (Germany v. Poland), P.C.I.J. 1927, ser. A, No. 7, Urteil vom 25. Mai 1926.

207 Norwegian Shipowners Claim (Norway v. U.S.), R. Int'l Arb. Awards, 1 (1922), 307 ff.

208 Oscar Chinn (U.K. v. Belgium), P.C.I.J. 1934, ser. A/B, No. 63, Urteil vom 12. Dezember 1934.

Staat und den diplomatischen Schutz bietenden Heimatstaat des Betroffenen, lag demnach grundsätzlich eine vergleichbare Interessenlage vor. Auch wenn der (vermeintlich) enteignete Investor naturgemäß anderer Auffassung sein mochte als der in seine Rechte eingreifende Staat, bestand über die grundsätzlichen rechtlichen Rahmenbedingungen und -vorschriften Einigkeit. Das Bewusstsein der involvierten Staaten, sich möglicherweise zu einem späteren Zeitpunkt in der gerade noch angegriffenen Position wiederzufinden, kann zur Erklärung dieser Übereinstimmung herangezogen werden.[209]

In dieser Zeit bestand das anwendbare materielle Recht im Grunde aus einer Handvoll Regelungen. Festgeschrieben waren sie – wenn überhaupt – in zum Teil schon seit dem hohen Mittelalter bestehenden zweiseitigen Freundschafts-, Handels- und Schifffahrtsverträgen. Als Grundlage dienten Grundsätze des Fremdenrechtes.[210] Im Ausgangspunkt war demnach kein Staat gezwungen, ausländische Investitionen überhaupt zuzulassen. Waren sie jedoch im Land, so galt der Grundsatz, dass ein ausländischer Investor nicht schlechter gestellt werden durfte als ein inländischer.[211] Sofern Inländern kein oder nur sehr eingeschränkter Eigentumsschutz gewährt wurde, galt ein internationaler Mindeststandard. Dieser gewährleiste dem ausländischen Investor einen Mindestschutz unabhängig vom im Gaststaat geltenden Niveau.[212] Hinsichtlich des Entschädigungsstandards war man sich zu dieser Zeit noch einig: Eine Enteignung zog die Pflicht zur Zahlung einer Entschädigung nach sich, die „prompt, adequat and effective" zu sein hatte. Dieser Dreiklang wurde unter dem Namen „Hull"-Formel bekannt.[213] Für die Durchsetzung dieser Rechte musste sich der sich enteignet wähnende Investor an seinen Heimatstaat wenden. Dieser hatte dann die Möglichkeit, auf diplomatischem Wege für die Interessen seines Staatsbürgers tätig zu werden. Eine Verpflichtung des Heimatstaates, sich solcherweise einzusetzen, gab es jedoch nicht.[214] Der Investor konnte sich einer effektiven inter-

---

209 Ebenso *Sen,* Zeitschrift für ausländisches öffentliches Recht und Völkerrecht, 48 (1988), 419, 420; *Williams,* British Yearbook of International Law, 9 (1928), 1, 6.

210 Ausführlich etwa *Brownlie,* S. 500.

211 *Hahn/Gramlich,* Archiv des Völkerrechts, 21 (1983), 145, 169.

212 *Brownlie,* S. 502 f.

213 So benannt nach dem amerikanischen Außenminister Cordell Hull, der diesen Standard im Rahmen der diplomatischen Auseinandersetzungen anlässlich der 1938 von Mexiko durchgeführten Enteignungen von amerikanischen Eigentümern in einer Note vom 22. August 1938 an seinen mexikanischen Amtskollegen formulierte. Der Notenwechsel wird en détail beleuchtet in American Journal of International Law, 32 (1938), 759 ff., er ist in Gänze abgedruckt in der Beilage zu dieser Zeitschrift, S. 180 ff.

214 So ausdrücklich der IGH:
"[...] The State must be viewed as the sole judge to decide whether its protection will be granted, to what extent it is granted, and when it will cease. It retains in this respect a

nationalen Rechtsverfolgung demnach nicht sicher sein. Oftmals blieb dem Investor so nichts anderes übrig, als vor nationalen Gerichten für sein Recht zu streiten, was allgemein jedoch als wenig aussichtsreich angesehen wurde.

Mit dem Ende der Kolonialzeit betraten zu Beginn der zweiten Hälfte des 20. Jahrhunderts zahlreiche neue Staaten unterschiedlichster politischer Ausprägung das internationale Parkett.[215] Vom kapitalexportierenden Standpunkt ergaben sich so neue Investitionsmöglichkeiten auch für Industriestaaten ohne vorherige koloniale Bindungen. Das Interesse der neugegründeten Staaten Afrikas und Asiens bestand dagegen zunächst darin, wirtschaftlich auf eigenen Füßen stehen zu können. Häufig befanden sich jedoch ganze Wirtschaftszweige im Eigentum ausländischer Firmen oder ehemaliger Kolonialgesellschaften. Von höchster Wichtigkeit für die eigene wirtschaftliche Entwicklung war demnach die Erlangung der ökonomischen und politischen Kontrolle über die im Land vorhandenen Ressourcen und Wirtschaftsgüter.[216] Dieses Ziel konnte oft nur durch Enteignungen, direkter oder indirekter Art, erreicht werden. Als Beispiel hierfür seien die Verstaatlichung des Kupferbergbaus in Chile[217], der Mineralölindustrie in Libyen[218] und Kuwait[219] oder der US-amerikanischen Ländereien und Ölrechte in Mexiko 1938[220] genannt. Doch die neugegründeten Staaten sowie einige lateinamerikanische Staaten wagten sich noch einen weiteren Schritt vor. Im Zusammenhang mit den zum Teil groß angelegt ablaufenden

---

discretionary power the exercise of which may be determined by considerations of a political or other nature, unrelated to the particular case." Barcelona Traction Light and Power Company, Limited (Belgium v. Spain), ICJ Reports 1970, S. 3, 45.
Ebenso erst vor einigen Jahren der Verfassungsgerichtshof der Republik Südafrika: Constitutional Court of South Africa: Kaunda & Others v. The President of the RSA and Others (Case CCT 23/04) (August 4, 2004), International Legal Materials, 44 (2005), 173 ff.

215 So schnellte die Mitgliederzahl in den UN von 51 im Jahr der Gründung 1945 auf 127 im Jahr 1970.

216 *Dolzer,* Human Rights Law Journal, 7 (1986), 217.

217 Dies geschah durch eine Verfassungsergänzung, s. International Legal Materials, 10 (1971), 1067–1072, vgl. hierzu auch *Meessen,* Außenwirtschaftsdienst (AWD), 1973, 177 ff.; *Seidl-Hohenveldern,* Die Verstaatlichung von Kupferbergbaubetrieben in Chile, Außenwirtschaftsdienst (AWD), 1974, 421 ff. mwN in Fn. 2; *Orrego Vicuna,* American Journal of International Law, 67 (1973), 711.

218 Ausführlich zu den tatsächlichen wie auch den rechtlichen Punkten *von Mehren/Kouridas,* American Journal of International Law, 75 (1981), 476.

219 Der Schiedsspruch zu American Independent Oil Company (Aminoil) v. Kuwait ist abgedruckt in International Legal Materials, 21 (1982) 976; siehe auch *Redfern,* British Yearbook of International Law, 55 (1984), 65.

220 Durch sie sah sich der amerikanische Außenminister Cordell Hull zu seiner Note veranlasst, s. Fn. 213.

Nationalisierungen wurde vermehrt die Ansicht geäußert, dem Enteigneten keine der damaligen traditionellen Rechtsauffassung entsprechende Entschädigung schuldig zu sein.[221] Unter wirtschaftlichen Gesichtspunkten eine für den Standpunkt der jungen Staaten durchaus verständliche Einstellung: Hätten wertangemessene Entschädigungen gezahlt werden müssen, wären sie ihrem Ziel einer stabilen wirtschaftlichen Entwicklung keineswegs näher gekommen.[222] Auch die Position der kommunistischen Staaten lief den Interessen der Industrienationen zuwider. Schon die Grundaussage der kommunistischen Ideologie, die auf die Überführung des Privateigentums in Gemeineigentum gerichtet ist[223], verdeutlicht die Gegensätze.[224] Im Zuge der Russischen Revolution und der Machtübernahme Castros auf Kuba wurden sukzessiv sämtliche industriellen Güter verstaatlicht. Neben diesen groß angelegten Nationalisierungen fanden auch vielfach indirekte Enteignungen statt[225], bei denen hinsichtlich der Entschädigungspflicht aber wieder die gleichen (gegensätzlichen) Positionen hervortraten.

Der bis dahin allgemein anerkannte Rechtsstandard geriet somit seit Beginn der 1960er-Jahre vermehrt unter Druck. Die neugegründeten Staaten vertraten allerdings keine bis dato gänzlich unbekannte Rechtsansicht. Vielmehr entsprachen ihre Forderungen rein formal den auch von den westlichen Staaten anerkannten Positionen. Sie wurden jedoch nunmehr anders interpretiert und mit Inhalten gefüllt, die nicht mehr auf der allgemein anerkannten Linie lagen. Die als „Calvo"-Doktrin[226] bekannt gewordene Ansicht der Entwicklungsländer legte das auch von den Industriestaaten postulierte Prinzip des „National Treatment" in der Weise aus, dass eine absolute Gleichbehandlung von Ausländern

---

221 Zum Standpunkt der Entwicklungsländer *Sornarajah,* Journal of World Trade Law, 13 (1979), 108.

222 A.a.O., 109.

223 *Sen,* Zeitschrift für ausländisches öffentliches Recht und Völkerrecht, 48 (1988), 419, 425, Fn. 13, und *Higgins,* Recueil des Cours, 176 (1982), 259, 272 ff.; zu der Position der kommunistischen Staaten dieser *Katzarov,* S. 103.

224 Dies entspricht jedoch nicht mehr der aktuellen Position kommunistischer Staaten. Das kommunistische China beispielsweise hat in einigen bilateralen Investitionsschutzverträgen eine grundsätzliche Entschädigungspflicht anerkannt, deren Existenz im Grunde nicht mit der kommunistischen Ideologie vereinbar ist, vgl. *UNCTAD,* IIA Series – Taking of Property, S. 14.

225 S. für eine Darstellung verschiedener Beispiele *Christie,* British Yearbook of International Law, 38 (1962), 307, 309 ff.; *Vagts,* American Journal of International Law, 72 (1978), 17, 18 ff.

226 Nach dem argentinischen Juristen Carlos Calvo, der dieses „National Treatment"-Prinzip schon 1868 formulierte. Siehe auch *Hershey,* American Journal of International Law, 1 (1907), 26 ff.

mit den eigenen Staatsangehörigen stattzufinden habe. Eine Behandlung von Ausländern nach einem über das National Treatment Niveau hinausgehenden „International Minimum Standard" wurde dagegen strikt abgelehnt. Aus dem Gebot, Ausländer nicht schlechter als die eigenen Staatsangehörigen zu stellen, wurde auf diesem Weg ein Besserstellungsverbot. Die praktisch wichtigsten Auswirkungen der „Calvo"-Doktrin zeigten sich bei der Frage der Entschädigungszahlung sowie im Hinblick auf den einschlägigen dem ausländischen Investor offenstehenden Rechtsweg. Nach der traditionellen Auffassung, die weiterhin von den westlichen Staaten vertreten wurde, wurde von einer den damaligen Standards genügenden Entschädigung verlangt, dass sie „prompt, adequate and effective" zu sein habe. Dagegen musste ein Staat nach Ansicht der Vertreter der Calvo-Doktrin einem ausländischen Investor im Falle einer Enteignung dagegen nur dann überhaupt eine Entschädigung zahlen, wenn das nationale Recht dies auch dem eigenen Staatsbürger zubilligte. Existierte ein solches Recht des Enteigneten in der nationalen Rechtsordnung, war hinsichtlich der Höhe der Entschädigung oder der Art und Weise der Berechnung und den damit in Zusammenhang stehenden Fragen allein der nationale Standard entscheidend. Darüber hinaus schied eine internationale Art der Streitschlichtung nach dieser Ansicht aus, stand den eigenen Staatsbürgern doch ebenfalls lediglich der nationale Instanzenzug zur Verfügung.

Rechtlich untermauert wurde diese Ansicht durch eine Reihe von Resolutionen der Generalversammlung der Vereinten Nationen, deren Zusammensetzung sich aufgrund der Aufnahme der zahlreichen jungen Staaten grundlegend zuungunsten der industrialisierten Staaten verändert hatte. Unter dem Stichwort der „Permanenten Souveränität über natürliche Ressourcen" wurde hier eine „Neue Weltwirtschaftsordnung"[227] postuliert. Der Begriff der „Permanenten Souveränität über natürliche Ressourcen" wurde schon 1954 in den Beratungen zu den Menschenrechtspakten[228] im Zusammenhang mit dem Selbstbestimmungsrecht der Völker diskutiert.[229] Die permanente Souveränität über natürliche Ressourcen wurde als ein Bestandteil dieses Selbstbestimmungsrechtes angesehen und damals wohl allgemein als „effektive" oder „unveräußerliche" Kontrolle eines Volkes über seine natürlichen Ressourcen verstanden.[230]

---

227 New International Economic Order, kurz NIEO.
228 Internationaler Pakt über bürgerliche und politische Rechte, BGBl. II 1973, S. 1534, und Internationaler Pakt über wirtschaftliche, soziale und kulturelle Rechte, BGBl. II 1973, S. 1570.
229 Siehe U.N. Doc. E/CN.4/L.24; hierzu *O'Keefe,* Journal of World Trade Law, 8 (1974), 239. Zu den frühen Entwicklungen dieses Konzeptes im Wechselspiel mit Menschenrechten auch *Hyde,* American Journal of International Law, 50 (1956), 845.
230 UN Doc. A/C.2/SR 1050, S. 75 bzw. 1053, S. 1090 f.

Die Übernahme in die endgültigen Vertragstexte der Pakte scheiterte letztendlich an den auftretenden Unstimmigkeiten über den rechtlichen Status von ausländischem Eigentum, das durch dieses Konzept direkt berührt wurde. Die in späteren Jahren für zahlreiche Konflikte sorgenden unterschiedlichen Interessen zeichneten sich schon hier ab. Die Resolution Nr. 1803 vom 14. Dezember 1962[231] schaffte es zum letzten Mal, auch die industrialisierten Staaten hinter dem Konzept der „Permanenten Souveränität über natürliche Ressourcen" zu vereinen.[232] Für keine der späteren Resolutionen zu diesem Thema war die Zustimmung sämtlicher Staatengruppen vergleichbar hoch, wobei sicherlich auch die vorsichtige Wortwahl der Resolution[233] einen Kompromiss der schon zu diesem Zeitpunkt auseinanderdriftenden Interessen vereinfachte. Hieraus wurde gefolgert, dass anhand der in dieser Resolution enthaltenen Aussagen letztmalig der allgemein anerkannte Stand des Völkerrechts Ausdruck gefunden hatte[234], auch wenn Resolutionen der Generalversammlung entsprechend Artikel 10 der Charta der Vereinten Nationen rein formal nur der Charakter von Empfehlungen zukommt.[235] Sie stellen somit keine eigenständige Quelle neuen Völkerrechts dar[236], was die Zustimmung der Industriestaaten sicherlich begünstigt hat.

Allerdings ist die Überlegung einiger Autoren, Resolutionen der Generalversammlung seien als „Ausdruck einer allgemein als Recht anerkannten

---

231 International Legal Materials, 2 (1963), 233; ausführlich *Gees,* International and Comparative Law Quarterly, 13 (1964), 398, der diese Resolution insgesamt positiv bewertet und konstatiert, dass in ihr wichtige traditionelle Prinzipien festgeschrieben werden.

232 *Häde,* Archiv des Völkerrechts, 35 (1997), 181, 197.

233 Vgl. *O'Keefe,* Journal of World Trade Law, 8 (1974), 239, 241. So ist im Rahmen der heftig umstrittenen Frage der Höhe der im Falle von Enteignungen zu zahlenden Entschädigungen von „appropriate compensation" die Rede, dies allerdings „in accordance with international law", Artikel 1 (4) der Resolution. Diese Formulierung gestattete es beiden Interessensblöcken, jeweils ihre Interpretation hineinzulesen.

234 Vgl. *Dolzer,* Human Rights Law Journal, 7 (1986), 217, 219; R.J. *Duply* in dem Award zu Texaco Overseas Petroleum Comp. and California Asiatic Oil Co. v. Government of Libyan Arab Republic, (1977), 53 ILR 389, 487 oder 492 para. 88: "appears to a large extent as the expression of a real general will".

235 Vgl. auch IGH, South West Africa, Second Phase, Judgement, ICJ Reports, 1966, S. 6, 50: "they are not binding, but recommendatory in character".

236 Vgl. *Falk,* American Journal of International Law, 60 (1966), 782, und die Erwiderung hierauf von *Onuf,* American Journal of International Law, 64 (1970), 349; sehr ausführlich auch *Verdross,* Zeitschrift für ausländisches öffentliches Recht und Völkerrecht, 26 (1966), 690; *Golsong,* Das Problem der Rechtsetzung durch Internationale Organisationen (insbesondere im Rahmen der Vereinten Nationen), in: Berichte der Deutschen Gesellschaft für Völkerrecht, 10 (1971), 1, mit zahlreichen weiteren Nachweisen auf S. 6.

Übung" (Artikel 38 Abs. 1 lit. b des Statuts des Internationalen Gerichtshofes[237]) in der Lage, zumindest als Ausgangspunkt für neues Völkergewohnheitsrecht zu fungieren[238], gerade im Zusammenhang mit nachfolgenden Resolutionen interessant. Sowohl die Resolution Nr. 3201 vom 1. Mai 1974 über die Errichtung einer Neuen Weltwirtschaftsordnung[239] als auch die Resolution Nr. 3281 vom 12. Dezember 1974[240], die als „Charta der wirtschaftlichen Rechte und Pflichten der Staaten" bekannt wurde, konnten große Mehrheiten auf sich vereinen. Bei den zustimmenden Staaten waren alle Wirtschaftssysteme und fast alle geografischen Regionen vertreten.[241] Bezeichnenderweise stimmten jedoch die westlichen Industrienationen geschlossen gegen die Resolution. Dennoch wurde vor dem Hintergrund der zahlenmäßig großen Zustimmung teilweise argumentiert, dass somit die in den Resolutionen enthaltenen Regelungen als Recht anerkannt worden seien.[242] In der Tat könnte das zur Entstehung von Völkergewohnheitsrecht[243] notwendige Merkmal der „opinio juris", die Rechtsüberzeugung der Staaten, dass ihr Handeln einer rechtlichen Verpflichtung ent-

---

237 In der Fassung vom 26. Juni 1945, BGBl. II 1973, S. 505.

238 Vgl. *Tomuschat,* Zeitschrift für ausländisches öffentliches Recht und Völkerrecht, 36 (1976), 444, 467; ausführlich auch *Verdross,* Zeitschrift für ausländisches öffentliches Recht und Völkerrecht, 26 (1966), 690 ff. *Dolzer* bemerkt hierzu, dass diese Frage oftmals nur verengt betrachtet wird. Es gehe bei dieser Frage im Gegensatz zu der traditionellen Sichtweise nicht allein um die Entstehung, sondern darüber hinaus auch um die Zurückdrängung bislang geltenden Völkergewohnheitsrechts. Dies führe eine neue Komponente in die Debatte ein, die jedoch vielfach übersehen werde, American Journal of International Law, 75 (1981), 553, 564.

239 Resolution 3201, abgedruckt in International Legal Materials, 13 (1974), 715 ff.

240 Resolution 3281 (XXIX), 29 UN GAOR, Supp. (No. 31) 50, UN Doc. A/9631 (1974), abgedruckt in International Legal Materials, 14 (1975), 251 ff.; dazu *Weston,* American Journal of International Law, 75 (1981), 437; *Tomuschat,* Zeitschrift für ausländisches öffentliches Recht und Völkerrecht, 36 (1976), 444.

241 So stimmten für die Charta der wirtschaftlichen Rechte und Pflichten der Staaten 120 Staaten. Gegen sie stimmten die USA, Großbritannien, die Bundesrepublik Deutschland, Belgien, Luxemburg und Dänemark. Österreich, Kanada, Frankreich, Irland, Israel, Italien Japan, die Niederlande, Norwegen und Spanien enthielten sich ihrer Stimme, vgl. *Tomuschat,* Zeitschrift für ausländisches öffentliches Recht und Völkerrecht, 36 (1976), 444.

242 S. Aussage des Verhandlungsführers von Mexiko Castañeda:
"The draft charter, however, sets down rights and duties; in other words, it was intended to govern relations between states by establishing an objective and universal order."
UN Doc. A/C.2/SR 1638 vom 2. November 1974, S. 8 f.

243 Ausführlich IGH, North Sea Continental Shelf Cases (Denmark/The Netherlands v. Federal Republic of Germany), Urteil vom 20. Februar 1969, ICJ Reports 1969, S. 3, 41 ff.

spricht, somit als gegeben angesehen werden. Doch der Blick auf die Staatenpraxis zeigt, dass die nach Artikel 38 des IGH-Statuts erforderliche „consuetudo", die langjährige Übung, nicht vorliegt. Auch wenn die in den benannten Resolutionen festgehaltenen Regelungen der Rechtsauffassung und den Interessen der Entwicklungsländer entsprochen haben mögen, wurde auf bilateraler Ebene häufig um einiges moderater verfahren.[244] Dieser Widerspruch lässt sich möglicherweise damit erklären, dass es den Regierungen im zwischenstaatlichen Verhandlungsprozess oftmals nicht gelang, sich gegen den wirtschaftlich wie auch politisch stärkeren westlichen Partner so weit durchzusetzen, wie die internationalen Vorgaben vermuten oder erhoffen ließen. Bevor man also wichtige Handelspartner verdross oder gegen die eigenen wirtschaftlichen Interessen handelte, war man zu Zugeständnissen bereit, die weit von dem entfernt lagen, was zuvor in Resolutionen postuliert und nicht selten aktiv unterstützt wurde.[245] Im Ergebnis wird man somit davon ausgehen müssen, dass die Inhalte dieser prominenten Resolutionen nicht den Status von Gewohnheitsrecht erlangt haben.[246] Weitreichende Bindungswirkung wäre den fraglichen Regelungen, selbst wenn man einen völkergewohnheitsrechtlichen Charakter annähme, wohl ohnedies nicht zugekommen: Die Industriestaaten hätten deren Entstehung zwar nicht verhindern können, ihr Auftreten als „persistent objector"[247] hätte jedoch ihrer Bindung an die ihnen unliebsamen Regelungen vorgebeugt.[248]

Der festgestellte Widerspruch machte es jenen, die internationales Recht anwenden wollten oder mussten, nicht leichter. Charakteristisch ist eine Passage

---

244 *Häde,* Archiv des Völkerrechts, 35 (1997), 181, 198.

245 So schloss beispielsweise Rumänien, das in den Verhandlungen zur Charta der wirtschaftlichen Rechte und Pflichten mit einem eigenen Entwurf aufgefallen war, nur neun Monate nach Verabschiedung der Charta einen bilateralen Investitionsvertrag mit Großbritannien, in dem die deutliche Handschrift Großbritanniens herauszulesen ist, Agreement between the Government of the United Kingdom of Great Britain and Northern Ireland and the Government of the Socialist Republic of Romania on the Mutual Promotion and Protection of Investments of Capital, in Kraft getreten 22. November 1976, Treaty Series No. 15 (1977).

246 *Higgins,* Recueil des Cours, 176 (1982), 259, 293; *Tomuschat,* Zeitschrift für ausländisches öffentliches Recht und Völkerrecht, 36 (1976), 470; *Verwey/Schrijver,* Netherlands Yearbook of International Law, 15 (1984), 3, 78 f.

247 *Brownlie,* S. 11, *Ipsen,* § 16 Rn. 26.

248 IGH, Fisheries Jurisdiction Case (United Kingdom v. Norway), Urteil vom 18. Dezember 1951, ICJ Reports 1951, S. 115, 131.

aus dem 1964 ergangenen Urteil des amerikanischen Supreme Court im Fall
Banco Nacional da Cuba v. Sabbatino"[249], in der es heißt:

> There are few if any issues in international law today on which opinion seems to be
> so divided as the limitations on a State's power to expropriate the property of aliens.
> There is, of course, authority, in international and judicial and arbitral decisions, in
> the expressions of national governments, and among commentators, for the view
> that a taking is improper under international law if it is not for the public purpose, is
> discriminatory, or is without prompt, adequate and effective compensation. How-
> ever, Communist countries, although they have in fact provided a degree of compen-
> sation after diplomatic efforts, commonly recognise no obligation on the part of the
> taking country. Certain representatives of the newly independent and underdevel-
> oped countries have questioned whether rules of state responsibility toward aliens
> can bind nations that have not consented to them and it is argued that the tradition-
> ally articulated standards governing expropriation of property reflect "imperialist"
> interests and are inappropriate to the circumstances of emergent states.[250]

Deutlich wird an diesem Zitat, dass vorrangig die Frage der Entschädigungspflicht und daran anschließend jene nach der Höhe der zu leistenden Zahlungen
umstritten war. Eine Tatsache, die eingedenk der damaligen Entschädigungs-
praxis auf den ersten Blick erstaunt. *Weston* weist darauf hin, dass gut 95% der
seit dem Zweiten Weltkrieg untersuchten Streitfälle zumindest durch Pauschal-
entschädigungen („lump sum agreements") beigelegt wurden, die als
Kompromiss weder dem einen noch dem anderen Standpunkt zur Gänze entsprachen.[251] Das fortgesetzte Bestehen sowohl der westlichen Industrieländer als
auch der Entwicklungsländer auf ihren jeweiligen Positionen sei daher zu einem
gewissen Teil mit politischen Erwägungen zu erklären.[252]

Obwohl die Gegensätze nahezu unüberwindbar schienen, hat sich die Unsicherheit erstaunlicherweise nur bedingt auf die globale Investitionstätigkeit
ausgewirkt. Am Beispiel der Investitionszuflüsse in die Staaten Lateinamerikas,
zumeist vehemente Unterstützer der erwähnten Resolutionen, lässt sich zwar ein
leichter Rückgang der Investitionen unmittelbar nach Verabschiedung der
Resolutionen ablesen.[253] Insgesamt aber steigt das Volumen seither stetig an.[254]

---

249 Zu den Tatsachen des Falles und einer Besprechung des Urteils s. *Lowenfeld,* Inter-
     national Economic Law, S. 445 ff.
250 Justice Harlan, 376 U.S. 398, 428f. (1964).
251 *Weston,* American Journal of International Law, 75 (1981), 437, 456.
252 Ebenda.
253 Während 1973 noch rund US$ 1,4 Milliarden nach Lateinamerika flossen, waren es
     1976 nur noch US$ 892 Millionen. Ein ähnlicher Einbruch ist in der Mitte der 1980er-
     Jahre im Zuge der Schuldenkrise Lateinamerikas aufgezeichnet. Hierbei fielen die In-
     vestitionszuflüsse von US$ 4,6 Milliarden 1982 auf US$ 1,8 Milliarden (Quelle:
     s. Fn. 90).

Auch die Zahl abgeschlossener bilateraler Investitionsverträge nahm weltweit zu. Dabei hielten sich die Staaten Lateinamerikas zwar lange Zeit auffallend zurück[255], 1980 existierten mit Staaten dieser Region gerade mal fünf Verträge dieser Art.[256] Seit dem Beginn der 1990er-Jahre entspricht die Zunahme aber den auch für andere Ländergruppen festgestellten Steigerungen. 1990 wurden schon 35 und im Jahr 2000 dann 311 Verträge gezählt.[257] Die Analyse einiger dieser frühen, bis 1990 geschlossenen Verträge zeigt, dass die Industriestaaten hierbei zwar zu sprachlichen Zugeständnissen bereit waren, der Inhalt der Verträge jedoch weiterhin zu einem überwiegenden Teil – insbesondere zur Entschädigungsfrage – ihrer traditionellen Rechtsauffassung entsprach.[258]

Der allgemeine Trend zum Abschluss immer zahlreicherer Verträge auf bilateraler Ebene prägte in den 1980er-Jahren die internationale Diskussion. Wiederum stand die Frage im Raum, ob der in ihnen niedergelegte – zumeist eher in die Richtung der traditionellen Lesart des Enteignungsrechts weisende –

---

254 Durchschnittlich wurden von 1970 bis 2002 Wachstumsraten von 33,5% erreicht (Quelle: s. Fn. 90).

255 Ausführlich zu den Gründen *UNCTAD*, IIA, Dispute Settlement, S. 29.

256 Eigene Recherche in der Datenbank der UNCTAD (s. Fn. 196).

257 Wie Fußnote 255.

258 In den Verträgen Frankreichs mit El Salvador bzw. mit Paraguay findet sich die Formulierung, die zu leistende Entschädigung müsse

„[…] corresponde à la valeur réelle desdits investissements au jour de la dépossession. Cette indemnité dont le montant et les modalités de versement seront fixés au plus tard à la date de la dépossession devra être effectivement réalisable. Elle sera versée sans retard et librement transférable."

Convention entre le Gouvernement de la République française et le Gouvernement de la République Arabe Syrienne sur l'encouragement et la protection réciproques des investissements, signée à Damas le 28novembre 1977, Article 5.

http://unctad.org/sections/dite/iia/docs/bits/france_syrie_fr.pdf (zuletzt am 1. März 2013 abgerufen)

In dem Vertrag zwischen der Schweiz und Ecuador wird die Pflicht zur Zahlung einer „gemäß Völkerrecht effektiven und angemessen Entschädigung" festgeschrieben; Artikel 3 des Abkommens zwischen der Schweizerischen Eidgenossenschaft und der Republik Ecuador betreffend Schutz und Förderung der Investitionen, in Kraft getreten am 11. Mai 1969, http://www.admin.ch/ch/d/sr/0_975_232_7/index.html (zuletzt am 1. März 2013 abgerufen).

Der Vertrag zwischen Großbritannien und Panama sieht „prompt, adequate and effective compensation" vor, dies allerdings ohne einen Verweis auf völkerrechtliche Standards (Artikel 5 Agreement between the Government of the United Kingdom of Great Britain and Northern Ireland and the Government of Panama for the Promotion and Protection of Investments vom 7. Oktober 1983, Treaty Series No. 14 (1986).

Regelungsgehalt als Ausgangspunkt für Völkergewohnheitsrecht dienen könne.[259]

b) Heutiger Stand des Rechts

Erst mit dem Ende des Kalten Krieges sollte sich diese Situation grundlegend ändern. So kamen die ehemals unter dem planwirtschaftlichen System stehenden Volkswirtschaften Mittel- und Osteuropas seit Anfang der 1990er-Jahre als Anlagestaaten infrage. Mit dem Regimewechsel war nicht nur der Wechsel des Wirtschaftssystems verbunden, auch die Rechtsansichten änderten sich. Obwohl in einigen Punkten immer noch unterschiedliche Auffassungen bestehen, ist nunmehr weitgehende Einigkeit hergestellt in Bezug auf die bestehenden Rechte und Pflichten, die Staaten bei Enteignungen ausländischer Investoren zustehen und treffen. Auch die neueren Bestrebungen, ein umfassendes multilaterales Instrument zu diesem Thema zu verabschieden[260], sowie zahlreiche schiedsgerichtliche Auseinandersetzungen haben zu einer verstärkten Reflexion beigetragen. Geschieht die Enteignung eines Ausländers zu einem Zweck des Allgemeinwohls, auf nicht diskriminierende Weise, gegen Zahlung einer Entschädigung und unter Bereitstellung einer rechtlichen Überprüfungsinstanz, wird sie allgemein als rechtmäßig angesehen. Weiterhin ist Voraussetzung, dass es sich um hoheitliche Maßnahmen oder Akte handelt. Die Hoheitlichkeit bleibt dabei freilich unangetastet, selbst wenn der letztendlich Profitierende wiederum eine Privatperson ist.[261]

aa) Allgemeinwohl

Eine Enteignung muss rechtmäßigerweise für das Allgemeinwohl erfolgen.[262] Im Englischen und Französischen finden sich hierfür die unterschiedlichsten

---

259 Allgemein dazu *Baxter,* Recueil des Cours, 129 (1970 I), 25 ff.; *Doehring,* Zeitschrift für ausländisches öffentliches und Völkerrecht, 36 (1976), 77 ff.

260 Dies ist kein neuer Gedanke, vgl. *Gramlich,* Rechtsgestalt, Regelungstypen und Rechtsschutz bei grenzüberschreitenden Investitionen, S. 219, mwN, zu den Bemühungen schon im Rahmen der Havana Charter, dem gescheiterten Vorläufer zum GATT.

261 *Brownlie,* S. 509; *Herz,* American Journal of International Law, 35 (1941), 243, 249.

262 Vgl. nur die aktuellsten BITs der Bundesrepublik, jeweils Artikel 4 Abs. 2 der Verträge zwischen der Bundesrepublik Deutschland und der Volksrepublik China oder der Demokratischen Bundesrepublik Äthiopien über die Förderung und den gegenseitigen Schutz von Kapitalanlagen, China: s. Fn. 112, Äthiopien: BGBl. II 2005, S. 743.

Formulierungen: Vom Erfordernis eines „public purpose"[263], „public benefit"[264] oder „public interest"[265] bis hin zu „raisons d'utilité publique"[266] und „motifs d'intérêt public"[267] ist damit stets die gleiche Voraussetzung gemeint. Üblicherweise wirft dieses Kriterium keine Schwierigkeiten auf. Der Einschätzung des Gaststaates, was einem öffentlichen im Gegensatz zu einem rein privaten Zweck dient, wird im Allgemeinen gefolgt.[268] Der Europäische Gerichtshof für Menschenrechte etwa formulierte in einem Urteil, das sich mit einer möglichen Verletzung des eigentumsschützenden Artikel 1 des 1. Zusatzprotokolls zur Europäischen Konvention für Menschenrechte[269] beschäftigte:

[The court] will respect a national legislature's judgment as to what is "in the public interest" unless that judgment be manifestly without reasonable foundation.[270]

---

263 Artikel 5 des Modellvertrags (1998) der Republik Südafrika, *UNCTAD,* International Investment Instruments: A Compendium, Vol. VIII, S. 274; Artikel 6 des Modellvertrags von 2004 der USA, abrufbar unter http://www.state.gov/documents/organization/117601.pdf (zuletzt am 1. März 2013 abgerufen).

264 Als Übersetzung des Allgemeinwohls in den deutschen Investitionsverträgen, s. die englische Übersetzung des in Fn. 112 nachgewiesenen Vertrags mit China. Auch der Modellvertrag von 1998 der Bundesrepublik verwendet diesen Ausdruck, s. Artikel 4 Abs. 2, *UNCTAD,* International Investment Instruments: A Compendium, Vol. VII, S. 297.

265 Statt vieler Artikel 5 des Modellvertrages 2001 von Finnland, *UNCTAD,* International Investment Instruments: A Compendium, Vol. VII, 2002, S. 287; Artikel 5 des griechischen Modellvertrags von 2001, *UNCTAD,* International Investment Instruments: A Compendium, Vol. VIII, 2002, S. 287; Artikel 4 des seit 2002 verwandten Modellvertrages von Schweden, *UNCTAD,* International Investment Instruments: A Compendium, Vol. IX, S. 309.

266 Vgl. die französischen Übersetzung des Abkommens zwischen der Bundesrepublik Deutschland und der Volksrepublik Algerien über die Förderung und den gegenseitigen Schutz von Kapitalanlagen, BGBl. II 2002, S. 287; Artikel 4 des Modellvertrags von Benin (2002), *UNCTAD,* International Investment Instruments: A Compendium, Vol. IX, S. 279.

267 Artikel 6 des Modellvertrags 2002 von Mauritius, *UNCTAD,* International Investment Instruments: A Compendium, Vol. IX, S. 295.

268 *Weston,* American Journal of International Law, 75 (1981), 437, 439 f.; *UNCTAD,* IIA Series – Taking of Property, S. 13. Ein Gegenbeispiel liefert der Schiedsspruch in der Sache Siemens gegen Argentinien: Hier wird das Vorliegen der Allgemeinwohlvoraussetzung zwar nicht endgültig verneint, jedoch stark angezweifelt. Letztlich erwies sich die angegriffene Maßnahme aber aus einem anderen Grund als rechtswidrig, Siemens AG v. Argentina, ICSID Fall Nr. ARB/02/8, Award, 6. Februar 2007, Rn. 273.

269 BGBl. II 1956, S. 1880.

270 James u.a. ./. Vereinigtes Königreich, Urteil des EGMR v. 21. Februar 1986, Serie A 98, Rn. 46.

Dies ändert sich nicht, selbst wenn das enteignete Eigentum oder die enteignete Investition letztendlich einer Privatperson zugutekommt. Bei der Ausübung seines Ermessens kommt dem Staat in diesem Bereich ein weiter Spielraum zu.[271] Breit angelegte Formulierungen wie „public interest" und auch „All-gemeinwohl" möchten dieser extensiven Auslegung der Voraussetzung Ausdruck verleihen.

Ihre Berechtigung hat die ausdrückliche Nennung dieser Voraussetzung dennoch. Auch wenn die Aussage eines Gaststaates in dieser Hinsicht nur selten angezweifelt wird, soll so deutlich gemacht werden, dass Enteignungen als Repressalie nicht vom Allgemeinwohl gedeckt werden.[272] Besonders deutlich wird dies etwa in dem BIT zwischen Großbritannien und Kamerun. In Artikel 5 heißt es dort, dass eine Enteignung nur „for a public purpose related to the internal needs" des Gaststaates geschehen dürfe.[273] Repressalien als Akte der Außenpolitik werden mithin eindeutig ausgeschlossen. Da diese Aussage jedoch bereits den Status von Völkergewohnheitsrecht erlangt hat, hätte es einer so ausdrücklichen Formulierung in einem Vertrag im Grunde nicht bedurft.[274]

bb) Nicht diskriminierend

Enteignungen dürfen nicht auf diskriminierende Weise erfolgen. Traditionell wurde diese Voraussetzung so verstanden, dass Enteignungen von Ausländern gerade aufgrund ihrer Nationalität vorgebeugt werden sollte.[275] Heute greift dieses Verständnis zu kurz. Eine Schlechterbehandlung nur aus Gründen der fremden Nationalität ist bereits als unvereinbar mit *ius cogens* rechtswidrig.[276] Im Zusammenhang mit den in der Praxis immer wichtiger werdenden indirekten Enteignungsformen erfasst das moderne Verständnis der Voraussetzung neben offensichtlich diskriminierenden Maßnahmen aus Gründen der Nationalität auch solche, die gänzlich willkürlich oder ohne jegliche legitime Grundlage erfolgen. Dabei ist ein Abzielen der in Rede stehenden Handlung auf Ausländer kein not-

---

271 Ebenda.

272 *UNCTAD*, IIA Series – Taking of Property, S. 13.

273 Agreement between the Government of the United Kingdom of Great Britain and Northern Ireland and the Government of the United Republic of Cameroon for the Promotion and Protection of Investments, in Kraft getreten 7. Juni 1985, Treaty Series No. 40 (1985).

274 *UNCTAD*, IIA Series – Taking of Property, S. 25.

275 *Herz*, American Journal of International Law, 35 (1941), 243, 249.

276 *UNCTAD*, IIA Series – Taking of Property, S. 13; ebenso weist die Argumentation *Weston* in diese Richtung, American Journal of International Law, 75 (1981), 437, 441.

wendiges Element mehr, um sie als rechtswidrig – weil diskriminierend – zu charakterisieren.[277]

cc) Entschädigung

Dieser Punkt stellte in der Vergangenheit die wohl umstrittenste Voraussetzung einer rechtmäßig durchgeführten Enteignung dar.[278] In Bezug auf die Höhe der fälligen Kompensation, die Art ihrer Berechnung und ihre Auszahlungsmodalitäten finden sich in den einschlägigen Investitionsschutzinstrumenten noch immer die vielfältigsten Formulierungen.[279] In einem sehr grundsätzlichen Punkt sind sich die verschiedenen Interessensblöcke heute jedoch wieder weitgehend einig. Ebenso wie schon 1928 der Ständige Internationale Gerichtshof in der Sache *Chorzów*[280] die grundsätzliche Entschädigungspflicht im Falle legaler Enteignungen feststellte, ist man auch heute der Ansicht, dass die Zahlung eines „just price of what was expropriated", gemessen an „the value of the undertaking at the moment of dispossession, plus interest to the day of payment"[281], verpflichtend ist. Noch erstaunlicher ist, dass eine Untersuchung der in letzter Zeit abgeschlossenen BITs sowie etwa des NAFTA oder des Energy Charter Treaty zeigt, dass weitestgehend wieder auf die vormals so heftig angegriffene Hull-Formel zurückgegriffen wird: Von den insgesamt 202 im Jahr 1995 abgeschlossenen BITs weicht kurioserweise lediglich der zwischen den Niederlanden und Oman von diesem Standard ab.[282] Auch die Entwicklungsländer haben sich verstärkt in die Pflicht nehmen lassen, im Falle einer Enteignung eine „prompt, adequate and effective" Entschädigung zu leisten.[283] Mit diesem Dreiklang ist gemeint, dass eine Kompensation unverzüglich, dem Wert angemessen und effektiv, d.h. in konvertibler Währung zahlbar ist. Trotz der grundsätzlichen Einigkeit hinsichtlich dieses Standards weichen die hierzu vertraglich vereinbarten Regelungen dann im Detail voneinander ab. Als Beispiel für eine sehr ausführliche Ausgestaltung kann Artikel 1110 NAFTA herangezogen werden. Nachdem im ersten Absatz die Voraussetzungen einer rechtmäßigen Enteignung benannt wurden, finden sich in den folgenden

---

277 *UNCTAD*, IIA Series – Taking of Property, S. 13.

278 *Dolzer*, in: Dolzer/Scheurer, Principles of International Investment Law, S. 91, hält die einstmals so erbittert geführten Debatten inzwischen für beendet.

279 *UNCTAD*, IIA Series – Taking of Property, S. 26; *Lauterpacht*, Indiana Journal of Global Legal Studies, 4 (1997), 259, 267.

280 Vgl. oben Fn. 206.

281 Auf S. 47 des Urteils.

282 *UNCTAD*, IIA Series – Taking of Property, S. 28.

283 *Guzman*, Virginia Journal of International Law, 38 (1998), 639.

fünf detaillierte Ausführungen, wie die zu zahlende Entschädigung beschaffen sein muss:

> 2. Compensation shall be equivalent to the fair market value of the expropriated investment immediately before the expropriation took place ("date of expropriation"), and shall not reflect any change in value occurring because the intended expropriation had become known earlier. Valuation criteria shall include going concern value, asset value including declared tax value of tangible property, and other criteria, as appropriate, to determine fair market value.

> 3. Compensation shall be paid without delay and be fully realizable.

> 4. If payment is made in a G7 currency, compensation shall include interest at a commercially reasonable rate for that currency from the date of expropriation until the date of actual payment.

> 5. If a Party elects to pay in a currency other than a G7 currency, the amount paid on the date of payment, if converted into a G7 currency at the market rate of exchange prevailing on that date, shall be no less than if the amount of compensation owed on the date of expropriation had been converted into that G7 currency at the market rate of exchange prevailing on that date, and interest had accrued at a commercially reasonable rate for that G7 currency from the date of expropriation until the date of payment.

> 6. On payment, compensation shall be freely transferable as provided in Article 1109.

Ausgangspunkt einer angemessenen Entschädigung ist demnach, dass sie den Wert widerspiegelt, den die enteignete Investition in jenem Zeitpunkt aufwies, der unmittelbar vor Bekanntwerden der tatsächlichen oder angedrohten Enteignung, Nationalisierung oder vergleichbaren Maßnahme lag.[284] Artikel 1110 Abs. 2 nennt einige Faktoren, die bei der Berechnung zugrunde zu legen sind. Üblicherweise werden der „going concern value" (Unternehmenswert) und der „asset value" (Sachwert) zu berücksichtigen sein.[285] Eine häufig zur Berechnung der Entschädigung angewandte, wenn auch nicht unumstrittene Methode ist die sogenannte „Discounted Cash Flow"-Methode. Hierbei wird dem enteigneten Investor der Wert ersetzt, den seine Investition auf die Zukunft bezogen und unter Anrechnung der anfallenden Kosten ohne die Enteignung hätte erzielen können.[286]

---

284 Die gleiche Regelung findet sich im Modellvertrag der Bundesrepublik (1998), s. Fn. 264.

285 So z.B. Artikel 13 Abs. 2 des Model-BIT von Kanada, Agreement between Canada and ___ for the Promotion and Protection of Investment (Model 2004), Artikel 13, abgedruckt in *UNCTAD*, International Investment Instruments, Volume XIV, S. 221.

286 So im Verfahren Southern Pacific Properties (Middle East) Ltd. v. Egypt, ICSID Fall Nr. ARB/84/3, Award on the Merits, 20. Mai 1992, abgedruckt in ICSID Review –

dd) Rechtsweg

Die im Englischen überwiegend verwandte Formulierung, eine Enteignung dürfe nur im Fall einer Gewährung von „due process"[287] geschehen, ist dem amerikanischen Verfassungsrecht entlehnt, in dem ihr ein besonderer Gehalt zukommt.[288] Dennoch hat sie Eingang in zahlreiche Verträge gefunden und bedeutet im Kern, dass der Investor die Möglichkeit haben muss, die fragliche Maßnahme von einer geeigneten Stelle, wie einem Gericht, überprüfen zu lassen.[289] Der britische Modellvertrag etwa verzichtet darauf, die Formulierung des „due process" zu verwenden, und legt fest, dass

[...] The national or company affected shall have a right, under the law of the Contracting Party making the expropriation, to prompt review, by a judicial or other independent authority of that Party, of his or its case and of the valuation of his or its investment in accordance with the principles set out in this paragraph.[290]

Diese Formulierung statuiert zugleich, welche Faktoren der gerichtlichen Überprüfung offenstehen. Sowohl die Rechtmäßigkeit der Enteignung selbst als auch die Höhe der Entschädigung sind der Kontrolle zugänglich. Allerdings ist zu beachten, dass es ausreicht, wenn der Investor zeitlich nach dem enteignenden Ereignis eine Überprüfungsmöglichkeit bekommt. Eine Einspruchsbefugnis etwa im laufenden Enteignungsverfahren selbst muss wohl nicht gewährt werden.[291]

III. Umweltschutz

Die internationale Aufmerksamkeit befasst sich noch nicht so lange mit dem Thema des Umweltschutzes, wie es mit den Fragen des Eigentums- oder Investitionsschutzes der Fall ist. Der Grund dafür liegt auf der Hand: Immer enger werdende Handelsverflechtungen ließen Regeln zum Schutz der im Ausland

---

Foreign Investment Law Journal, 8 (1993), 328 ff., Rn. 184 ff.; eine ausführliche Darstellung der Praxis des Iran-US Claims Tribunals findet sich bei *Khalilian,* Journal of International Arbitration, 8 (1991), 31 ff.

287 Artikel III des Modellvertrags der USA, *UNCTAD,* International Investment Instruments: A Compendium, Vol. VI, S. 501.

288 *UNCTAD,* IIA Series – Taking of Property, S. 31.

289 Kritisch zum Inhalt dieser Voraussetzung *Dolzer/Bloch,* Der rechtliche Schutz ausländischer Investitionen, Rn. 96.

290 Artikel 5 (1) des Modellvertrags Großbritanniens, *UNCTAD,* International Investment Instruments: A Compendium, Vol. III, S. 185.

291 *UNCTAD,* IIA Series – Taking of Property, S. 32.

belegenen Güter und Investitionen wirtschaftlich notwendig werden. Dagegen erkannte man eine derartige Notwendigkeit für den Bereich des Umweltschutzes lange Zeit nicht, die Einsicht in die Schutzwürdigkeit der Umwelt und die damit verbundenen grenzüberschreitenden Fragen setzte sich erst langsam durch. Zwar gab es schon seit Langem nachbarrechtliche Ansätze, die über den ihnen zugrunde liegenden wirtschaftlichen Aspekt hinaus durchaus bereits dem Bereich des Umweltrechts zugeordnet werden konnten[292], doch erst mit der 1972 verabschiedeten „Stockholmer Erklärung“[293] begann die völkerrechtliche Verankerung des internationalen Umweltschutzes. Die Gründung des Umweltprogramms der Vereinten Nationen (UNEP), die ebenfalls 1972 erfolgte, der Brundtlandt-Bericht von 1987 und die 1992 in Rio de Janeiro abgehaltene Weltkonferenz über Umwelt und Entwicklung (United Nations Conference on Environment and Development, kurz UNCED) sind weitere Meilensteine.[294]

Als Rechtsquellen des Umweltvölkerrechts sind zunächst völkerrechtliche Verträge mit umweltschützendem Inhalt hervorzuheben. Es wird geschätzt, dass inzwischen mehr als 1000 bilaterale und multilaterale Verträge mit den verschiedensten Regelungsgegenständen und -tiefen existieren.[295] Aufgrund der weiten Verbreitung von Verträgen hat die Bedeutung des Völkergewohnheitsrechts insgesamt etwas abgenommen, seine meist abstrakten Normen dienen jedoch der Ergänzung des bestehenden Vertragsrechts. Teilweise bereits als Gewohnheitsrecht anerkannt, spielen im Umweltvölkerrecht zudem einige Grundsätze und Prinzipien eine besondere Rolle. Sie bilden vielfach die *ratio* konkreter vertraglicher Regelungen unterstützen deren Interpretation und Auslegung und dienen darüber hinaus weiteren Zwecken[296]: Sie sollen Kohärenz und Konsistenz im Bereich des Umweltvölkerrechts sicherstellen, indem sie den Rahmen für künftige Verhandlungen über Umweltschutzinstrumente aufspannen. Weiterhin dienen sie als Leitfaden und Standard bei der Harmonisierung nationaler Umweltgesetzgebung. Letztlich sollen sie eine zusammenhängende Integration des Umweltvölkerrechts in anderen Bereichen des

---

292 Als Beispiele mögen das Fischereiabkommen zwischen Frankreich und Großbritannien vom 11. November 1867 oder die von zwölf europäischen Staaten eingegangene Convention to Protect Birds Useful to Agriculture vom 19. März 1902 dienen.

293 Declaration of the U.N. Conference on the Human Environment, 16. Juni 1972, U.N. Doc. A/CONF.48/14/Rev.1 (1973), abgedruckt in International Legal Materials, 11 (1972), 1416.

294 Einen knappen und fundierten Abriss über die Geschichte des Umweltvölkerrechts bietet *Kloepfer,* § 9 Rn. 19 ff.

295 *Sparwasser/Engel/Voßkuhle,* § 1 Rn. 75.

296 Hierzu s. *Hunter/Porter,* International Environmental Law and FDI, S. 166.

Völkerrechts, nicht zuletzt des internationalen Handels- und Investitionsrechts, gewährleisten.

Eine weitere wichtige Rolle bei der Entwicklung des Umweltvölkerrechts spielt das sogenannte „Soft Law". Darunter werden Erklärungen, Aktions-programme, Maßnahmenkataloge, Empfehlungen, Verhaltenskodizes usw. ver-standen, die zwar keine unmittelbaren rechtlich bindenden Wirkungen für die Parteien entfalten, die aber einen moralpolitischen Druck erzeugen.[297] Als prominentestes Beispiel hierfür dürfen die Rio-Deklaration und die Agenda 21 gelten. Beide Erklärungen wurden im Rahmen des Umweltgipfels in Rio de Janeiro 1992 verabschiedet. Soft Law erfüllt im Grunde ähnliche Zwecke wie die soeben angesprochenen Prinzipien.[298] Daneben bildet es häufig eine Vor-stufe im langwierigen Prozess zum bindenden Völkerrecht. So bildeten die Kairoer Richtlinien des UNEP von 1987 über den Umgang mit gefährlichen Ab-fällen die Grundlage für die keine zwei Jahre später unterzeichnete Konvention von Basel.[299]

Nachfolgend werden diejenigen umweltvölkerrechtlichen Prinzipien vor-gestellt, bei deren Anwendung es zu einem Konflikt mit den üblichen Garantien des Investitionsschutzrechts kommen kann.

1. Verbot erheblicher grenzüberschreitender Umweltschädigung und Vermeidungsgrundsatz

Von einigen Stimmen in der Literatur wird das Verbot erheblicher grenzüber-schreitender Umweltschädigung schon in den Stand eines Grundsatzes des *ius cogens* erhoben.[300] Zumindest aber völkergewohnheitsrechtlichen Status wird man ihm zubilligen müssen.[301] Das Prinzip besagt, dass kein Staat ohne be-sonderen völkerrechtlichen Rechtfertigungsgrund Tätigkeiten dulden, vor-

---

297 *Kloepfer,* § 9 Rn. 12.

298 *Sparwasser/Engel/Voßkuhle,* § 1 Rn. 89.

299 Verabschiedet am 22. März 1988; der Vertragstext ist abgedruckt in International Legal Materials, 28 (1989), 649–686. Eine deutsche Übersetzung des Vertragstextes findet sich auf der Internetseite des Bundesumweltministeriums unter http://www.bmu.de/fileadmin/bmu-import/files/pdfs/allgemein/application/pdf/basler_uebereinkommen89.pdf (zuletzt am 1. März 2013 abgerufen).

300 Ausführlich auch zur Herleitung s. *Epiney,* Archiv des Völkerrechts, 33 (1995), 309–360.

301 Dafür, dass der Grundsatz zum *ius cogens* gezählt wird, vgl. *Brunee,* Zeitschrift für aus-ländisches öffentliches Recht und Völkerrecht,, 49 (1989), 791, 804, und *Lücke,* Archiv des Völkerrechts, 35 (1997), 1 ff., zu seinem völkergewohnheitsrechtlichen Status *Epiney,* Archiv des Völkerrechts, 33 (1995), 309, 318.

nehmen, fördern oder gar förmlich zulassen darf, die sich auf dem Territorium eines anderen Staates in erheblicher Weise auf Rechte und Rechtsgüter schädigend auswirken oder auswirken können.[302] Der aus dem Gebot der guten Nachbarschaft des Artikel 74 der UN-Charta abgeleitete Grundsatz ist in der Deklaration von Stockholm als Prinzip 21 und in der Schlussdeklaration von Rio de Janeiro als Prinzip 2 aufgeführt. Wegweisender Rechtsstreit für die erstmalige Anerkennung des Prinzips war die Schiedssache *Trail Smelter* aus dem Jahr 1941.[303] Dabei führte der Betrieb einer in Kanada gelegenen Zink- und Bleischmelze durch Luftverunreinigungen über Jahre hinweg zu erheblichen Umweltschäden an Wäldern und landwirtschaftlichen Flächen auf angrenzendem amerikanischem Gebiet. Das Schiedsgericht leitete aus der völkergewohnheitsrechtlichen Pflicht zu gutnachbarlichem Verhalten die Verpflichtung Kanadas ab, das Einwirken derartig schädlicher Abgasemissionen auf fremdes Staatsgebiet zu verhindern. Im Fall wurde Kanada darüber hinaus zur Leistung von Schadensersatz verpflichtet. Dieser zweite Punkt hat sich jedoch, vor allem wegen anhaltender Diskussionen über die genauen Voraussetzungen der Schadensersatzpflicht, nicht gleichermaßen durchgesetzt wie das ihm zugrunde liegende Verbot.[304]

Auch die Rechtsprechung des Internationalen Gerichtshofs (im Folgenden „IGH") bestätigt dieses Prinzip. Im Gutachten des IGH zur *Rechtmäßigkeit der Drohung mit und des Einsatzes von Atomwaffen* vom 8. Juli 1996 wird ausgeführt, dass die allgemeine Verpflichtung der Staaten sicherzustellen, dass bei Aktivitäten auf ihrem Gebiet und innerhalb ihrer Jurisdiktion und Kontrolle die Umwelt anderer Staaten respektiert wird, inzwischen Teil des internationalen Rechts sei.[305] Auch im Urteil des IGH vom 25. September 1997 im Rechtsstreit zwischen der Slowakei und Ungarn wegen des Staudammprojekts „Gabcikovo-Nagymaros" findet sich diese Aussage wieder.[306]

Das Verbot grenzüberschreitender Umweltschädigung ist inzwischen schon so lange anerkannt[307], dass sein souveränitätsbeschränkender Charakter heute

---

302 *Sparwasser/Engel/Voßkuhle,* § 1 Rn. 81.

303 Schiedssache Trail Smelter zwischen den USA und Kanada, Schiedsspruch vom 11. März 1941, American Journal of International Law, 35 (1941), 684, 716.

304 *Kloepfer,* § 9 Rn. 45 mwN

305 IGH, Rechtsgutachten zur Rechtmäßigkeit der Drohung mit und des Einsatzes von Atomwaffen vom 8. Juli 1996, International Legal Materials, 35 (1996), 809, 821, Rn. 29.

306 IGH, Urteil im Fall Gabcikovo-Nagymaros (Ungarn gegen Slowakei), 25. September 1997, ICJ Reports 1997, S. 92, Rn. 53 ff.

307 Zu seinen Wurzeln aus der Kolonialzeit *Fastenrath,* in: Simma, The Charter of the United Nations – A Commentary, Volume II, Article 74. Richter Weeramantry be-

nicht mehr als bemerkenswert wahrgenommen wird.[308] Anders gestaltet sich die Situation hinsichtlich des ganz ähnlich klingenden, verwandten Gebots der „pollution prevention" oder des „Vermeidungsgrundsatzes". In der Stockholmer Deklaration heißt es dazu:

> The discharge of toxic substances or of other substances and the release of heat, in such quantities or concentrations as to exceed the capacity of the environment to render them harmless, must be halted in order to ensure that serious or irreversible damage is not inflicted upon ecosystems. The just struggle of the peoples of all countries against pollution should be supported.[309]

Das Prinzip hat in vielen Verträgen Eingang gefunden. Manche schreiben konkret einzuhaltende Grenzwerte vor. Andere verbieten die weitere Produktion umweltschädlicher Stoffe ab einem bestimmten Stichtag oder sehen Fristen vor, innerhalb deren ein gänzlicher Produktionsstopp durchgesetzt werden muss.[310]

Es liegt auf der Hand, dass der Beitritt zu einem solchen internationalen Vertrag die Souveränität eines Staates beschränkt. Nicht mehr alle Tätigkeiten können ausgeübt bzw. erlaubt werden. Hiervon sind auch die im Gebiet des Staates tätigen Investoren betroffen. Ihre Investitionen unterliegen, sobald sie auf das Staatsgebiet des Gaststaates verbracht worden sind, grundsätzlich der dortigen Rechtsordnung. Führen internationale Verpflichtungen des Gaststaates, die in Erfüllung des Vermeidungsgrundsatzes oder des Verbots erheblicher grenzüberschreitender Umweltschädigung eingegangen wurden, zu entsprechend verschärften nationalen Regelungen, kann dies unmittelbare Auswirkungen auf die Investition eines ausländischen Investors nach sich ziehen.

---

zeichnete es in seiner Separate Opinion zum Fall Gabcikovo-Nagymaros als eine der „well-established areas of international law", ICJ Reports 1997, S. 7 ff, 92. Im Corfu Channel Case wird es vom IGH maßgeblich zur Entscheidungsbegründung herangezogen, es wird dabei für so selbstverständlich gehalten, dass keine Quellen dafür angegeben wurden, IGH, Corfu Channel Case, Großbritannien gegen Albanien, Urteil vom 9. April 1949, ICJ Reports 1949, S. 4, 22.

308 Sofern man sich auf den Standpunkt stellen will, dass die Möglichkeit der grenzüberschreitenden Schädigung eines Nachbarstaates überhaupt in den Bereich der Souveränität eines Staates zuzuweisen ist. Anders mögen dies ausgangs des 19. Jahrhunderts die Vertreter der Harmon-Doktrin gesehen haben.

309 S. Fn. 293.

310 Übereinkommen zum Schutz der Ozonschicht (Wiener Konvention) vom 22. März 1985 und Montrealer Protokoll über Stoffe, die zum Abbau der Ozonschicht führen, vom 16. September 1987, BGBl. II 1988, S. 901 ff. und 1014 ff., oder das Kyoto-Protokoll vom 11. Dezember 1997, BGBl. II 2002, S. 966 ff.

2. Nachhaltige Entwicklung

Ein weiteres prominentes Prinzip des Umweltvölkerrechts ist das Gebot der nachhaltigen Entwicklung ("sustainable development"). Spätestens seit dem Gipfel von Rio de Janeiro von 1992 ist es massiv ins Bewusstsein nicht nur der wissenschaftlichen Öffentlichkeit gerückt. Begleitend wurde auf dem Gipfel die Gründung einer Commission on Sustainable Development beschlossen.[311] Nachhaltigkeit als Konzept lässt sich im deutschen Forstrecht bis ins 18. Jahrhundert zurückverfolgen: Es sollte nur so viel Holz geschlagen werden, wie auch wieder nachwachsen kann. Das Prinzip wird nicht nur im Bereich des Umweltschutzes zitiert. Sowohl in der Ökonomie als auch in soziologischen Zusammenhängen wird immer wieder darauf Bezug genommen.[312] Die Einsicht, dass Entwicklung dauerhaft nur innerhalb der verfügbaren ökologischen Ressourcen verwirklicht werden kann, gehört zwar inzwischen zum allgemeinen Grundkonsens, eine konkrete rechtliche Erfassung etwa anhand einer Definition ist jedoch, soweit ersichtlich, noch nicht gelungen. So bleibt der Grundsatz der nachhaltigen Entwicklung doch eher politisches Leitbild als fassbares rechtliches Prinzip.[313] Auch die zahllosen Nennungen des Stichwortes der nachhaltigen Entwicklung in nach 1992 verabschiedeten Verträgen kann für sich genommen noch nicht dazu führen, dass dem Prinzip schon der Rang Völkergewohnheitsrechts zugesprochen werden könnte.[314]

Als Referenz auch für ökonomische Belange kommt das Gebot der nachhaltigen Entwicklung trotz seiner schwer fassbaren rechtlichen Natur als Beschränkung auch im Zusammenhang mit Investitionen infrage.[315] Die Art und Weise der Nutzung von mit Investitionen verbundenen oder genutzten natürlichen Ressourcen ist demnach ebenso dem Nachhaltigkeitsgebot unterworfen wie die davor anstehende Entscheidung über das „Ob".

3. Vorsorgeprinzip

Das im Englischen als „precautionary principle" bekannte Gebot des Vorsorgeprinzips wurde in der Abschlusserklärung von Rio de Janeiro wie folgt umschrieben:

---

311 http://sustainabledevelopment.un.org/csd.html.
312 *Vitzthum*, in: Vitzthum, Völkerrecht, 5. Abschn. Rn. 114; *Sparwasser/Engel/Voßkuhle*, § 2 Rn. 23 ff.
313 *Kloepfer*, Umweltrecht, § 9 Rn. 35.
314 *Vitzthum*, in Vitzthum, Völkerrecht, 5. Abschn., Rn. 114.
315 *Hunter/Porter*, International Environmental Law and FDI, S. 167.

In order to protect the environment, the precautionary approach shall be widely applied by States according to their capabilities. Where there are threats of serious or irreversible damage, lack of full scientific certainty shall not be used as a reason for postponing cost-effective measures to prevent environmental degradation.[316]

Das Prinzip hat sich vor dem Hintergrund der Erkenntnis entwickelt, dass Umweltschutz am effektivsten durch die Vermeidung der Entstehung von Belastungen betrieben werden kann, wissenschaftliche Sicherheit über das genaue Ausmaß oder den effektivsten Umgang mit einer Umweltgefährdung für die Ergreifung wirksamer rechtlicher Gegenmaßnahmen jedoch oftmals zu spät kommt.[317] Traditionell wurde in internationalen Verträgen verlangt, dass jegliche Entscheidung der Vertragsparteien auf wissenschaftlichen Erkenntnissen und Methoden basieren musste.[318] Somit konnte eine unvollständige wissenschaftliche Grundlage zur Folge haben, dass einfach nichts unternommen wurde. Dem lag die Vorstellung zugrunde, dass lange Zeit vermutet oder darauf vertraut wurde, dass Chemikalien über die Zeit hinweg von der Natur abgebaut werden würden. Aufgrund etwa der Erfahrung mit PCBs oder FCKWs hat man erkannt, dass diese Annahme falsch und der bisherige Ansatz dementsprechend nicht länger haltbar war. Als weiterer Ansatz für das Vorsorgeprinzip wird auf die Pflicht eines Staates verwiesen, im Sinne einer Risikofürsorge zum Schutze des Gemeinwohls (dem dann auch die Erhaltung der Lebensgrundlagen und der Umweltschutz zugerechnet werden) tätig zu werden.[319] Im Kern bewirkt das Vorsorgeprinzip eine Art Beweiserleichterung, die erheblich dazu beiträgt, die Zeitspanne zwischen dem Erkennen einer möglichen Umweltgefahr und der entsprechenden politischen Antwort darauf zu verkürzen.[320] Dabei wird jedoch in den seltensten Fällen tatsächlich so weit gegangen, dass von Verursachern

---

316 Rio Declaration on Environment and Development, als Annex I zum Report of the United Nations Conference on Environment and Development, abgehalten in Rio de Janeiro vom 3. bis 14. Juni 1992, Annex I, A/CONF.151/26 (Vol. I).

317 *Calliess,* Rechtsstaat und Umweltstaat, S. 169.

318 Bonner Übereinkommen zur Erhaltung Wandernder Wildlebender Tierarten vom 23. Juni 1979 (in Kraft getreten am 1. November 1985), Artikel III Abs. 2 und XI Abs. 3 (Maßnahmen auf der Basis von „reliable evidence, including the best scientific evidence available"), International Legal Materials, 19 (1980), 11, 18, 26; Übereinkommen zum Schutz des Kultur- und Naturerbes der Welt vom 16. November 1972 (in Kraft getreten am 15. Juli 1975), Präambel, International Legal Materials, 11 (1972), 1358; Übereinkommen zur Erhaltung der antarktischen Robben vom 1. Juni 1972 (in Kraft getreten am 11. März 1978), Annex P 7 lit. b („in the light of the available scientific and technical data, the Contracting parties agree to take appropriate steps [...]"), International Legal Materials, 11 (1972), 251, 261.

319 *Calliess,* Rechtsstaat und Umweltstaat, S. 75 ff.

320 Ausführlich zur Herleitung *Calliess,* Rechtsstaat und Umweltstaat, S. 154 ff.

potenzieller Belastungen der Beweis verlangt wird, dass von ihrem Verhalten keine umweltbelastenden Wirkungen ausgehen, die Beweislast also gänzlich umgekehrt wird.[321]

Das Vorsorgeprinzip wurde mittlerweile in zahlreiche Verträge aufgenommen.[322] Dazu gehört etwa die Klimarahmenkonvention der Vereinten Nationen, in der neben der Präambel auch in Artikel 3 Abs. 3 auf das Prinzip eingegangen wird.[323] Das Cartagena-Protokoll zur biologischen Sicherheit ist ausweislich seines Artikel 1 insgesamt Ausdruck des Vorsorgeprinzips.[324] Inzwischen wird es auch in der nationalen und europäischen Sphäre vielfach zur Grundlage gesetzlichen Handelns gemacht.[325] Bislang haben jedoch – von abweichenden Meinungen oder Sondervoten abgesehen – weder der IGH noch der WTO Appelate Body oder der Internationale Seegerichtshof eindeutig Stellung zu dieser Frage bezogen.[326] In der Literatur werden gestützt auf diese Sondervoten und den reichhaltigen Bestand vertraglicher Regelungen zunehmend Stimmen laut, die für eine Anerkennung völkergewohnheitsrechtlichen Charakters für das Vorsorgeprinzip sind oder es zumindest auf dem Weg dorthin sehen.[327]

Die strikte Anwendung des Vorsorgeprinzips würde dazu führen, dass potenziell schädigende Vorhaben so lange nicht durchgeführt werden dürften, bis ihre Unbedenklichkeit im Bezug auf die Umwelt feststeht. So könnten bei-

---

321 *Sands*, Indiana Journal of Global Legal Studies, 1 (1994), 293, 301.

322 *Sands*, a.a.O., S. 298, sieht den frühesten Fall schon 1969 mit der „International Convention Relating to Intervention on the High Seas in Cases of Oil Pollution Casualties" (29. November 1969).

323 Rahmenübereinkommen der Vereinten Nationen über Klimaänderungen vom 9. Mai 1992, BGBl II 1993, S. 1783.

324 Protokoll von Cartagena über die biologische Sicherheit zum Übereinkommen über die biologische Vielfalt vom 29. Januar 2000, ABl. EG L 201 vom 31. Juli 2002, S. 48.

325 Vgl. Art 191 Abs. 2 des Vertrags über die Arbeitsweise der Europäische Union. Weitere Nachweise bei *Kloepfer,* § 9 Rn. 35 und § 4 Rn. 8 ff.

326 Richter Palmer war in seinem Sondervotum im zweiten Nukleartestfall vor dem IGH der Ansicht, das Prinzip „may now be a principle of customary international law relating to the environment", (New Zealand v. France, Request for an Examination of the Situation in Accordance with Paragraph 63 of the Court's 1974 Judgment in the Case concerning Nuclear Tests, Dissenting Opinion zum Beschluss des Gerichtshofs vom 22. September 1995, ICJ Reports 1995, S. 288, 381, 412). Im Fall *EC Measures concerning Meat and Meat Products (Hormones)* sprach der WTO Appelate Body das Vorsorgeprinzip zwar an, enthielt sich aber ausdrücklich einer Stellungnahme dazu, ob es als Völkergewohnheitsrecht anzusehen sei, Report of the Appelate Body vom 16. Januar 1998, AB-1997-4, Rn. 120–125.

327 Vgl. die zahlreichen Nachweise in Fn. 92 zum Appelate Body Report im Hormon-Fall und bei *Epiney,* Archiv des Völkerrechts, 33 (1995), 309, Fn. 92 und 99.

spielsweise vorbeugende Produktionsverbote hinsichtlich möglicherweise umweltschädigender chemischer Stoffe verhängt werden, die nach entsprechendem Nachweis außer Kraft gesetzt würden. Wenn ein solches Vorhaben nun mithilfe von Auslandsdirektinvestitionen verwirklicht werden sollte oder wurde, werden die Auswirkungen des Vorsorgeprinzips auf das Feld des Investitionsschutzes deutlich. Wie später noch gezeigt wird, ist es tatsächlich das Vorsorgeprinzip, das in der Praxis des Investitionsschutzrechts eine erhebliche Rolle spielt.

4. Verursacherprinzip

Das Verursacherprinzip, das im Englischen als „polluter pays principle" bekannt ist, ist ein auf ökonomischen und Gerechtigkeitsgesichtspunkten beruhendes Prinzip. Es besagt, dass der Verursacher die sachliche und vor allem finanzielle Verantwortung für die durch sein Verhalten hervorgerufenen Umweltrisiken, -gefahren, -belastungen und -schäden tragen soll. Ziel ist es, Umweltschutz und wirtschaftliche Tätigkeit in ein Verhältnis zueinander zu setzen, durch das sichergestellt wird, dass sich die durch schädigendes Verhalten anfallenden Kosten auch auf der wirtschaftlichen Ebene widerspiegeln, letztendlich also umweltschädigende Tätigkeiten um genau diesen gemeinwohlschädlichen Anteil teurer werden. Hintergrund des Verursacherprinzips sind drei Überlegungen, deren Ursprung im Polizeirecht und den Wirtschaftswissenschaften liegt.[328]

Zum einen wird davon ausgegangen, dass der Verursacher einer Umweltbeeinträchtigung diese in der Regel am besten und effektivsten beheben kann. Zum anderen setze eine optimale Allokation der Güter und Produktionsfaktoren voraus, dass jeder die Kosten trägt, die er durch Inanspruchnahme des knappen Guts Umwelt verursacht, indem es im Fall des Rohstoffabbaus entweder als Ressource verwandt wird oder als Medium, das die Emissionen wirtschaftlicher Tätigkeit aufnehmen muss. Das Schlagwort der „Internalisierung externer Sozialkosten" wird in diesem Zusammenhang genannt. Zuletzt widerspreche es allgemeinen Grundsätzen der Verteilungsgerechtigkeit, wenn unbeteiligte Dritte oder die Allgemeinheit für Kosten einstehen müssen, die ein Einzelner verursacht hat, der aus seinem Handeln zudem einen zumindest vordergründig rein eigennützigen wirtschaftlichen Vorteil zieht.

Angesichts des starken ökonomischen Einschlags dieses Prinzips verwundert es nicht, dass es im internationalen Zusammenhang das erste Mal im

---

328 Zum Folgenden: *Sparwasser/Engel/Voßkuhle,* § 2 Rn. 31.

Rahmen der OECD propagiert wurde.[329] Die Abschlusserklärung von Rio de Janeiro spricht das Verursacherprinzip in abgeschwächter Form in Prinzip 16 an. Hiernach sollen

> national authorities endeavour to promote the internalization of environmental costs
> [...] taking into account the approach that the polluter should, in principle, bear the
> cost of pollution, with due regard of the public interest and without distorting inter-
> national trade and investment.[330]

Der Nachsatz, bei der praktischen Durchsetzung des Verursacherprinzips sei darauf zu achten, dass weder der internationale Handel noch die weltweite Investitionstätigkeit beeinträchtigt werde, zeigt zum einen die schwache Stellung des auf internationaler Ebene als reines Kostentragungsinstrument ausgestalteten Verursacherprinzips.[331] Zum anderen wird schon hieran deutlich, entlang welcher Linien sich die Konflikte zwischen dem auf diesem Prinzip beruhenden Umweltschutz und den Interessen des Investitionsschutzes abspielen müssen.

Die scheinbare Plausibilität der Deutung des Prinzips als Kostenverteilungsinstrument darf jedoch nicht darüber hinwegtäuschen, dass auch bei einer rein ökonomischen Betrachtungsweise (unter Ausblendung von Gerechtigkeitsaspekten) zahlreiche Fragen offenbleiben. Die Pflicht zur Kostentragung kann auf ganz verschiedene Weise angelegt werden.[332] Sollen die durch die Nichtbeachtung bestehender Umweltstandards ersparten Kosten ausgeglichen werden (vermiedener Kostenaufwand) oder jene, die durch die Nutzung von Umweltressourcen entstehen (gesamte Umweltnutzungskosten)? Kann man ausgehend von der zweiten Alternative überhaupt einen solchen Preis bestimmen, oder läuft dieser Ansatz im Endeffekt nicht zwangsläufig auf einen politisch festgesetzten Knappheitspreis für Umweltnutzungen hinaus (relative Umweltnutzungskosten)? Auch die praktischen Instrumente, anhand deren dem Verursacherprinzip Geltung verschafft werden kann, sind vielfältig. Ge- oder Verbote sind neben Auflagen, die unmittelbare Verhaltensanforderungen stellen (zum Beispiel Emissionsstandards oder Ausgleichsmaßnahmen), genauso denkbar wie Zahlungsverpflichtungen bei der Inanspruchnahme der Umwelt beispielsweise in Form des Zertifikatehandels. Auch hieran wird deutlich, dass die Balance zwischen einer effektiven Anwendung des Verursacherprinzips und den Anforderungen des Investitionsschutzes nicht immer einfach zu finden sein wird.

---

329 Punkt A. (a) der Guiding Principles Concerning International Economic Aspects of International Policies der OECD, beschlossen auf dem Ministertreffen der OECD am 24.–26. Mai 1972, abgedruckt in International Legal Materials, 11 (1972), 1172 f.

330 Abschlusserklärung von Rio de Janeiro, s. Fn. 316.

331 *Kloepfer*, § 9 Rn. 35; *Vitzthum*, in: Vitzthum, Völkerrecht, 5. Abschn., Rn. 117.

332 *Sparwasser/Engel/Voßkuhle*, § 2 Rn. 33.

Obwohl es Eingang in verschiedene völkerrechtliche Übereinkommen gefunden hat[333], verwundert es angesichts der aufgezeigten Vielschichtigkeit nicht, dass das Verursacherprinzip überwiegend nicht als Gewohnheitsrecht angesehen, sondern zumeist allenfalls als umweltpolitische Leitlinie eingeordnet wird.[334]

Die Auswirkung dieses Prinzips auf Investitionen ist dennoch nicht zu unterschätzen.[335] Sofern es im nationalen Rahmen effektiv angewandt wird, sorgt das Verursacherprinzip dafür, dass Wettbewerb um Investitionen nicht mithilfe von „Umweltsubventionen" betrieben werden kann. Es stellt sicher, dass Umweltkosten demjenigen in Rechnung gestellt werden, der sie verursacht. Demnach dürfte der weithin befürchtete Missstand einer „kostenlosen", weil nicht adäquat über Abgaben oder vergleichbare Instrumente in Rechnung gestellten Umweltschädigung bei konsequenter Anwendung der aufgrund des Verursacherprinzips ergriffenen Maßnahmen erst gar nicht auftreten.

5. Verfahrenspflichten

Die materiellen völkerrechtlichen Umweltschutzverpflichtungen werden durch Verfahrenspflichten abgesichert. Darunter werden Pflichten zur gegenseitigen Information, Konsultation und Warnung verstanden.[336]

Das Prinzip der vorherigen Informationspflicht unterwirft Staaten zum einen der Pflicht, bei Aktivitäten, deren Folgen möglicherweise grenzüberschreitende, die Umwelt beeinflussende Wirkung entfalten könnten, die hiervon betroffenen Staaten rechtzeitig in Kenntnis zu setzen. Zum anderen sollen sie anhand ausreichender Angaben zum geplanten Vorhaben in die Lage versetzt werden, selbst adäquat reagieren zu können.[337] In die gleiche Richtung weist die Pflicht zur Warnung.

---

333 Artikel 2 Abs. 5 (b) des Übereinkommens zum Schutz und zur Nutzung grenzüberschreitender Wasserläufe und internationaler Seen, unterzeichnet im Rahmen der UN/ECE in Helsinki am 17. März 1992, der deutsche Text findet sich im BGBl II 1994, S. 2334–2350; Artikel 2 Abs. 2 (b) des Übereinkommens zum Schutz der Meeresumwelt des Nordatlantik, auch bekannt als OSPAR-Übereinkommen, Paris, 22. September 1992, abrufbar unter www.ospar.org.

334 Vgl. nur *Kloepfer*, § 9 Rn. 35.

335 *Hunter/Porter*, International Environmental Law and FDI, S. 176 f.

336 Ausführlich *Scheyli*, Archiv des Völkerrechts, 38 (2000), 217.

337 Prinzip 19 der Schlusserklärung von Rio (s. Fn. 316) fasst diese Verpflichtung wie folgt zusammen:
"States shall provide prior and timely notification and relevant information to potentially affected states on activities that may have a significant adverse transboundary environmental effect."

Die über die bloße Informationsverpflichtung hinausgehende Pflicht zu gegenseitiger verbindlicher Konsultation ist im Gegensatz zur Informations- und Warnpflicht wohl noch nicht allgemein als Völkergewohnheitsrecht anerkannt.[338] Benachbarten oder auf sonstige Weise betroffenen Staaten soll durch Konsultationen ermöglicht werden, ein Projekt, von dem Umweltauswirkungen befürchtet werden, mit dem verantwortlichen Staat auf der Grundlage ausreichender Informationen zu diskutieren und die eigene Sichtweise und Interessenlage mitzuteilen.[339] Da jedoch schon der bloßen Pflicht, überhaupt in Konsultationen einzutreten, völkergewohnheitsrechtlicher Charakter abgesprochen wird, verwundert es nicht, dass auch darüber hinaus keine rechtliche Verpflichtung besteht, die Bedenken oder Interessen des konsultierten Staates in irgendeiner bindenden Form zu berücksichtigen.[340]

In rechtlichen Instrumenten haben Verfahrenspflichten verschiedene Ausprägungen gefunden. Die Espoo-Konvention ist das wohl prominenteste Bei-

---

Das ebenfalls häufig in diesem Zusammenhang zitierte Prinzip 18 befasst sich dagegen mit der im Falle von Naturkatastrophen oder ähnlichen Notfällen nötigen gegenseitigen Information.

338 *Sparwasser/Engel/Voßkuhle*, § 1 Rn. 85; *Kloepfer*, § 9 Rn. 34. Im Zusammenhang mit der völkergewohnheitsrechtlichen Anerkennung der Informations- und Warnpflicht wird allgemein auf die Prinzipien 18 und 19 der Schlusserklärung von Rio sowie den Corfu-Channel-Fall des IGH (ICJ Reports 1949, S. 4, 22) verwiesen.

339 Diese Pflicht findet sich als Artikel 9 in den von der International Law Commission auf ihrer 53. Sitzung verabschiedeten „Draft Articles on the Prevention of Transboundary Harm from Hazardous Activities":
"1. The States concerned shall enter into consultations, at the request of any of them, with a view to achieving acceptable solutions regarding measures to be adopted in order to prevent significant transboundary harm or at any event to minimize the risk thereof. [...]
3. If the consultations referred to in paragraph 1 fail to produce an agreed solution, the State of origin shall nevertheless take into account the interests of the State likely to be affected in case it decides to authorize the activity to be pursued, without prejudice to the rights of any states likely to be affected."
S. Official Records of the General Assembly (GAOR), Fifty-sixth session, Supplement No. 10 (A756/10). Mit Kommentar abrufbar unter
http://untreaty.un.org/ilc/texts/instruments/english/commentaries/9_7_2001.pdf
(zuletzt am 1. März 2013 abgerufen).

340 Auch wenn dies erkennbar das Ziel des vorzitierten Artikel 9 der Draft Articles on the Prevention of Transboundary Harm from Hazardous Activities ist, der sich in seinem Kommentar auf verschiedene Urteile des IGH stützt (Fisheries Jurisdiction und North Sea Continental Shelf), wird dieser Punkt weitgehend nicht derart verpflichtend gesehen, vgl. *Heintschel von Heinegg*, in: Ipsen, Völkerrecht, § 58 Rn. 33 ff.; *Kloepfer*, § 9 Rn. 34.

spiel für die Verpflichtung, vor der Durchführung möglicherweise schädigender Aktivitäten Umweltverträglichkeitsprüfungen oder Umweltfolgenabschätzungen vorzunehmen.[341] Zudem verlangen die meisten Regelungen eine Umweltverträglichkeitsprüfung nur im Rahmen von Entscheidungen, die von der öffentlichen Hand gefällt werden. Sofern keine derartige Pflicht in nationalen Regelungen festgeschrieben ist, wird daher die Tätigkeit privater Investoren streng genommen nicht von diesem Erfordernis berührt. Allerdings erreichen Investitionsvorhaben oftmals einen Umfang, der eine Beteiligung der Verwaltungsbehörden des Gaststaates unabdingbar macht. Doch auch unter einem strategischen Aspekt kann es sich für Großinvestitionen empfehlen, sich einer freiwilligen Umweltverträglichkeitsprüfung zu unterziehen. Mögliche Umweltgefahren können frühzeitig erkannt werden. Weiterhin ist es so eventuell möglich, die Öffentlichkeit, deren Haltung für die erfolgreiche Durchführung eines umweltrelevanten Investitionsprojekts immer wichtiger wird, in einem frühen Verfahrensstadium einzubinden, wodurch lokale Befindlichkeiten kalkuliert werden können.[342]

IV. Police Powers

Der Umweltschutz hat sich in den letzten Dekaden eine immer wichtigere Position erkämpft, auch wenn kritische Stimmen (zu Recht) monieren, dass für eine effektive praktische Umsetzung gerade im Rahmen von Instrumenten, die nicht vorrangig dem Umweltschutz dienen, noch nicht genügend getan wird. Von ihren Vertretern wird die Lehre von den Police Powers, einem schon im Rahmen der Untersuchung, was als Enteignung angesehen wird, erwähnten Konzept, als Instrument angesehen, gerade diese Lücke zu schließen. Bei einem Zielkonflikt zwischen Umwelt- und Investitionsschutz könne sie als Lösungshilfe und Ansatzpunkt dienen. Im Rahmen der vorliegenden Arbeit interessiert dabei allein dieser Aspekt der Police-Powers-Lehre, ihre Anwendungsbereiche abseits des Investitionsschutzrechts sollen nicht weiter vertieft werden.

Ihren Ursprung als derart bezeichnetes Konzept hat die Lehre von den Police Powers, einem Begriff, der mit dem deutschen Wort der Polizeigewalt nicht ganz treffend übersetzt werden kann, im anglo-amerikanischen Rechts-

---

341 Übereinkommen über die Umweltverträglichkeitsprüfung im grenzüberschreitenden Rahmen, unterzeichnet im Rahmen der UNECE in Espoo am 25. Februar 1991, BGBl. II 2002, S. 1406. *Hunter/Porter* führen eine Reihe weiterer Instrumente auf, s. S. 171, 177.

342 Zu diesem Komplex auch *UNCTAD,* World Investment Report 2007, S. 171.

kreis.[343] Die Grundidee war jedoch schon seit jeher bekannt.[344] Inzwischen ist sie auch im Völkerrecht gängig.[345] Ausgangspunkt der Lehre ist die Souveränität eines Staates und die damit einhergehende Verantwortung des Staates für die Interessen seiner Bürger. Für eine allgemeine und sehr weit gefasste Definition des Konzeptes sei auf die Umschreibung in Black's Law Dictionary verwiesen. Hiernach ist es

> [t]he inherent and plenary power of a sovereign to make all laws necessary and proper to preserve the public security, order, health, morality and justice.[346]

Dem Grundgedanken der Souveränität entspringt demnach die Befugnis des Staates, Maßnahmen und Regelungen in einem eng umrissenen Kernbereich zu erlassen und anzuordnen. Obwohl im Zitat nicht explizit genannt, geht mit dieser Regelungsbefugnis einher, dass den handelnden Staat für derartige Maßnahmen keine Verpflichtung zur Leistung von Ersatzzahlungen an dadurch Beeinträchtigte trifft[347] Aufgrund der Kompetenz zum enteignenden Normenerlass wird das Prinzip der Police Powers auch oft als „regulatory takings" bezeichnet. Hinter diesem Namen verbirgt sich dabei die gleiche Idee, zugespitzt auf die spezielle Situation der Enteignung und die Tätigkeit des Normerlasses durch staatliche Stellen. Vereinfacht gesagt soll einem souveränen Staat zum Schutz seiner Bürger die Möglichkeit verbleiben, bei der Verfolgung legitimer Ziele die Eigentumsrechte Privater entschädigungslos zu verletzen. Neben dem Souveränitätsgrundsatz wird zur Begründung des Konzepts darauf verwiesen, dass Eigentum als soziale Institution auch Verpflichtungen mit sich bringt, also nicht gänzlich schrankenlos gewährt werden kann.[348] Auf der Stufe vor einer

---

343 Zur Herkunft und den Rechtsquellen *Schneidermann,* University of Toronto Law Journal, 46 (1996), 449, 507 ff.; *Shenkman,* N.Y.U. Environmental Law Journal, 11 (2002), 174, 185 ff.

344 *Gudofsky* verweist u.a. auf Aussagen von *Grotius* aus dem 13. Jh., *Gudofsky,* Northwestern Journal of International Law & Business, 21 (2000), 243, 288.

345 *Shenkman,* N.Y.U. Environmental Law Journal, 11 (2002), 174, 186; *Newcombe,* ICSID Review – Foreign Investment Law Journal, 20 (2005), 1, 26; *Christie,* British Yearbook of International Law, 38 (1962), 307, 338.

346 Black's Law Dictionary, 8. Aufl. 2004, „police power".

347 *Herz,* American Journal of International Law, 35 (1941), 243, 251 f.

348 *Schneidermann,* University of Toronto Law Journal 46 (1996), 449, 508; *Newcombe,* ICSID Review – Foreign Investment Law Journal, 20 (2005), 1, 27. Dolzer, ICSID Review – Foreign Investment Law Journal, 1 (1986), 41, 58, weist darauf hin, dass dieser Grundsatz vielen innerstaatlichen Rechtsordnungen vertraut ist. Als Beispiel sei nur Artikel 14 Abs. 2 GG erwähnt, auch common-law-Jurisdiktionen kennen den Grundsatz, dass mit dem Eigentum nicht das Recht einhergeht, eine „common-law nuisance" zu verursachen, s. Lucas v. South Carolina Costal Council, 505 U.S. 1003 (1992). In einer anderen Entscheidung äußerte sich der Supreme Court, dass „such re-

enteignenden Maßnahme kann die Lehre von den Police Powers darüber hinaus zur Rechtfertigung herangezogen werden, wenn ein Staat etwa bei der Entscheidung über die Zulassung ausländischer Investitionen auf Kriterien zurückgreifen will, die seinen Vorstellungen von öffentlicher Ordnung, Sicherheit oder Moral entsprechen.[349]

1. Fallgruppen

Die Herkunft aus dem sich anhand von Kasuistik entwickelnden anglo-amerikanischen Recht bringt es mit sich, dass die genaue Reichweite des Konzeptes alles andere als unumstritten ist.[350] Sowohl die Motive, die eine entschädigungslose Enteignung rechtfertigen sollen, als auch die rechtliche Verortung werden verschieden beurteilt. Dabei scheint die Auslegung des Konzepts im Rahmen der „regulatory takings" auf nationaler Ebene durch die Gerichte der USA grundsätzlich weiter zu gehen als die Auslegung internationaler Rechtsprechungsorgane.[351] Dies zeichnet die Tendenz nach, dem Staat im Rahmen rein nationaler Streitigkeiten in mehr Bereichen freie Hand lassen zu wollen, als dies in Fällen mit Auslandsberührung der Fall ist. Hintergrund dieser Differenzierung dürfte sein, dass ausländischen Investoren im Gegensatz zu den Bürgern eines Staates weniger Einflussmöglichkeiten im Hinblick auf die Ausgestaltung gerade der Bereiche gegeben sind, die dem Gebiet der Police Powers unterfallen.[352] Die fallbasierte Ausgestaltung des Prinzips oder Konzepts erschwert darüber hinaus seine rein abstrakte Darstellung, ohne jeweils auf die zugrunde liegenden Fallgestaltungen einzugehen. Die folgende Darstellung orientiert sich an den sowohl in der Rechtsprechung wie auch der Literatur weitgehend anerkannten Bereichen der Police-Powers-Doktrin.

---

strictions are the burdens we must all bear in exchange for the advantage of living and doing business in a civilized community."
Ruckelshaus v. Monsanto Co., 467 U.S. 986, 1007 (1984)

349 *Brownlie,* S. 498, mit Verweis auf den „Treaty of Friendship, Commerce and Navigation between Italy and the US" vom 2. Februar 1948.

350 So schon 1872 der U.S. Supreme Court:
"This power is, and must be from its very nature, incapable of any very exact definition or limitation."
U.S. Supreme Court in re Slaugtherhouse Cases, 83 U.S. 36, 62.

351 *Shenkman,* N.Y.U. Environmental Law Journal, 11 (2002), 174, 187; eine Darstellung der wichtigsten Fälle im amerikanischen Recht bei *Wagner,* Golden Gate University Law Review, 29 (1999), 465, 502 ff.

352 *Brower/Stevens,* Chicago Journal of International Law, 2 (2001), 193, 196.

Inhaltlich ist die Police-Powers-Doktrin allgemein dort anerkannt, wo der Staat zur Aufrechterhaltung der öffentlichen Ordnung im engeren Sinne tätig wird. Die Einziehung von Gütern, die aufgrund krimineller Handlungen gleich welcher Art erworben wurden, oder als generelle Strafmaßnahme ist ein solcher recht eindeutiger Fall, in dem ohne Pflicht zur Entschädigung in Eigentumsrechte eingegriffen wird.[353] In einigen Staaten ist es darüber hinaus verboten, bestimmte Gegenstände, etwa Waffen, Drogen oder pornografische Medien, zu besitzen, sodass deren Besitzer nach einer Beschlagnahme nicht entschädigt werden muss. Allerdings ist zu bedenken, dass gerade nationale Strafrechtsnormen von Land zu Land recht unterschiedlich ausfallen können. Was im Staat X erlaubt ist, ist in Staat Y bei hoher Strafe verboten. Trotz dieser Unterschiede wird jedoch allgemein zugestanden, dass ein Staat die Reichweite seiner Strafgesetze und Sanktionen sowie ganz grundsätzlich, was als strafwürdiges Verhalten angesehen wird, selbst festsetzen können muss. Im Fall *Louis Chazen* etwa bestätigte die General Claims Commission[354], dass Mexiko das Eigentum des Amerikaners Chazen beschlagnahmen durfte, da er gegen Bestimmungen des mexikanischen Zoll- und Strafrechts verstoßen hatte: Mexiko „as a sovereign state can promulgate such rules as it may deem convenient in order to protect the revenue in its Customs houses and on its frontiers [...]".[355] Noch weitaus individueller gestalten sich nationale Vorschriften, die allein der „öffentlichen Ordnung im weiteren Sinne" dienen. Hierbei erlassen Staaten Regelungen und Vorschriften aufgrund von Moralvorstellungen, die oftmals erheblichen Schwankungen und Änderungen unterliegen. Als Beispiele hierfür können Glücksspiel und Alkoholausschank genannt werden. Beides ist in einigen Ländern völlig verboten (etwa muslimisch geprägten) oder war es zumindest zeitweise (Prohibition in den USA), während andere Länder entweder keinerlei Einschränkung dieser Tätigkeiten kennen oder sie unter einen Erlaubnisvorbehalt stellen.[356] Vor dem Hintergrund zum Teil signifikant voneinander

---

353 So im Fall Allgemeine Gold- und Silberscheideanstalt v. Customs and Excise Commission, Entscheidung des britischen High Court vom 20. Februar 1978, CMLR 1978, 292, 295. S. weiterhin *UNCTAD*, IIA Series – Taking of Property, S. 14 f.; Restatement of the Law Third, § 712, Comment g.

354 Die General Claims Commission war ein ständiges Schiedsgericht, dass aufgrund der „General Claims Convention between the United States of America and the United Mexican States" aus dem Jahr 1923 zur Klärung von Ansprüchen amerikanischer und mexikanischer Bürger gegen den jeweils anderen Staat bestand [US Treaty Series, No. 678, abgedruckt auch im AJIL Supplement 18 (1924), 147–151].

355 Louis Chazen (U.S.A.) v. United Mexican States, R.I.A.A. IV (1930), 564, 567.

356 *Christie*, British Yearbook of International Law, 38 (1962), 307, 335, ebenso Emanuel Too v. Greater Modesto Insurance Associates, Award vom 29. Dezember 1989, Iran-United States Claims Tribunal Reports, 23, 378.

abweichender Ansichten hinsichtlich des moralisch Annehmbaren dürfte es fast aussichtslos sein, für diesen Teilbereich einen international anerkannten Standard ausmachen zu wollen. Dennoch besteht weitgehend Einigkeit, auch diesen Teilbereich unter die Police Powers eines Staates zu fassen.[357] In der Praxis dürfte dies für den ausländischen Investor zumeist aber keine unangemessene Einschränkung durch seinen Gaststaat bedeuten. Zum einen dürfte er sich im Vorhinein über diese Rahmenbedingungen informiert haben. Zum anderen ist auch nur schwer vorstellbar, dass ausländische Investitionen in solch sensiblen Bereichen überhaupt zugelassen würden.

Weiterhin wird allgemein anerkannt, dass ein direkter Anspruch eines Privaten auf Entschädigung aufgrund von Enteignungen, die im Zusammenhang mit militärischen Handlungen erfolgen, nicht gegeben ist.[358] Hierbei ist überdies zu beachten, dass die Rechtsordnung in Zeiten, in denen das *ius in bello* anwendbar ist, ohnehin nur noch eingeschränkt gilt. Solange nicht grundsätzliche Garantien und unverzichtbare Menschenrechte in Rede stehen, ist es sich im Kriegszustand befindlichen Staaten möglich, die Rechte ihrer Bürger in sehr weitgehendem Umfang zu beschränken. Gleiches gilt für Handlungen eines Staates gegenüber Angehörigen eines anderen Staates. Hiervon sind wiederum Situationen zu unterscheiden, in denen es zu Zwangsverkäufen aufgrund der drohenden oder schon bestehenden Gefahr für Angehörige missliebiger Volksgruppen kommt.[359] In Situationen, in denen kriegerische Auseinandersetzungen wie in letzter Zeit vermehrt nicht zwischen zwei Staaten, sondern innerhalb eines Staates stattfinden, ist die Rechtslage im Hinblick auf Entschädigungsansprüche freilich nicht ganz so eindeutig.

Als weitgehend unproblematisch wird darüber hinaus der Bereich angesehen, in dem der Staat zum Schutz der Gesundheit der Bevölkerung tätig wird. So gibt es Beispiele etwa aus der Seuchenbekämpfung, bei denen zum Teil erhebliche Beeinträchtigungen der Rechte Privater vorgenommen werden, ohne dass eine Pflicht zu Leistung von Entschädigungszahlungen als zwingend erachtet würde. In einem noch aus dem 19. Jahrhundert datierenden Fall wurden Kutschen eines Deutschen von venezolanischen Behörden beschlagnahmt, weil der Verdacht bestand, dass zwei der transportierten Passagiere mit Pocken infiziert waren. Das angerufene Schiedsgericht sah die Maßnahme als von den

---

357 S. *Gudofsky,* Northwestern Journal of International Law & Business, 21 (2000), 243, 289, mwN in Fn. 140.
358 *Brownlie,* S. 511.
359 *Christie,* British Yearbook of International Law, 38 (1962), 307, 324 ff.; *Vagts,* American Journal of International Law, 72 (1978), 17, 22 f., jeweils mit Nachweisen für entsprechende Fälle.

Police Powers Venezuelas gedeckt an.[360] Eine weitere, oftmals unter die Police Powers subsumierte Fallgruppe betrifft den Schutz vor Tierseuchen.[361] Bei dem Versuch, die Verbreitung von Tierseuchen einzudämmen, werden nicht nur Verkaufsverbote verhängt, die bereits einschneidende finanzielle Auswirkungen auf Züchter und Landwirte haben können. Immer wieder wird daneben auch die Tötung großer Viehbestände angeordnet, eine Maßnahme, die die weitere Ausbreitung der Tierseuche verhindern soll und dabei die wirtschaftliche Grundlage des Betroffenen erheblich trifft. Damit soll eine Ausbreitung der Tierseuche verhindert werden. Häufig werden von solchen Maßnahmen auch bislang nicht befallene Herden und Bestände erfasst, sofern sie in einem besonders gefährdeten Gebiet liegen. Ob bei derartigen Maßnahmen Entschädigungsleistungen gezahlt werden, lässt sich nicht einheitlich beurteilen. Die deutsche Rechtslage etwa sieht in den §§ 66 ff. des Tierseuchengesetzes vor, dass betroffene Eigentümer mithilfe pauschaler Summen pro getöteten Tier schadlos gestellt werden sollen.[362] Eine Studie der IBRD in Zusammenarbeit mit der Organisation Mondiale de la Santé Animale führt daneben zahlreiche weitere Entschädigungsregimes in den verschiedensten Ländern auf.[363] Entschädigungsleistungen in diesem Bereich sind jedoch zum einen kein „echter" Schadensersatz, da zumeist nicht der volle Wert eines Tieres ersetzt wird. In den meisten Rechtsordnungen wird – wie im deutschen Recht – mit Pauschalbeträgen gearbeitet. Zum anderen wird auch in der erwähnten Studie ausdrücklich klargestellt, dass die Geldzahlungen gerade nicht aufgrund einer Opferrolle des Tierhalters gegenüber dem allgemeinen gesellschaftlichen Wohl geleistet werden.[364] Vielmehr hat sich gezeigt, dass Seuchenbekämpfung insgesamt deutlich effektiver stattfinden kann, wenn Tierhalter, auf deren Mitwirkung derartige

---

360 Bischoff Fall, in *Ralston,* Venezuelan Arbitrations of 1903, S. 581.

361 *Newcombe,* ICSID Review – Foreign Investment Law Journal, 20 (2005), 1, 33; *Dolzer,* N.Y.U. Environmental Law Journal, 11 (2002), 64, 80.

362 In Deutschland existieren in jedem Bundesland Tierseuchenkassen, die derartige Entschädigungsleistungen durch Beiträge von Tierhaltern und mithilfe öffentlicher Mittel finanzieren,
s. http://www.landwirtschaftskammer.de/fachangebot/tierseuchenkasse/index.htm
(zuletzt am 1. März 2013 abgerufen).

363 IBRD (in Zusammenarbeit mit der Organisation Mondiale de la Santé Animale), Enhancing Control of Highly Pathogenic Avian Influenza in Developing Countries through Compensation, 2006, abrufbar unter
http://www.ifpri.org/sites/default/files/publications/HPAIExecSumEn_Final.pdf, dort S. 49 ff. (zuletzt am 1. März 2013 abgerufen).

364 Dafür spricht auch das deutsche Modell der Mischfinanzierung, das hinsichtlich der von Tierhaltern zu leistenden Beiträge (gemessen am Tierbestand) versicherungsähnlichen Charakter aufweist.

Programme angewiesen sind, frühzeitig und von sich aus aktiv werden. Eine solche Haltung wird durch die Zahlung von Entschädigungsleistungen gefördert werden.[365] Damit unterfällt die Tierseuchenbekämpfung wohl letztlich nicht den Police Powers.

In der völkerrechtlichen Literatur finden sich daneben gerade in jüngerer Zeit vermehrt Stimmen, die auch die Belange des Umweltschutzes unter die Police-Powers-Ausnahme fassen wollen. Die folgende Darstellung bezieht sich zunächst auf deren Ausführungen. Inwiefern auch die völkerrechtliche Rechtsprechung diesem Ansatz folgt, soll nachfolgend noch untersucht werden. Methodisch nicht ganz sauber, findet bei den wenigsten Vertretern in der Literatur eine Auseinandersetzung statt, warum der Umweltschutz ebenfalls unter die Police Powers gefasst werden soll. Zumeist wird er einfach und wie selbstverständlich als einer der Bereiche genannt, die unter die Police-Powers-Ausnahme zählen. Ausgehend von einer leicht unterschiedlichen Definition des Konzeptes, die sich ebenfalls im Black's Law Dictionary findet[366], heißt es etwa bei *Mann* und *von Moltke,* dass

> This definition would seem, with some degree of certainty, to include environmental regulation, and hence exclude such regulation from being compensable.[367]

In den hierauf folgenden Passagen bemühen sich die Autoren darum, diese These anhand anderer Kommentatoren in der Literatur sowie der Stellungnahme Kanadas im Rechtsstreit *Ethyl*[368] zu belegen. Die Arbeit von *Mann* und *von Moltke* richtet ihren Fokus allein auf die Regelungen des NAFTA. Nach der Auswertung verschiedener Quellen bezogen auf dieses Regelwerk gelangen sie zu dem Schluss, dass es entgegen ihrer anfänglichen Annahme doch ungewiss

---

365 Auf S. 2 des Berichts der IBRD (Fn. 363) heißt es dazu:
"It is tempting to mix the issue of compensation for disease control purposes with a host of issues beyond disease control. It can be argued that there is a moral obligation of states to compensate for private property destroyed in the public good, where the destroyed property is a legally held and productive asset, especially in the case of very poor people."

366 Die Autoren beziehen sich dabei auf eine Passage in der 6. Aufl. des Wörterbuchs: "The power of the state to place restraints on the personal freedom and property rights of persons for the protection of the public safety, health, and morals, or the promotion of the public convenience and general prosperity. The police power is the exercise of the sovereign right of a government to promote order, safety, security, health, morals and general welfare within the constitutional limits and is an essential attribute of government." Black's Law Dictionary, 6. Aufl., 1990, „police powers". *Mann* und *von Moltke* erläutern dazu, dass diese Passage zwar stark an das amerikanische Recht angelehnt sei, nichtsdestotrotz aber ebenso im Völkerrecht gelte.

367 *Mann/von Moltke,* NAFTA's Chapter 11 and the Environment, S. 40.

368 Eingehend s. unten S.135.

sei, ob die Police-Powers-Ausnahme auch den Bereich des Umweltschutzes umfasse. Diesen Schluss übertragen *Mann* und *von Moltke* sodann auf das gesamte Völkerrecht:

> These factors all contribute to a state of uncertainty under general international law over the current scope of the police powers carve-out from the notion of expropriation.[369]

Es steht jedoch außer Frage, dass die Autoren es für wünschenswert halten, Maßnahmen des Umweltschutzes unter diese Ausnahme zu fassen. Obwohl also *Mann* und *von Moltke* eine gewisse Skepsis hinsichtlich der allgemeinen Anerkennung einer umweltrechtlichen Police-Powers-Ausnahme anzumerken ist, dienen sie als Referenz für zahlreiche weitere Autoren. *Dhooge* etwa bezieht sich eingangs zur Definition der Police Powers auf die zitierte Passage des Black's Law Dictionary und kommt unmittelbar anschließend zu dem Schluss:

> Environmental regulation, with its emphasis upon the health, safety, and general welfare of the populace, clearly falls within the parameters of the police powers.[370]

Diese Passage belegt er mit einem Verweis auf die soeben vorgestellte Arbeit von *Mann* und *von Moltke*. Unter Rückgriff auf einen Ausspruch des Iran-U.S. Claims Schiedsgerichts in dem Fall *Sedco*, es bestünde „an accepted principle of international law that a State is not liable for economic injury which is a consequence on bona fide ‚regulation' within the accepted police powers of states"[371], argumentiert *Wagner* ähnlich. Er schließt aus der zitierten Passage von *Mann* und *von Moltke*:

> Thus, anti-trust, consumer protection, securities, environmental protection, land planning and other legislation, are non-compensable takings. These regulations are regarded as essential to the efficient functioning of the state.[372]

Wagner bezieht sich hierfür des Weiteren auf eine Arbeit von *Sornarajah*, der ebenfalls für die Einbeziehung des Umweltschutzes unter die Police Powers eines Staates streitet. *Sornarajah* meint:

> Obviously, infringements of property rights in controlling hazardous or environmentally sound use of property [...] are regulatory takings that require no compensation.[373]

---

369 *Mann/von Moltke,* NAFTA's Chapter 11 and the Environment, S. 45.

370 *Dhooge,* Mexican Business Law Journal, 38 (2001), 475, 525.

371 Sedco, Inc. v. National Iranian Oil Company, Interlocutory Award vom 28. Oktober 1985, Iran-United States Claims Tribunal Reports, 9, 248.

372 *Wagner,* Golden Gate University Law Review, 29 (1999), 465, 515 f.

373 *Sornarajah,* The International Law on Foreign Investment, S. 370 f.

Leider wird für diese für offensichtlich gehaltene Aussage keine weitere Begründung angeführt. In der Passage zuvor grenzt *Sornarajah* sich lediglich von der seiner Ansicht nach zu eigentümerfreundlichen Linie im US-amerikanischen Enteignungsrecht ab und konstatiert, dass diese aufgrund der zuvor von ihm aufgezeigten Unterschiede hinsichtlich des Eigentumsbegriffs weltweit nicht mehrheitsfähig sein dürfte. *Soloway* wiederum nennt für ihre Ansicht ausdrücklich die Überlegung, dass einem Staat zur Regelung seiner Angelegenheiten ausreichend Spielraum ohne finanzielle Belastungen für Entschädigungsleistungen verbleiben muss.[374] Weiterhin stellt sie fest, dass grundsätzlich jede Art von Regelung Auswirkungen auf die wirtschaftliche Stellung von Unternehmen und Privaten habe und nennt hierfür einige Beispiele. Neben Maßnahmen des Steuer- und Bodenrechts führt sie auch Regelungen zum Schutz der Umwelt an. *Soloway* schließt daraus, dass

> it would be implausible to assert that these types of measures require compensation on the part of the government, as these are matters within the regulatory powers of the government. [...] The powers of governments to impose regulation is also referred to as the "police power" or "eminent domain".[375]

Auch *Soloway* nennt Maßnahmen, die dem Umweltschutz dienen, in einem Atemzug mit weiteren, seit Langem anerkannten Fallgruppen der PolicePowers-Ausnahme. Wenn sie allerdings den Begriff „eminent domain" synonym mit dem der Police Powers verwendet, ist Vorsicht geboten. Dem angloamerikanischen Sprachgebrauch zufolge ist mit dem Terminus „eminent domain" das grundsätzliche Recht eines Staates zu enteignendem Handeln verbunden, jedoch zumeist eingeschränkt durch Voraussetzungen wie die Pflicht zur Leistung von Entschädigungszahlungen.[376]

Die Argumentation derjenigen Autoren, die die Belange des Umweltschutzes unter die Police Powers eines Staates fassen wollen, lassen sich in zweifacher Hinsicht zusammenfassen. Zum einen wird der Umweltschutz schlicht mit in die Reihe der traditionell anerkannten Fallgruppen aufgenommen, ohne dass dies weiter begründet würde. Dabei wird allenfalls darauf verwiesen, dass es sich beim Umweltschutz, wie auch in den anderen Fällen, um Bereiche handelt, in denen einem Staat ein gewisser Handlungsspielraum verbleiben muss, in dem er regulativ tätig werden können muss, ohne sich prohibitiv hohen Forderungen nach Kompensationsleistungen ausgesetzt zu sehen. Zum anderen findet sich das Argument, dass der Umweltschutz aufgrund seiner Zielsetzung,

---

374 *Soloway,* Canadian Business Law Journal, 33 (2000), 92, 102.
375 Ebenda.
376 Black's Law Dictionary, 8. Aufl. 2004, „eminent domain".

der Gesundheit auch des Menschen zu dienen, unter die Police-Powers-Fallgruppe des Gesundheitsschutzes zu subsumieren ist.

Auch wenn also festgestellt werden muss, dass es (noch) keinen allgemein anerkannten und zweifelsfreien Konsens über die Aufnahme des Umweltschutzes unter die Police Powers gibt, spricht nach hier vertretener Ansicht viel dafür, genau dies zu tun. Die Bedeutung des Umweltschutzes ist auch im internationalen Kontext in den vergangenen Jahren immer eindringlicher anerkannt worden. Ihn dennoch nicht unter die Police Powers zu fassen, gefährdet eine effektive Durchsetzung des Umweltschutzes.

2. Einordnung

Die Diskussionen um die Police-Powers-Lehre und die dabei vertretenen Ansichten sind teilweise sehr verwirrend und unüberschaubar. Das mag daran liegen, dass zwar generelle Einigkeit darüber zu bestehen scheint, dass einem Staat der dargestellte Freiraum verbleiben soll, jedoch völlig unklar ist, wie dies dogmatisch zu geschehen hat. Es bestehen zwei Möglichkeiten. Entweder kann argumentiert werden, dass schon gar keine Enteignung vorliegt, wenn eine Maßnahme im Rahmen der Police Powers erlassen wird. Oder man ordnet eine solche Maßnahme zwar formal als Enteignung ein, lässt dann aber die Entschädigungspflicht entfallen, die ansonsten grundsätzlich von einer Enteignung ausgelöst wird. Weder im Schrifttum noch in der Rechtsprechung finden sich eindeutige Aussagen dazu, welche der beiden Einordnungen favorisiert wird. Vielmehr finden sich für beide Ansichten Vertreter.[377] Die Mehrzahl der Autoren nimmt allerdings überhaupt nicht Stellung zu dieser Frage. Der Wortlaut der meisten Enteignungsvorschriften ließe sich eher noch für die Auslegung heranziehen, dass es sich schon gar nicht um eine Enteignung handele. Im Text finden sich keinerlei Einschränkungen oder Andeutungen für die Police-Powers-Ausnahme, nirgendwo ist geregelt, dass im Fall, dass diese Ausnahme eingreift,

---

377 Als enteignend, aber nicht entschädigungspflichtig sieht beispielsweise *Gudofsky* eine den Police Powers unterfallende Maßnahme an:
"The police power exception does not deny either the existence of a taking or an injury. Rather, it is grounded in the belief that certain goals are so important for advancing public welfare that the general rule requiring compensation must be set aside [...]."
Gudofsky, Northwestern Journal of International Law & Business, 21 (2000), 243, 289.
Herz, American Journal of International Law, 35 (1941), 243, 252, dagegen scheint dafür zu argumentieren, dass schon gar keine Enteignung vorliege:
"[i]nterference with foreign property in the exercise of police power is not considered expropriation."

keine Entschädigung zu leisten ist. Daher erscheint es argumentativ einfacher, sich auf den Standpunkt zu stellen, dass in einem solchen Fall der Tatbestand einer Enteignungsvorschrift erst gar nicht eröffnet ist.

In der Praxis dürfte sich jedoch kaum ein Unterschied feststellen lassen. In beiden Situationen hat der Investor einen Schaden erlitten, denn in seine Investition ist derart weitgehend eingegriffen worden, dass sich die Maßnahme – ungeachtet ihres Motivs – als Enteignung darstellt.[378] Und in beiden Varianten erhält er keine Entschädigungsleistung, sondern muss den Verlust alleine tragen. Bei genauerem Hinsehen kann die Frage auch vom theoretischen Standpunkt betrachtet letztlich offenbleiben. Relevanz besäße sie nur, wenn von der dogmatischen Einordnung unterschiedliche Rechtsfolgen abhingen, etwa wenn sich nachträglich herausstellte, dass die Maßnahme doch nicht unter die Police-Powers-Ausnahme fällt. Beide Varianten würden in einem solchen Fall jedoch zum gleichen Ergebnis führen. In dem Szenario, in dem die Maßnahme erst gar nicht als Enteignung qualifiziert wurde, würde sie mangels Tätigwerden aufgrund der Police Powers nunmehr als Enteignung gelten müssen. Im zweiten Fall, in dem zwar eine Enteignung bejaht, die Entschädigungspflicht jedoch ausgeschlossen wird, würde genau diese wieder eingreifen. Beides Mal wäre also wieder eine Pflicht des Staates zur Entschädigung gegeben.

Ein weiterer Punkt macht die Diskussion um die Police-Powers-Lehre unübersichtlich. Es wurde schon erwähnt, dass die Police-Powers-Lehre auch unter dem Namen „regulatory takings" geführt wird. Beleuchtet man die zahlreichen Abhandlungen zu diesem Thema näher, wird deutlich, dass im Ergebnis das Gleiche gemeint sein dürfte, die Ausgangsbasis jedoch jeweils eine andere ist. Referenz für viele der Autoren, die sich mit „regulatory takings" beschäftigen, ist der „comment g", § 712 des „Third Restatement of the Law". Dort heißt es:

> A state is not responsible for loss of property or for any other economic disadvantage resulting from bona fide general taxation, *regulation* [...], or other action of the kind that is commonly accepted as within the police powers of a state, [...]. As under United States constitutional law, the line between "taking" and regulation is sometimes uncertain.[379]

Hier wird zwischen einer Enteignung und einer „regulation" unterschieden und festgestellt, dass die Trennlinie zwischen beidem oftmals unscharf sei. Zudem wird davon gesprochen, dass es sich um eine „regulation [...] within the police powers of a state" handeln müsse, sodass alternativ argumentiert werden könnte, dass es sich um zwei verschiedene Rechtsinstitute handelte. Wenn also konstatiert wird, dass die Trennlinie zwischen „taking" und „regulation"

---

378 S. dazu die Darstellung oben S. 59.
379 Hervorhebung nicht im Original.

manchmal unklar sei, liegt der Gedanke nahe, dass beide Institute grundlegend anders zu behandeln seien. Man könnte vertreten, dass, sofern eine staatliche Maßnahme unter einen der Begriffe zu subsumieren ist, notwendigerweise der zweite Tatbestand nicht mehr erfüllt sein könne. Entweder liegt danach eine Enteignung vor, oder es handelt sich um eine „regulation", die sich im Rahmen der Police Powers hält. Der Schwachpunkt eines solchen engen Verständnisses liegt auf der Hand. Staaten müssten nur sämtliche enteignenden Maßnahmen in Form von „regulations" erlassen und könnten so Entschädigungsforderungen vorbeugen. Tatsächlich ist dieses Argument von Kanada in einem Verfahren unter dem NAFTA vertreten worden. In der Sache *Pope & Talbot* trägt Kanada in seiner Erwiderung auf die Ausführungen des amerikanischen Investors vor, „the exercise of a state of its regulatory powers does not amount to expropriation"[380]. Das Schiedsgericht ist diesem Versuch entschieden entgegengetreten und führte unter Berufung auf das dritte Restatement aus:

> [...] the Tribunal believes that Canada's formulation goes too far. Regulations can indeed be exercised in a way that would constitute creeping expropriation: [...] Indeed, much creeping expropriation could be conducted by regulation and a blanket exception for regulatory measures would create a gaping loophole in international protections against expropriation.[381]

Richtigerweise hat auch *Higgins* argumentiert, dass es keinen Unterschied machen könne, in welcher Form ein Staat tätig wird:

> [i]s not the State in both cases (that is, either by taking for a public purpose, or by regulation) purporting to act in the common good? And in each case has the owner not suffered loss? Under international law standards, a regulation that amounted (by virtue of its scope and effect) to a taking, would need to be "for a public purpose" (in the sense of in the general, rather than for a private interest). And just compensation would be due.[382]

Auch im Zusammenhang mit „regulatory takings" lautet also die entscheidende Fragestellung nicht, in welcher Form eine Enteignung erfolgt, sondern welchen Effekt sie hat. Dabei können auch im Rahmen einer enteignenden Regelung entschädigungslos nur solche Ziele des Allgemeinwohls verfolgt werden, die unter die Police Powers fallen. Alle anderen, weniger „wichtigen" Regelungszwecke dürfen zwar auch zur Enteignung von Privaten führen, ziehen jedoch die Pflicht zu einer Entschädigungsleistung nach sich, unabhängig davon, welche Form sie annehmen.

---

380 Pope & Talbot v. Canada, Respondent's Counter Memorial First Phase, 29. März 2000, Rn. 413.

381 Pope & Talbot v. Canada, Interim Award, 26. Juni 2000, Rn. 99.

382 *Higgins,* Recueil des Cours, 176 (1982), 259, 331.

3. Kritik – Fokus auf den Effekt

Der Ansatz der Police Powers ist nicht unwidersprochen geblieben ist. Es gibt Stimmen, die sich schon grundsätzlich nicht für das Motiv einer enteignenden Maßnahme interessieren und keinen Grund sehen, sich über die allgemeine Voraussetzung hinaus, dass eine rechtmäßige Enteignung aufgrund eines öffentlichen Zwecks erfolgen muss, hinaus mit der Intention des handelnden Staates zu befassen. Wie schon gezeigt, ist die Voraussetzung des Allgemeinwohls in der Regel ohne Weiteres erfüllt und wird nicht infrage gestellt.[383] Für Vertreter dieser Ansicht ist für die Bejahung einer Enteignung allein entscheidend, ob die fragliche Maßnahme die erforderliche Eingriffsintensität entfaltet, während das die öffentliche Hand anhaltende Motiv als gänzlich irrelevant eingestuft wird. Diese Ansicht wird oftmals mit dem Schlagwort der „Effects-Doctrin" bezeichnet, da allein die Wirkung der staatlichen Maßnahme losgelöst von deren Motivation untersucht wird. Eine Begründung für das gänzliche Außerachtlassen staatlicher Motive wird nicht gegeben. Eine Auseinandersetzung etwa mit der Bedeutung der staatlicherseits als schützenswert aufgeführten Rechtsgüter erfolgt nicht. Das folgende Zitat zeigt dies exemplarisch:

> While an expropriation or taking for environmental reasons may be classified as a taking for a public purpose, and thus may be legitimate, *the fact that the Property was taken for this reason does not affect either the nature or the measure of the compensation to be paid for the taking.* That is, the purpose of protecting the environment for which the Property was taken does not alter the legal character of the taking for which adequate compensation must be paid. The international source of the obligation to protect the environment makes no difference.[384]

Die Stelle zeigt, dass die Schiedsrichter den umweltschützenden Hintergrund der Maßnahme zwar sehen und ihr deshalb zuerkennen, dass es sich um eine rechtmäßige Enteignung handelt (da sie somit dem Allgemeinwohl dient). Dennoch wird ohne weitere Begründung in Abrede gestellt, dass der umweltschützende Charakter etwas an der Tatsache ändern könne, dass auch eine Entschädigung zu zahlen sei.[385] Es hat den Anschein, als ob hier außer dem Investitionsschutz

---

383 S. die Ausführungen auf S. 80.

384 Compañia del Desarrollo de Santa Elena, S.A. and the Republic of Costa Rica, ICSID Fall Nr. ARB/96/1, Final Award vom 17. Februar 2000, Rn. 71. Hervorhebung nicht im Original.

385 Dies hat vor dem Hintergrund des Streits eine besondere Bedeutung. Der Fall ist ein Beispiel für die praktische Bedeutung des „Helms Amendment", nach dem amerikanische Entwicklungshilfe an Länder zurückgehalten werden muss, die amerikanische Bürger enteignet haben. Das Gleiche gilt für die Erteilung der

keine anderen Aspekte gelten und der Umweltschutz trotz seiner zunehmenden rechtlichen Bedeutung als ein gänzlich anderes Gebiet angesehen wird, das keinerlei Auswirkungen auf den zu entscheidenden Investitionskonflikt haben kann.

amerikanischen Zustimmung zur Auszahlung von Mitteln internationaler Institutionen, vgl. die Ausführungen in Rn. 24 f. des Schiedsspruchs.

2. Kapitel: Der Konflikt zwischen Investitionsschutz und Umweltschutz

Die Lehre von den Police Powers scheint somit in der Lage zu sein, einen Anhaltspunkt zur Auflösung des Spannungsfeldes zwischen Investitions- und Umweltschutz zu bieten. Doch konnten sich die Stimmen in der rechtswissenschaftlichen Literatur, die eine Anwendung der Lehre auch auf umweltschützende Sachverhalte verlangen, auch in der vertraglichen und schiedsgerichtlichen Praxis durchsetzen? Das folgende Kapitel geht dieser Frage nach. Dafür wird zunächst untersucht, inwieweit investitionsschützende Vertragswerke überhaupt Handlungsspielräume für regelungswillige Regierungen vorhalten. Des Weiteren soll beleuchtet werden, ob die spezielle Rolle des Umweltschutzes in Investitionsverträgen widergespiegelt wird. Schließlich werden einige Fälle aus den in den vergangenen Jahren immer zahlreicher werdenden Gerichts- und Schiedsgerichtsentscheidungen vorgestellt und auf diese Fragestellung hin untersucht.

I. Handlungsspielraum für enteignende Regelungen in Investitionsinstrumenten

In Artikel 38 des IGH-Statuts ist die Bedeutung der Lehre für die Herausbildung und Entwicklung völkerrechtlicher Standards anerkannt. Um jedoch der Idee der Police Powers auch in der Staatenpraxis zur Anwendung und weiterer Verbreitung zu verhelfen, ist entscheidend, dass auch die Akteure des Völkerrechts – also die Staaten – zu der Frage Stellung nehmen, ob und in welchem Rahmen sie Belange des Allgemeinwohls zu denen des Investitionsschutzes in Beziehung setzen. Fänden sich in völkerrechtlichen Instrumenten keine Regelungen hierzu, wäre man allein auf Ausführungen in der völkerrechtlichen Rechtsprechung angewiesen, die dann mangels vertraglicher Fixierung allein auf allgemeine Grundsätze des Völkerrechts und eben jene Meinungen in völkerrechtlichen Schrifttum zurückgreifen müsste. Dieser Weg wäre jedoch nicht nur aufwendig, sondern auch immer sehr auf den Einzelfall bezogen. Bis zum Abschluss eines gerichtlichen oder schiedsgerichtlichen Verfahrens würde Unsicherheit darüber herrschen, wie die Frage der Police Powers in der konkreten Enteignungssituation unter Berücksichtigung sämtlicher Besonderheiten des Einzelfalls behandelt würde. Auch vor dem Hintergrund, dass der Umweltschutz wie dargestellt noch nicht widerspruchslos und zweifelsfrei unter die Police-Powers-

Ausnahme gefasst wird, wäre es wünschenswert, dessen Bedeutung schon möglichst frühzeitig in Betracht zu ziehen.

Würden Belange des Umweltschutzes oder ähnlich schützenswerter Güter schon in den Text von Investitionsschutzverträgen aufgenommen, könnte erreicht werden, dass sie im Streitfall zumindest angesprochen und so in das Prüfprogramm des beurteilenden Richters oder Schiedsrichters Eingang finden müssten. Weitergehend wäre natürlich eine eindeutige Regelung zur Vorrangfrage wünschenswert. In einem solchen Fall würde es nicht genügen, den Umweltschutz in der Prüfung lediglich anzusprechen, eine eindeutige Stellungnahme und erhöhter Begründungsaufwand für Fälle, in denen entgegen dem wie auch immer ausgestalteten Vorrang entschieden werden soll, wären vonnöten. Hierfür ist eine Vielzahl von Regelungstechniken denkbar.

Nationale umweltschützende Maßnahmen werden in der Praxis am häufigsten anhand allgemeingültiger Regelungen wie Gesetzen oder Verordnungen umgesetzt. Einzelanordnungen sind dagegen nur äußerst selten zu beobachten, zumal diese vom enteignungsrechtlichen Standpunkt schneller als allgemeine Regelungen in den Verdacht geraten, diskriminierend und damit enteignend zu sein. Wird jedoch ein Gesetz oder eine sonstige Vorschrift abstrakt-generellen Charakters erlassen, stellt sich die Frage viel drängender, ob damit eine Enteignung indirekter Art bewirkt wird. Dies umso mehr, wenn mit der Regelung ein gesellschaftspolitisch hoch angesehenes Ziel, wie etwa der Umweltschutz, verwirklicht werden soll. Demnach sollte versucht werden, im Rahmen von Investitionsschutzverträgen diese Fallgestaltung aufzunehmen und vorherzusehen. Somit stellt sich die Frage, ob investitionsschützende Instrumente auch jenseits der grauen Theorie Ausnahmen für derartige Maßnahmen vorsehen oder sie auf andere Weise die Notwendigkeit zu deren Ergreifung anerkennen. Finden sich Anhaltspunkte im Vertragstext, wie mit der Fragestellung und der Notwendigkeit zum Erlass möglicherweise enteignender Regelungen umgegangen werden soll? Unberücksichtigt bleiben soll an dieser Stelle die schon dargestellte allgemeine Anforderung, dass eine Enteignung einem Zweck des Allgemeinwohls dienen muss. Allein die Frage, ob Investitionsinstrumente die Notwendigkeit zu regulativem Eingreifen ohne Entschädigungsfolge anerkennen, soll hier untersucht werden.

1. Verträge ohne Handlungsspielraum in der Enteignungsvorschrift

Zunächst können viele Modellverträge für BITs, so jene von Schweden, Frankreich und Großbritannien, als Beispiel für Enteignungsvorschriften herangezogen werden, für die der Zweck der enteignenden Maßnahme nicht relevant ist.[386] Typischerweise wird alleine auf den Effekt der fraglichen Maßnahme abgestellt. Als Textbeispiel kann der 2006 zwischen Großbritannien und Mexiko abgeschlossene BIT in seinem Artikel 7 herangezogen werden:

> Investments of investors of either Contracting Party shall not be nationalised or expropriated, either directly or indirectly through measures having effect equivalent to nationalisation or expropriation ("expropriation") in the territory of the other Contracting Party except for a public purpose on a non-discriminatory basis, in accordance with due process of law and against compensation.[387]

Auch die Leitlinien der Weltbank von 1992[388] und der ECT, der 1994 unterzeichnet wurde, sowie Artikel 1110 des NAFTA folgen diesem Beispiel und stellen allein auf den Effekt der Maßnahme ab.

2. Instrumente mit Handlungsspielraum hinsichtlich allgemeiner Zwecke in der Enteignungsvorschrift

Beispiele, die dagegen explizit einen Regelungsspielraum vorsehen, sind die EMRK, die Harvard Draft Convention, das Third Restatement sowie der MAI-Vertragsentwurf. Die EMRK behandelt die Eigentumsgarantie in Artikel 1 ihres ersten Zusatzprotokolls von 1952, in dem es heißt:

> 1. Jede natürliche oder juristische Person hat ein Recht auf Achtung ihres Eigentums. Niemandem darf sein Eigentum entzogen werden, es sei denn, dass das

---

386 Agreement between the Government of the Kingdom of Sweden and the Goverment of ___ on the Promotion and Reciprocal Protection of Investments, Artikel 4, Stand Mai 2002, abgedruckt in *UNCTAD,* International Investment Instruments, A Compendium, Volume IX, S. 309 ff.; Accord entre le Gouvernement de la République Française et le Gouvernement de ___ sur l'Encouragement et la Protection reciproques des Investissements Artikel 6, abgedruckt in *UNCTAD,* International Investment Instruments, A Compendium, Volume V, S. 283 ff.; Agreement between the Government of the United Kingdom of Great Britain and Northern Ireland and the Government of ___ for the Promotion and Protection of Investments, Artikel 5, Stand Juni 1991, abgedruckt in *UNCTAD,* International Investment Instruments, A Compendium, Volume III, S. 185 ff.

387 Agreement between the Government of the United Kingdom of Great Britain and Northern Ireland and the Government of the United Mexican States for the Promotion and Reciprocal Protection of Investments, unterzeichnet am 12. Mai 2006, abrufbar unter http://www.sice.oas.org/Investment/BITSbyCountry/BITs/MEX_UK_e.asp (zuletzt am 1. März 2013 abgerufen).

388 Guidelines on the Treatment of Foreign Direct Investment, Artikel IV Abs. 1, The World Bank 1992.

öffentliche Interesse es verlangt, und nur unter den durch Gesetz und durch die allgemeinen Grundsätze des Völkerrechts vorgesehenen Bedingungen.

2. Die vorstehenden Bestimmungen beeinträchtigen jedoch in keiner Weise das Recht des Staates, diejenigen Gesetze anzuwenden, die er für die Regelung der Benutzung des Eigentums in Übereinstimmung mit dem Allgemeininteresse oder zur Sicherung der Zahlung der Steuern, sonstiger Abgaben oder von Geldstrafen für erforderlich hält.

Die 1961 von *Sohn* und *Baxter* vorgestellte „Harvard Draft Convention on the International Responsibility of States for Injuries to Aliens", ein den Stand des damaligen Konsenses abbildender, rechtlich unverbindlicher Text, sieht in ihrem Artikel 10 Abs. 5 vor, dass bestimmte, eng umrissenen Zwecken dienende, entschädigungslose Enteignungen nicht rechtswidrig seien.[389] In eine ähnliche Richtung weist die Kommentierung zum § 712 des Third Restatement, in der nach der Feststellung, dass ein Staat auch für indirekte Enteignungen zur Verantwortung gezogen werden kann, Folgendes ausgeführt wird:

A State is not responsible for loss of property or for other economic disadvantage resulting from bona fide general taxation, regulation, forfeiture for crime, or other action of the kind that is commonly accepted within the police power of states, if it is not discriminatory, [...].[390]

Bei den Verhandlungen zum MAI einigte man sich für den Text des Vertrages selbst auf einen weitgehend Artikel 1110 des NAFTA entsprechenden Wortlaut, nahm aber in dem die (gescheiterten) Vertragsverhandlungen abschließenden „Report by the Chairman of the Negotiating Group" eine Vorschrift auf, die explizit auf den Handlungsspielraum zur Ergreifung von Maßnahmen auf dem Bereich der Gesundheit, der Sicherheit und der Umwelt verwies.[391] In einer Fußnote zur Enteignungsvorschrift wird klargestellt:

This Article [intends] to incorporate into the MAI existing international legal norms. The reference to expropriation or nationalisation and "measures tantamount to expropriation or nationalization" reflects the fact that international law requires com-

---

389 S. Fn. 164, Artikel 10 Abs. 5 lautet:
     "An uncompensated taking of property of an alien or a deprivation of the use or enjoyment of property of an alien which results from the execution of tax laws; from a general change in the value of currency; from the action of the competent authorities of the State in the maintenance of public order, health or morality; or from the valid exercise of belligerent rights or otherwise incidental to the normal operation of the laws of the State shall not be considered wrongful, provided [...]."
390 S. Fn. 158, comment g.
391 Report of the Chairman to the Negotiating Group, Annex 3 Artikel 3 „Right to Regulate", vom 4. Mai 1998, DAFFE/MAI (98) 17, abrufbar unter http://www1.oecd.org/daf/mai/ (zuletzt am 1. März 2013 abgerufen).

pensation for an expropriatory taking without regard to the label applied to it, even if title to the property is not taken. It does not establish a new requirement that Parties pay compensation for losses which an investor or investment may incur through regulation, revenue raising and other normal activity in the public interest undertaken by governments.[392]

Auch bei neueren Vertragstexten ist die Tendenz erkennbar, einen Regulierungsspielraum für die handelnden Regierungen im Vertragstext selbst oder zumindest in erklärenden Annexen festzuschreiben. So sehen sowohl der Modellvertrag Kanadas als auch der der USA derartige Regelungen vor. Bei beiden Texten ist der Enteignungsvorschrift eine Fußnote beigefügt, in der darauf hingewiesen wird, dass der jeweilige Artikel zum besseren Verständnis mithilfe eines Anhanges auszulegen sei.[393] In dem Modellvertrag Kanadas führt dieser Anhang Folgendes aus:

The Parties confirm their shared understanding that:

a) Indirect expropriation results from a measure or series of measures of a Party that have an effect equivalent to direct expropriation without formal transfer of title or outright seizure;

b) The determination of whether a measure or series of measures of a Party constitute an indirect expropriation requires a case-by-case, fact-based inquiry that considers, among other factors:

i) the economic impact of the measure or series of measures, although the sole fact that a measure or series of measures of a Party has an adverse effect on the economic value of an investment does not establish that an indirect expropriation has occurred;

ii) the extent to which the measure or series of measures interfere with distinct, reasonable investment-backed expectations; and

iii) the character of the measure or series of measures;

c) Except in rare circumstances, such as when a measure or series of measures are so severe in the light of their purpose that they cannot be reasonably viewed as having been adopted and applied in good faith, non-discriminatory measures of a Party that

---

392 Fußnote zu Artikel 5 des Annex 3 des Reports (s. Fn. 391).
393 Treaty between the United States of America and the Government of ___ concerning the Encouragement and Reciprocal Protection of Investment, 2004 Model BIT, Artikel 6, abrufbar unter http://www.state.gov/documents/organization/117601.pdf (zuletzt am 1. März 2013 abgerufen); Agreement between Canada and ___ for the Promotion and Protection of Investment (Model 2004), Artikel 13, abgedruckt in *UNCTAD,* International Investment Instruments, Volume XIV, S. 221.

are designed and applied to protect legitimate public welfare objectives, such as ealth, safety and the environment, do not constitute indirect expropriation.[394]

Der Text des amerikanischen Modellvertrags ist nahezu wortgleich.

Festzuhalten bleibt somit, dass sich gerade die in jüngerer Zeit verabschiedeten Instrumente des aufgezeigten Spannungsfeldes annehmen und es zumindest ansprechen. Damit wird nun auch in der Vertragspraxis eine Entwicklung aufgegriffen, die in der wissenschaftlichen Literatur wie etwa dem Harvard Draft oder dem Restatement schon seit Längerem vertreten war. Zugleich dürfte in dieser Entwicklung eine Reaktion auf die heftige Kritik am „klassischen" Weg zu sehen sein.

II. Umweltschützende Regelungen in Investitionsinstrumenten

Über die soeben dargestellten Ansätze zur Berücksichtigung regulativer Tätigkeiten eines Staates in Investitionsschutzinstrumenten hinaus stellt sich die Frage nach der Ausgestaltung solcher Instrumente konkret bezüglich des Umweltschutzes. Staaten gehen mit der Unterzeichnung und Ratifizierung internationaler Umweltschutzverträge Verpflichtungen ein, die honoriert und gerade in Bereichen, in denen es zu Zielkonflikten kommen kann, effektiv umgesetzt werden müssen. Die Untersuchung zeigt, dass hierfür verschiedene Techniken verwandt werden. Neben allgemein gehaltenen Bezugnahmen auf den Umweltschutz und der sowohl die beteiligten Regierungen als auch die Unternehmen treffenden Verpflichtung zur Verfolgung und Förderung desselben finden sich in vielen Texten Passagen, die dazu dienen sollen, Staaten den für umweltschützende Maßnahmen notwendigen Handlungsspielraum zu erhalten.

1. Umweltschutz als genereller Bezugspunkt

In vielen internationalen Investitionsverträgen sind Ermahnungen zu finden, die auf die allgemeine Pflicht zum Schutz der Umwelt hinweisen. Von den vielfältigen Formen, in denen dies geschieht, soll an dieser Stelle auf die sogenannte Aufzählungsbezugnahme („string reference") eingegangen werden sowie auf die Möglichkeit, den Umweltschutz als Zielvorgabe in die Präambel eines Vertrages

---

394 Annex B.13(1) des kanadischen Modell-BIT von 2004. Hervorhebungen nicht im Original.

aufzunehmen. Auch enthalten viele Instrumente in ihrem operativen Teil die Verpflichtung, Belange des Umweltschutzes zu berücksichtigen.

Ein Beispiel für die Nennung des Umweltschutzes in der Präambel bietet das MAI. Der Text, dessen Formulierung im Einzelnen hoch umstritten blieb, hätte – obschon nicht Bestandteil des operativen Vertrages – erhebliche Auswirkungen bei dessen Interpretation entfalten können.[395] Die Passage lautete unter Einbeziehung sämtlicher Klammerformulierungen:

> Recognizing that investment, as an engine of economic growth can play a key role in ensuring that economic growth is sustainable, when accompanied by appropriate environmental policies to ensure it takes place in an environmentally sound manner and resolving to implement this agreement in accordance with international environmental law and in a manner consistent with sustainable development, as reflected in the Rio Declaration on Environment and Development and Agenda 21, including the protection and preservation of the environment and principles of the polluter pays and the precautionary principle.[396]

Aus den Stellungnahmen und Befürchtungen einzelner Delegationen, die in den Fußnoten zu dieser Passage aufgeführt sind, lassen sich exemplarisch die Schwierigkeiten nachvollziehen, die mit der Ausarbeitung eines solchen Textes einhergehen. Sie reichen von sprachlichen Feinheiten („resolving" oder „desiring" to implement this agreement in accordance [...][397]) bis hin zu Bedenken, der Verweis auf das internationale Umweltrecht und die explizite Nennung einiger Prinzipien führe zu einer Vorrangstellung des Umweltrechts gegenüber dem Investitionsschutz.[398] Andere Delegationen schlugen wiederum völlig andere Formulierungen vor.[399]

Angesichts dieser Bedenken und Vorbehalte ist umso erstaunlicher, wenn sich in einem Vertragstext selbst Bezugnahmen auf umweltrechtliche Belange finden. Im „Treaty Establishing the Latin American Integration Association" werden die beteiligten Staaten in Artikel 14 dazu angehalten, bei dem Abschluss von Vereinbarungen untereinander „among other matters, scientific and

---

395 Nach Artikel 31 Abs. 2 des Wiener Vertragsrechtsübereinkommens ist die Präambel bei der Interpretation eines Vertrages neben seinen Anlagen und dem Vertragswortlaut heranzuziehen.

396 Erwägungspunkt 7 der Präambel des Negotiating Text des Multilateral Agreement on Investment, s.o. Fn. 109.

397 S. Fn. 7 dazu.

398 S. Fn. 8–10 dazu.

399 S. Fn. 10 ff. Eine Delegation schlug vor, in die Präambel eine Passage aufzunehmen, dass umweltrechtliche Vorschriften nicht zu protektionistischen Zwecken missbraucht werden dürften. Zwei andere Delegationen hätten anstelle des vorgestellten Textes eine ausführlichere Darstellung der Interdependenzen von Investitionen und Umweltschutz und eine deutlichere Unterstreichung der Rolle des Umweltschutzes gewünscht.

technological cooperation, tourism promotion and preservation of the environment" in Erwägung zu ziehen.[400] Dies ist ein Beispiel für die „string reference", bei der der Umweltschutz neben anderen Zielen genannt wird. Bedauerlicherweise wurde diese Pflicht hier nicht bindend ausgestaltet, sondern ebenso wie etwa im Cotonou-Vertrag[401] lediglich als Zielvorstellung oder politische Verbindlichkeit formuliert, was durch die Verwendung des Verbs „shall" deutlich wird.[402] Im Cotonou-Abkommen findet sich auch eine weitere, auf spezielle Umweltanliegen eingehende Vorschrift.[403] Wiederum wird das Wort „shall" verwandt, doch macht der systematische Zusammenhang der Norm deutlich, dass die hier einzeln aufgezählten Bereiche des Umweltschutzes oder - managements bei sämtlichen Kooperationen der Parteien in Betracht gezogen werden müssen, so auch, wenn Investitionen in die AKP-Staaten fließen sollen.[404]

Es wird deutlich, dass die dargestellten Vorschriften zwar der Bedeutung des Umweltschutzes Rechnung zu tragen versuchen. Aufgrund ihrer Unverbindlichkeit oder ihres Charakters als reine Zielbestimmung oder Interpretationshilfe sind jedoch Zweifel an ihrer Effektivität angebracht. Nötig wären demnach über bloße Absichtserklärungen oder Auslegungshilfen hinausgehende verpflichtende Regelungen.

---

400 Abgedruckt in *UNCTAD,* International Investment Instruments: A Compendium, Vol. III, S. 51 ff.

401 Der Cotonou-Vertrag löste das Abkommen von Lomé (IV) zwischen den AKP-Staaten und der EU ab. In seinem Artikel 1 „Ziele der Partnerschaft" soll bei den Anstrengungen, die AKP-Staaten durch private Investitionen in die Weltwirtschaft zu integrieren, auf jeder Ebene die Prinzipien der nachhaltigen Handhabung natürlicher Ressourcen und der Umwelt beachtet und angewandt werden. Partnership Agreement between the Members of the Group of African, Caribbean and Pacific States and the European Community and its Member States, ABl. EU L 317 vom 15. Dezember 2000, S. 3–353.

402 Hierzu: *UNCTAD,* IIA Series – Environment, S. 16.

403 Artikel 32 des Cotonou-Abkommens, s.o. Fn. 401. In dieser Vorschrift werden die Vertragsparteien angehalten, bei ihrer Zusammenarbeit auf dem Gebiet des Umweltschutzes und der nachhaltigen und verantwortungsbewussten Nutzung natürlicher Ressourcen bestimmte Ziele im Auge zu behalten.

404 *UNCTAD,* IIA Series – Environment, S. 17.

2. Erhaltung eines Handlungsspielraumes für Umweltmaßnahmen

Dieser Punkt ist gerade vor dem Hintergrund der aufgezeigten Problematik für handlungswillige Regierungen und den ihnen drohenden Folgen in Gestalt gegebenenfalls fälliger Entschädigungszahlungen von großer Bedeutung. In vielen Instrumenten finden sich daher Passagen, die den teilnehmenden Entscheidungsträgern diese Angst nehmen wollen. Dabei wird versucht, Situationen zu antizipieren, in denen der Umweltschutz mit dem weitgehenden Investitionsschutz in Konflikt geraten kann. Ziel dieser Konfliktnormen ist es, den angesprochenen Regierungen Handlungsanweisungen zu geben, die sie vor dem Entstehen von Entschädigungsforderungen bewahren.

Regelungstechnisch wird diese Möglichkeit entweder positiv eingeräumt oder negativ in der Weise formuliert, dass es Regierungen weiterhin unbenommen bleibe, Maßnahmen zum Umweltschutz zu ergreifen. Als Beispiel einer solchen negativen Formulierung kann der NAFTA-Vertrag dienen, der in Artikel 1114 Abs. 1 „Environmental Matters" festschreibt, dass

> Nothing in this Chapter [11 über Investitionen] shall be construed to prevent a Party from adopting, maintaining or enforcing any measure otherwise consistent with this Chapter that it considers appropriate to ensure that investment activity in its territory is undertaken in a manner sensitive to environmental concerns.[405]

Den Parteien wird somit bescheinigt, dass ihrem Regelungswillen nichts im Weg stehen würde, daher die Einordnung als „negative" Formulierung. Vor dem Hintergrund, dass die Enteignungsvorschrift des NAFTA, Artikel 1110, soeben als ein Beispiel von Enteignungsnormen vorgestellt wurde, bei denen es allein auf den Effekt der Maßnahmen ankommt, stellt sich allerdings die Frage nach dem Verhältnis von Artikel 1114 zu Artikel 1110 NAFTA. Welche Bedeutung kommt der Formulierung „otherwise consistent with this chapter" zu? Eine Möglichkeit zur Deutung besteht darin, dass ein Staat die angesprochenen Maßnahmen ergreifen darf und soll, solange sie weder eine Enteignung darstellen noch die sonstigen im 11. Kapitel des NAFTA statuierten Garantien verletzen. Eine solche Befugnis besteht aber ohnehin, sodass es einer Norm wie Artikel 1114 NAFTA nicht bedurft hätte. Auch bislang durften Staaten Regelungen oder Maßnahmen erlassen, gleich welchem Zwecke diese dienten, sofern dabei nicht gegen investitionsschützende Garantien verstoßen wurde. Daher liegt nahe, dass die Vorschrift einen darüber hinausgehenden Regelungsinhalt hat. In der Literatur wird zwar verschiedentlich auf diese Vorschrift hingewiesen, selten wird dabei jedoch Stellung bezogen, worin genau ihre Be-

---

405   Siehe auch den fast gleich lautenden Artikel 1101 Abs. 4 NAFTA.

deutung liegt.[406] Die Entstehungsgeschichte der Vorschrift lässt allerdings erkennen, dass zunächst eine Vorschrift „Allgemeine Ausnahmen" ähnlich dem im Folgenden vorgestellten Artikel XX des GATT geplant war.[407] Erst im Laufe der Verhandlungen einigte man sich auf die geltende Fassung.[408]

Der vom Verhandlungsleiter zum MAI ins Spiel gebrachte Vorschlag zu Umwelt- und Arbeitsstandards kann als Beispiel für eine positiven Fassung dienen. Den Vertragsparteien wird „positiv" bescheinigt, dass sie weiterhin regulativ tätig werden können. Diese Technik erinnert an die „Allgemeinen Ausnahmen" des Artikel XX des „General Agreement on Tariffs and Trade" („GATT"):

> A Contracting Party may adopt, maintain or enforce any measure that it considers appropriate to ensure that investment activity is undertaken in a manner sensitive to

---

406 *Baughen,* Journal of Environmental Law, 13 (2001), 199, 211 f.; *Wagner,* Golden Gate University Law Review, 29 (1999), 465, 478; *Gantz,* The George Washington International Law Review- 33 (2000–2001), 651, 679, 740, 750. Für einen Vorrang spricht sich *Dhooge,* American Business Law Journal, 38 (2001), 475, 543, aus.

407 Die NAFTA-Parteien waren zunächst zurückhaltend, diese Unterlagen allgemein zugänglich zu machen. Inzwischen sind Vertragsentwürfe aus verschiedenen Stadien verfügbar, jedoch zumeist ohne weitergehende Erläuterungen. Die erwähnte „General Exception" findet sich im ersten Entwurf vom 16. Januar 1992 sowie in den darauffolgenden Versionen vom 3. Februar 1992, 21. Februar 1992, 6. März 1992, 3. April 1992 und 15. April 1992. Der Text lautete damals:
"Nothing in this Agreement shall be construed to prevent the adoption or enforcement by any Party of measures:
a) necessary to protect public order, safety or public morals;
b) necessary to protect human, animal or plant life or health or the environment in its territory, or to enforce generally agreed international environmental or conservation rules or standards.
[…]
provided that such measure is:
[…] and
h) is the least trade-restrictive necessary for securing the protection required."
Die unterschiedlichen Versionen sind abrufbar unter
http://www.ustr.gov/archive/Trade_Agreements/Regional/NAFTA/NAFTA_Chapter_1 1_Trilateral_Negtiating_Draft_Texts/Section_Index.html (zuletzt am 1. März 2013 abgerufen).

408 Ab dem Entwurf vom 1. Mai 1992 findet sich die vorgestellte Regelung, die anscheinend von den USA vorgeschlagen wurde. In einer Fußnote zum Entwurf vom 15. Juni 1992 heißt es, dass die Parteien weitere Konsultationen führen müssten, bevor man sich auf diese Vorschrift einigen könnte. Ab dem Entwurf vom 22. Juli 1992 ist vermerkt, dass die Regelung in einer separaten Verhandlungsgruppe diskutiert wird. Ab dem 22. August 1992 enthalten die Entwürfe dann den Text des jetzigen Artikel 1114 Abs. 1 NAFTA ohne jegliche Einschränkung.

health, safety or environmental concerns, provided such measures are consistent with this agreement.[409]

Als Beispiel eines bilateralen Vertrags weist der Modellvertrag von Kanada in seinem Artikel 10 eine ganz ähnliche Formulierung auf.[410]

Auffällig ist, dass die beiden zitierten Texte die jeweiligen Staaten nicht dazu verpflichten, überhaupt umweltschützende Maßnahmen zu ergreifen. Ihnen wird insoweit ein Ermessensspielraum eingeräumt. Weiterhin wird einschränkend die Ausübung regulativer Tätigkeit beide Male davon abhängig gemacht, dass die weiteren Rechtmäßigkeitsvoraussetzungen der Verträge eingehalten werden, insofern besteht Ähnlichkeit mit Artikel 114 NAFTA. Ungeachtet der genauen Bedeutung dieses Vorbehalts darf eine umweltschützende Maßnahme demnach zumindest nicht diskriminierend sein. Die gleichen Voraussetzungen stellt auch das im Zuge der Gründung der Welthandelsorganisation verabschiedete „General Agreement on Trade in Services" („GATS") auf, das in einer seiner vier Anwendungsalternativen auch für Investitionen von Bedeutung ist.[411] Der ECT weist diese Konditionalität zwar nicht auf, dafür ist die hier gewählten Formulierung insgesamt als noch schwächer einzuschätzen[412]:

> In pursuit of sustainable development and taking into account its obligations under those international agreements concerning the environment to which it is party, each Contracting Party shall strive to minimize in an economically efficient manner harmful Environmental Impacts occurring either within or outside its Area from all operations within the Energy Cycle in its Area, taking proper account of safety. In doing so each Contracting Party shall act in a Cost-Effective manner. In its policies and actions each Contracting Party shall strive to take precautionary measures to prevent or minimize environmental degradation. The Contracting Parties agree that the polluter in the Areas of Contracting Parties, should, in principle, bear the cost of pollution, including transboundary pollution, with due regard to the public interest and without distorting Investment in the Energy Cycle or international trade.[413]

Dazu kommt, dass der ECT aufgrund seines eingeschränkten, nur sektoralen Anwendungsbereichs nicht für alle denkbaren Umweltmaßnahmen zum Tragen

---

409 MAI Negotiating Text (s.o. Fn. 109), „Annex: Package of Proposals for Text on Environment and Labour", hier Nr. 3.

410 Agreement Between Canada and ___ For The Promotion And Protection Of Investments, Stand 2004, abrufbar unter http://www.international.gc.ca/tna-nac/documents/2004-FIPA-model-en.pdf (zuletzt am 1. März 2013 abgerufen).

411 Das GATS ist nach Artikel I Abs. 2 c) auch für Auslandsinvestitionen anwendbar. Ähnlich dem GATT kennt das GATS die „Allgemeinen Ausnahmen", hier Artikel XIV.

412 Vgl. *Gantz*, The George Washington International Law Review, 33 (2000–2001), 651, 731.

413 So in Artikel 19 Abs. 1, s. Fn. 198.

kommt, sondern nur für solche Maßnahmen, die für den Energiesektor Relevanz entfalten.

Ein Hierarchieverhältnis zwischen investitions- und umweltschützenden Normen lässt sich den dargestellten Vorschriften nicht entnehmen.[414] Allein im NAFTA gibt es mit Artikel 104 eine Regelung, die sich dieses Aspektes annimmt. Für den Fall, dass sich die Vorschriften des NAFTA und die handelsrelevanten Anordnungen einiger, enumerativ aufgezählter multilateraler Umweltschutzabkommen widersprechen, ist hier festgelegt, dass letztere Vorrang genießen sollen.[415] Ein Staat, der sich zur Verteidigung einer Maßnahme auf Artikel 104 Abs. 1 NAFTA beruft, muss allerdings darlegen, dass er, konfrontiert mit einem solchen Widerspruch, unter mehreren zur Erfüllung des Umweltschutzinstrumentes möglichen Alternativen die mit dem NAFTA am ehesten zu vereinbarende Möglichkeit gewählt hat. Andernfalls wäre diese Maßnahme als unvereinbar mit den von dem NAFTA statuierten Prinzipien rechtswidrig.

3. Umweltstandards in Investitionsförderinstrumenten

Als Reaktion auf den durch NGOs ausgeübten öffentlichen Druck haben multilaterale wie nationale Stellen zur Förderung von Investitionen in den vergangenen Jahren Anstrengungen unternommen, der wachsenden Bedeutung von Umweltbelangen auch in ihren Vergaberichtlinien gerecht zu werden. Dabei handelt es sich zwar nicht um völkervertragliche Regelungen, jedoch bieten sie einen guten Anhaltspunkt, auf welche Weise die Anforderungen des Umweltrechts in praktische Anforderungen im Geschäftsleben umgesetzt werden.

Einrichtungen wie die Multilateral Investment Guarantee Agency (kurz „MIGA") oder die International Finance Corporation (kurz „IFC"), beides Mitglieder der Weltbankgruppe, sind dazu übergegangen, für die Entscheidung über zu fördernde Vorhaben Umweltverträglichkeitsprüfungen, die Vereinbarkeit mit internationalen Mindeststandards und Aufklärung und Konsultation mit der be-

---

414 Ebenso *Brower,* Vanderbilt Journal of Transnational Law, 36 (2003), 37, 41, der davon spricht, dass das Verhältnis der Normen „largely unresolved" sei.

415 Die aufgeführten Abkommen sind das Washingtoner Artenschutzabkommen (CITES), das Montrealer Protokoll vom 16. September 1987 über Stoffe, die zu einem Abbau der Ozonschicht führen, die Basler Konvention über den grenzüberschreitenden Transport gefährlicher Abfälle, ein Ausführungsabkommen dazu zwischen den USA und Kanada sowie ein Kooperationsabkommen zwischen den USA und Mexiko zum Schutz und zur Verbesserung der Umwelt in ihrem Grenzgebiet.

troffenen Öffentlichkeit zu verlangen.[416] Auch regionale Einrichtungen haben Schritte in dieser Richtung unternommen. Im Mai 2006 einigten sich fünf europäische multilaterale Finanzierungsinstitutionen (Council of Europe Development Bank, European Bank for Reconstruction and Development, European Investment Bank, Nordic Environment Finance Corporation und Nordic Investment Bank) auf Betreiben der Generaldirektion Umwelt der Europäischen Kommission auf die „European Principles for the Environment".[417] Sie umfassen die maßgeblichen Umweltschutzprinzipien des EG-Vertrags sowie die durch die EU-Richtlinien im Umweltbereich vorgegebenen Praktiken und Standards. Auch nationale Programme gehen dazu über, die Kredit- oder Garantievergabe für Investitionsvorhaben an umweltspezifische Verhaltensbedingungen zu knüpfen. So sehen die Umwelt- und Sozialleitsätze der Bankengruppe Kreditanstalt für Wiederaufbau unter anderem ein Umweltmanagementsystem bei der Durchführung der Finanzierungsvorhaben vor, wobei ein starkes Gewicht auf Nachhaltigkeit gelegt wird.[418] Die Einzelheiten zur Umsetzung der Leitsätze finden sich in Richtlinien der einzelnen Tochterunternehmen. Die amerikanische Overseas Private Investment Corporation, eine unabhängige Regierungsagentur mit dem Ziel der Förderung privater Investitionen in Enwicklungs- und Reformstaaten, hat ihre Grundsätze in einem Environmental and Social Policy statementzusammengefasst.[419]

Insgesamt lässt sich in dem Bereich der Kredit- und Garantieagenturen ein breites Spektrum an Anknüpfungspunkten für Themen des Umweltschutzes ausmachen. Dabei rekurrieren viele der Instrumente auf die Weltbank-Richtlinien, denen somit eine Vorreiterrolle zukommt.[420]

---

416 So zum Beispiel in den Operational Regulations der MIGA als Annex B. Abrufbar unter http://www.miga.org/miga_documents/Operations-Regulations.pdf (zuletzt am 1. März 2013 abgerufen).

417 Siehe http://www.nib.int/about_nib/environment/environmental_cooperation/epe (zuletzt am 1. März 2013 abgerufen).

418 https://www.kfw-ipex-bank.de/migration/Weiterleitung-zur-Startseite/ Exportfinanzierung/Unternehmen/Gesellschaftliche-Verantwortung/Umwelt-und-Sozialvertr%C3%A4glichkeit/Umwelt-und-Sozialrichtlinie-KfW-IPEX-Bank-GmbH.pdf (zuletzt am 1. März 2013 abgerufen).

419 http://www.opic.gov/sites/default/files/docs/final_environmental_social_policy_ statement.pdf (zuletzt am 1. März 2013 abgerufen).

420 Ausführlich hierzu *Böttger*, Umweltpflichtigkeit, S. 116 f.; *Hunter/Porter*, International Environmental Law and FDI, S. 190 ff.

4. Unternehmen als Adressaten

Unternehmen und damit Private im Rahmen von internationalen Verträgen zu verpflichten ist, wie oben schon erwähnt[421], rechtstechnisch nicht einfach. Ungeachtet der lebhaften rechtswissenschaftlichen Auseinandersetzung dazu gibt es doch Versuche von einigem Gewicht, international tätigen Unternehmen die mit ihrer Marktmacht einhergehende Verantwortung aufzuzeigen.[422] Der Klarstellung halber sei erwähnt, dass es sich dabei nicht um bindende Verträge des Völkerrechts handelt. Die von der OECD entwickelten „Leitsätze für Multinationale Unternehmen" sind das bekannteste Instrument.[423] Sie stellen Empfehlungen für ein verantwortungsvolles unternehmerisches Handeln dar, die die Regierungen der 33 an der OECD beteiligten Staaten an die in ihren Ländern oder von ihren Ländern aus operierenden multinationalen Unternehmen richten. Die Regierungen haben sich dabei zur Förderung dieser Leitsätze, die in regelmäßigen Abständen überarbeitet werden, verpflichtet. Die inzwischen überholten Versionen von 1976 und 1991 enthielten unter der Überschrift „General Policies" ein Musterbeispiel einer „string reference". Danach waren Unternehmen ermahnt,

> [to] give due consideration to [member] countries' aims and priorities with regard to economic and social progress, including industrial and regional development, the protection of the environment and consumer interests, the creation of employment opportunities, the promotion of innovation and the transfer of technology.[424]

Im Zuge der gestiegenen Wichtigkeit von Umweltthemen wurde bei der Revision der Leitsätze im Jahr 2000 die Aufzählungsmethode aufgegeben zugunsten einer spezifischen Erwähnung der Verantwortlichkeit von Unternehmen, „einen Beitrag zum wirtschaftlichen, sozialen und ökologischen Fortschritt im Hinblick auf die angestrebte nachhaltige Entwicklung zu leisten".[425] Auch wenn die Leitsätze keine bindende Wirkung haben, verfügt die revidierte Fassung über einen im Gegensatz zu früheren Fassungen ausgefeilteren

---

421　S. 22, Fn. 44.

422　Eine Übersicht bietet *van Genugten/van Bijsterveld,* Tilburg Foreign Law Review, 7 (1998), 161 ff.

423　OECD Guidelines for Multinational Enterprises, Stand 2000, abgedruckt in *UNCTAD,* International Investment Instruments: A Compendium, Vol. VI, S. 27 ff.

424　Nr. 2 der General Policies, abgedruckt in *UNCTAD,* International Investment Instruments: A Compendium, Vol. II, S. 185 ff.

425　Wiederum unter der Überschrift „ II. General Policies", Guidelines Stand 2000, s.o. Fn. 423.

Implementierungsmechanismus.[426] Andere Instrumente wollten oder wollen die Unternehmen noch weit stärker in die Pflicht nehmen. Der noch in der Entwurfsphase aufgegebene „United Nations Code of Conduct on Transnational Cooperations"[427] oder die von einer Gruppe NGOs verfasste „NGO Charter on Transnational Cooperations"[428] sahen jeweils dezidierte Handlungsanweisungen für Unternehmen vor.

Wie oben bereits erwähnt, haben die Unternehmen erkannt, dass es ihrem Image zumindest nicht schadet, sich selbst Handlungsvorgaben in Form sogenannter „Codes of Conduct" zu geben.[429] Mit diesem Begriff werden die vielen unterschiedlichen Programme, „Verfassungen" und Erklärungen von Unternehmen bezeichnet, mit denen Unternehmen auf freiwilliger Basis festschreiben, welche Ziele sie auf welche Weise erreichen wollen. Inhaltlich wird eine große Bandbreite von Themen behandelt. Sie reicht von Arbeitnehmerrechten bis hin zur Ablehnung von Korruption oder Vorgaben bezüglich des Umweltschutzes. Gemein ist den Kodizes weiterhin, dass ihre Durchsetzung allein vom Engagement des jeweiligen Unternehmens abhängt. Aus diesem Grund ist zweifelhaft, ob sie je ein wirklich schlagkräftiges Instrument zur Erreichung ihrer ehrgeizigen Ziele abgeben werden.

III. Behandlung des Konfliktes in der (schieds-)gerichtlichen Praxis

Nachfolgend soll nun der Frage nachgegangen werden, wie die Rechtsprechung sich des aufgezeigten Konfliktfeldes angenommen hat. Dabei kommt eine Vielzahl an unterschiedlichen Rechtsprechungsorganen in Betracht. Entscheidungen von Schiedsgerichten, die je nach Schiedsklausel nach unterschiedlichen Prozessordnungen vorgehen, sowie des Europäischen Gerichtshofs für Menschenrechte sollen hier vorgestellt werden. Obwohl die Rechtsquelle „richterliche Entscheidungen" im Rahmen des Völkerrechts gemäß Artikel 38 Abs. 1 des IGH-Statuts eine im Vergleich zu internationalen Übereinkünften, dem Völkergewohnheitsrecht und den anerkannten allgemeinen Rechtsgrund-

---

426 *UNCTAD,* IIA Series – Environment, S. 18; *Tully,* International and Comparative Law Quarterly, 50 (2001), 394, 400.

427 Der Text des Entwurfs findet sich in *UNCTAD,* International Investment Instruments: A Compendium, Vol. I, S. 161 ff.

428 Abgedruckt in *UNCTAD,* International Investment Instruments: A Compendium, Vol. V, S. 336 ff.

429 Eingehend mit vielen Beispielen *Westfield,* Virginia Journal of International Law, 42 (2002), 1075, 1090 ff.; *Böttger,* Umweltpflichtigkeit, S. 152 ff.

sätzen nur untergeordnete Rolle spielt, scheint die Praxis dies oft genug anders auszulegen.[430] Immer wieder wird Bezug auf zuvor ergangene richterliche Entscheidungen genommen, nicht nur im Rahmen gerichtlicher Streitigkeiten, sondern auch bei Verhandlungen über völkerrechtliche Verträge wie das MAI oder BITs.[431] Im Völkerrecht existiert zwar keine „stare decisis"-Regel[432], doch hat sich über die Zeit eine Praxis entwickelt, nach der Einvernehmen über die Antworten auf einige der immer wiederkehrenden Fragen zu bestehen scheint.[433] So werden im Rahmen etwa von NAFTA-Streitigkeiten auch immer wieder Schiedssprüche früherer Schiedsgerichte zitiert, die sich sowohl mit Fragen des NAFTA auseinandersetzten als auch mit Verfahren aufgrund bilateraler Verträge. Für den Bereich des WTO-Rechts hat darüber hinaus der Appelate Body anerkannt, dass frühere Schiedssprüche bei den Parteien berechtigte Erwartungen hinsichtlich der späteren Behandlung einer gleich gelagerten Rechtsfrage wecken können.[434]

1. NAFTA

Das NAFTA-Abkommen zwischen Kanada, Mexiko und den USA hat als eines der ersten multilateralen Abkommen ein direktes Klagerecht für private Investoren festgeschrieben. Zwar bestand diese Möglichkeit bei BITs schon seit Längerem, stellte bei Verabschiedung des NAFTA jedoch eine Neuheit für Verträge mit mehr als zwei Vertragsstaaten dar. Auch der Aspekt, dass hierbei erstmals Staaten mit hoch entwickelten Volkswirtschaften wie die USA und Kanada untereinander in die Pflicht genommen werden konnten, ist bemerkenswert. Dies hatte zur Folge, dass gerade aufgrund der hohen Verflechtung dieser beiden Volkswirtschaften die ernsthafte Möglichkeit bestehen würde (und wie die Praxis gezeigt hat, auch besteht), dass eines der beiden Länder sich auf der Seite des „angeklagten" Staates wiederfinden würde. Auch im Rahmen von BITs

---

430 *Bhala,* American University International Law Review, 14 (1998–1999), 845 ff.

431 S. hierzu die Studie von *UNCTAD,* Investor-State Dispute Settlement and Impact on Investment Rulemaking.

432 Artikel 59 des IGH-Statuts und Artikel 1136 des NAFTA. Gleiches hat der Appelate Body der WTO für seine Entscheidungen festgehalten, Japan-Taxes in Alcoholic Beverages, WT/DS8/AB/R, WT/DS10/AB/R, WT/DS11/AB/R, 4. Oktober 1996, S. 14 und Fn. 30.

433 Siehe dazu die Konferenzbeiträge von *Douglas, Gill, Reed* und *Weeramantry* zu der „Conference on International Investment Arbitration" am 20. Januar 2010, Supreme Court of Singapore, abgedruckt in ICSID Review – Foreign Investment Law Journal, 25 (2010), 87–127.

434 WTO Appelate Body, s. Fn. 432, ebenda.

hatte es diese Möglichkeit gegeben. In der Praxis ergab sich jedoch um ein Vielfaches häufiger die Konstellation, dass der zumeist nicht so weit entwickelte Vertragsstaat von einem Investor eines industrialisierten Heimatstaates zur Verantwortung gezogen wurde.

Inzwischen wird das Klagerecht (trotz aller Kritik daran) weitgehend als Standard angesehen, hinter dem nicht mehr zurückgeblieben werden sollte.[435] Der zwei Jahre nach dem NAFTA in Kraft getretene Energy Charter Treaty hat ein direktes Klagerecht in Artikel 26 normiert. Auch in den Verhandlungen zum MAI wurde es als Selbstverständlichkeit angesehen, Investoren auf diese Weise ein effektives Mittel zur Durchsetzung ihrer Interessen an die Hand zu geben.[436] In ähnliche Richtung wiesen die Verhandlungen im Rahmen der WTO, bei denen es im Kern darum ging, die bestehenden Streitbeilegungsmechanismen der WTO mit dem direkten Klagerecht von Investoren in Einklang zu bringen.[437]

Im NAFTA finden sich die relevanten Vorschriften zum Klagerecht in den Artikeln 1115 bis 1138, die wichtige prozessuale Regelungen bezüglich der Einleitung eines Schiedsverfahrens enthalten. Die Klagemöglichkeit für einen privaten Investor ist in Artikel 1116 und 1117 geregelt. Ist der schiedsgerichtliche Prozess nach diesen Regeln angestoßen, ergänzen die Vorschriften dieses Unterabschnitts die Prozessregeln des jeweils angewandten schiedsgerichtlichen Prozessrechts.[438] Dafür kommen, sofern beide Staaten Vertragsparteien dieses Abkommens sind, die Regelungen der ICSID-Konvention, eines unter der Ägide des Internationalen Währungsfonds ins Leben gerufenen Schiedsmechanismus, in Betracht. Ist eine Partei des Streits kein Vertragsstaat dieses Abkommens, stammt aber die andere Partei aus einem Vertragsstaat, kann das Verfahrens-

---

435 Beachtenswert ist, dass auch grundsätzliche Befürworter des direkten Klagerechts Modifizierungen etwa in der Frage der weitgehenden Geheimhaltungspflicht oder zur Einführung eines Revisions-/Berufungsspruchkörpers für angeraten halten, vgl. *Brower,* Vanderbilt Journal of Transnational Law, 36 (2003), 37, 91; *Yannaca-Small,* OECD Working Paper on International Investment, 1/2006; weitere Vorschläge finden sich in *UNCTAD,* Investor-State Dispute Settlement and Impact on Investment Rulemaking, S. 2, 79 ff.

436 Dieser Aspekt war einer der drei Hauptpunkte (neben Liberalisierungspflichten und Investitionsschutz), die von Anfang an Bestandteil des Vertrages werden sollten. S. hierzu die „Note by the Chairman" der Verhandlungsgruppe „Streitbeilegung" vom 21. November 1995, Rn. 1, 12 ff., Dokumentennummer DAFFE/MAI (95) 9.

437 Eine gute Zusammenfassung der dabei auftretenden Schwierigkeiten bietet die im Rahmen der WGTI verfasste „Note by the Secretariat" „Consultation and the Settlement of Disputes between Members", 7. August 2002, WT/WGTI/W/134.

438 So z.B. durch das Recht auf Dokumentenempfang für nicht beteiligte Staaten oder die Möglichkeit dieser Staaten, zu bestimmten Fragen des Verfahrens offiziell Stellung zu beziehen, vgl. Artikel 1127, 1128, 1129 NAFTA.

recht der sogenannten ICSID Additional Facility gewählt werden.[439] Der wohl wichtigste Unterschied zwischen beiden Verfahrenswegen ist die bei der ICSID Additional Facility vorhandene Möglichkeit zur Anfechtung eines Schiedsspruches nach nationalem Recht des Staates, in dem der Sitz des Schiedsgerichts eingerichtet wurde.[440] Als dritte Möglichkeit steht die Anwendung der von der UN Commission on International Trade (UNCITRAL) verabschiedeten Schiedsregeln offen.[441] Für Streitigkeiten im Rahmen des NAFTA sind nur die beiden letztgenannten Optionen einschlägig. Während die USA der ICSID-Konvention beigetreten sind, sind weder Kanada noch Mexiko Vertragsstaaten. In der Praxis hat diese Konstellation zur Folge, dass Streitfälle, an denen Kanada beteiligt ist, zumeist unter dem UNCITRAL-Regime behandelt werden, während Streitigkeiten, die gegen Mexiko oder die USA gerichtet sind, nach den Regeln der Additional Facility der ICSID betrieben werden.[442]

a) Metalclad

Der erste Fall in der inzwischen schon über zehnjährigen Geschichte des NAFTA, der nach Kapitel 11 angestrengt wurde, betrifft die Klage eines amerikanischen Investors gegen Mexiko. Zugleich handelt es sich um den ersten und bislang einzigen Fall, in dem eine Verletzung von Artikel 1110 NAFTA festgestellt wurde.

aa) Sachverhalt

Seinen Anfang nahm der Metalclad-Fall mit einer mexikanischen Firma (Confinamiento Tecnico de Residous Industriales, S.A. de C.V.; im Folgenden kurz COTERIN), die Eigentümerin eines Landstriches etwa 70 Kilometer von der Stadt Guadalcazar entfernt in der Provinz San Luis Potosi war. 1990 wurde ihr von der Bundesregierung Mexikos die Erlaubnis erteilt, dort eine Transfer-

---

439 „International Centre for Settlement of Investment Disputes: Additional Facility for the Administration of Conciliation, Arbitration and Fact-Finding Proceedings", abgedruckt in International Legal Materials, 21 (1982), 1458.

440 Generell zu ICSID s. *Lörcher,* SchiedsVZ 2005, 11 ff.; eine gute Darstellung der verschiedenen Streitbeilegungssysteme und deren Unterschiede findet sich in der im Rahmen der WGTI verfassten „Note by the Secretariat" „Consultation and the Settlement of Disputes between Members", 7. August 2002, WT/WGTI/W/134.

441 Kurz UNCITRAL Arbitration Rules, G.A. Res. 31/98, U.N. Commission on International Trade Law, 31st Sess., Supp. No. 17, ch. V, sec. C., UN. Doc. A/31/17 (1976), abgedruckt auch in International Legal Materials, 15 (1976), 701.

442 *Weiler,* The American Review of International Arbitration, 11 (2000), 187, 188.

station für gefährliche Abfälle zu errichten und zu unterhalten.[443] Etwa 20.000 Tonnen unbehandelter Abfall wurden in der Folgezeit dorthin verbracht und ohne weitere Behandlung gelagert, bis die Bundesregierung 1991 die Schließung der Anlage anordnete.[444] Im gleichen Jahr bemühte COTERIN sich bei den lokalen Behörden vergeblich um eine Baugenehmigung für eine Mülldeponie.[445] 1993 gelang es schließlich, die erforderlichen Genehmigungen zum Bau einer Sondermülldeponie von dem bundesstaatlichen National Ecological Institute zu erhalten.[446] Kurz darauf schloss die Metalclad Corporation, eine US-amerikanische Firma (im Folgenden „Metalclad"), über mehrheitlich gehaltene Tochterunternehmen einen Übernahmevertrag mit COTERIN.[447] Der Vertrag stand unter der Bedingung, dass es COTERIN gelingt, auch eine lokale Baugenehmigung für eine Mülldeponie oder ein unanfechtbares Urteil, dass eine solche nicht benötigt würde, zu erhalten.[448]

Von der Provinz San Luis Potosi wurde eine Genehmigung zur Landnutzung erteilt, auch ein Treffen zwischen Metalclad und den Verantwortlichen der Provinz schien darauf hinzudeuten, dass dem Vorhaben keine Steine mehr in den Weg gelegt werden würden. Weiterhin gelang es Metalclad, von dem Präsidenten des National Ecological Institute und dem Generaldirektor des Mexikanischen Sekretariats für Stadtentwicklung und Umwelt die Zusicherung zu erhalten, dass nunmehr bis auf die bundesstaatliche Betriebsgenehmigung alle erforderlichen Unterlagen vorlägen und sich die Bundesregierung auch weiterhin bei den lokalen Behörden für das Projekt starkmachen würde.[449] Nachdem dann die Bundesgenehmigung erteilt wurde, übte Metalclad ihre Kaufoption aus.[450]

Kurze Zeit nach dem Kauf begann der Gouverneur der Provinz von San Luis Potosi, sich von dem Projekt zu distanzieren. Doch nachdem weitere Verhandlungen zwischen Vertretern von Metalclad und der Provinz geführt worden waren, wähnte Metalclad sich in Sicherheit und begann mit dem Bau.[451] Etwa

---

443 Metalclad Corporation and The United Mexican States, ICSID Fall Nr. ARB(AF)/97/1, Award 30. August 2000 (im Folgenden „Metalclad Award"), Rn. 28.

444 The United Mexican States v. Metalclad Corp., Urteil des British Columbia Supreme Court, 2001 BCSC 664, 2. Mai 2001, abrufbar unter http://www.courts.gov.bc.ca/jdb-txt/SC/01/06/2001BCSC0664.htm (zuletzt am 1. März 2013 abgerufen) oder über www.naftaclaims.com (im Folgenden „Metalclad BCSC"), Rn. 5.

445 Metalclad BCSC, Rn. 6.

446 Metalclad Award, Rn. 29.

447 Metalclad Award, Rn. 30.

448 Metalclad BCSC, Rn. 8.

449 Metalclad Award, Rn. 31–34, 80.

450 Metalclad Award, Rn. 35.

451 Metalclad Award, Rn. 37–39.

sechs Monate später (Oktober 1994) erließ die Stadt Guadalcazar dennoch die Anordnung, den Bau sofort zu unterbrechen, da keine lokale Baugenehmigung vorläge.[452] Auf Beschwerden von Metalclad gegenüber den Vertretern der Bundesregierung wurde zwar erneut versichert, dass alle Anforderungen erfüllt seien. Metalclad erhielt jedoch den Rat, zur Beschwichtigung der lokalen Behörden dort nun doch noch einen Antrag auf eine Baugenehmigung zu stellen.[453] Diesem Rat folgte Metalclad, stellte einen entsprechenden Antrag, nahm die Bautätigkeit erneut auf und stellte die Deponie schließlich im März 1995 fertig.[454] Die für die unmittelbare Folgezeit geplante Inbetriebnahme der Deponie verzögerte sich aufgrund des massiven Protestes und Demonstrationen von Gegnern des Vorhabens, gegen die von offizieller Seite nicht effektiv eingeschritten wurde. Es folgten erneute Verhandlungen, bis man im November 1995 zu einer Einigung, dem sogenannten „Convenio", mit den verantwortlichen bundesstaatlichen Stellen kam.[455] Hierin wurde Metalclad der Betrieb der Deponie gestattet. Im Gegenzug beinhaltete der Convenio die Verpflichtung Metalclads, innerhalb der ersten drei Jahre des Betriebs das schon vorher (durch COTERIN) kontaminierte Gelände zu sanieren. Daneben traten weitere Zugeständnisse von Metalclad, wie etwa die Bereitstellung einer Pufferzone für die Erhaltung endemischer Arten und die Entrichtung einer zusätzlichen Abgabe pro Tonne Abfall, die sozialen Einrichtungen in Guadalcazar zugutekommen sollte.[456] Doch selbst nachdem dieser Kompromiss errungen war, versagte die Stadt Metalclad einen Monat später die zuvor beantragte Baugenehmigung aus vier Gründen: Zum einen sei schon der von COTERIN gestellte Bauantrag abgelehnt worden, es bestünden Bedenken des Umweltschutzes gegen das Vorhaben, Metalclad habe den Bau illegal schon begonnen und letztlich sei die Bevölkerung von Guadalcazar gegen eine solche Genehmigung.[457] Während des immerhin dreizehn Monate währenden Verwaltungsverfahrens hatte Metalclad keinerlei Mitwirkungsmöglichkeiten, der anschließend eingelegte Widerspruch wurde abgelehnt.[458]

Nach neuerlichen Verhandlungsversuchen, in denen es nicht gelang, die ausweglose Situation noch einvernehmlich aufzulösen, initiierte Metalclad um den Jahreswechsel 1996/1997 eine schiedsgerichtliche Klärung der Frage.[459]

---

452 Metalclad Award, Rn. 44.
453 Metalclad Award, Rn. 41, 87–89.
454 Metalclad Award, Rn. 45.
455 Metalclad Award, Rn.45–48.
456 Metalclad Award, Rn. 48.
457 Metalclad BCSC, Rn. 13.
458 Metalclad Award, Rn. 54.
459 Notice of Intent, 30. Dezember 1996; Notice of Arbitration, 2. Januar 1997.

Während des Verfahrensganges, aber noch vor dem Termin der mündlichen Verhandlung erließ der drei Tage später aus dem Amt scheidende Gouverneur von San Luis Potosi ein Dekret, durch das ein die Deponie umfassendes knapp 190.000 Hektar großes Gebiet zu einem Schutzgebiet für eine besondere Kaktusart deklariert wurde. Das Dekret enthielt Vorschriften, die den Betrieb von umweltrelevanten Vorhaben – wie einer Deponie – im Naturschutzgebiet erheblich erschwerten, wenn nicht sogar zur Gänze verhinderten.[460]

bb) Schiedsspruch

Das Verfahren wurde Ende August 2000 mit dem Befund abgeschlossen, Mexiko habe gegen Artikel 1105 Abs. 1 und 1110 NAFTA verstoßen.[461] Artikel 1105 NAFTA, der die Behandlung ausländischer Investoren nach einem internationalen Mindeststandard vorschreibt[462], beinhalte nach Ansicht des Schiedsgerichts auch die Verpflichtung zur größtmöglichen Transparenz. Dies wurde aus den Zielbestimmungen des Abkommens (Artikel 102 Abs. 1 NAFTA) und der Vorschrift des Artikel 1802 NAFTA abgeleitet, wonach Vertragsstaaten für ungehinderten und einfachen Zugang zu Informationen über ihre Vorschriften und Gesetze Sorge zu tragen haben.[463] Mexiko habe es durch seine Behörden versäumt, ausländischen Investoren, hier Metalclad, das einschlägige Verfahren offen und transparent darzustellen. Einmal getroffene Zusagen in Bezug auf etwaige Genehmigungspflichten, die sich für einen Außenstehenden ohnehin nur schwer rekapitulieren ließen, hätten sich als falsch herausgestellt.[464] Unabhängig davon, ob es einer lokalen Erlaubnis bedurft hätte (was das Schiedsgericht im Übrigen bezweifelte), wurde den mexikanischen Verantwortlichen vorgeworfen, sich nicht entsprechend ihrer Zusagen für den Investor eingesetzt zu haben.[465] Metalclad dagegen habe sich rechtmäßigerweise auf die ihr von offiziellen Stellen gegebenen Informationen verlassen dürfen, zumal auch ihr offenes Vorgehen beim Bau der Anlage von einem in dieser Hinsicht ausgeübten Vertrauen zeuge.[466]

---

460 Metalclad Award, Rn. 58 f., 96.
461 Metalclad Award, Rn. 101, 112.
462 „Article 1105: Minimum Standard of Treatment" lautet in seinem Abs. 1:
     "Each Party shall accord to investments of investors of another Party treatment in accordance with international law, including fair and equitable treatment and full protection and security."
     NAFTA, s. Fn. 4.
463 Metalclad Award, Rn. 75 ff., 71.
464 Diese Argumentation findet sich bei Metalclad Award, Rn. 88–101.
465 Metalclad Award, Rn. 86.
466 Metalclad Award, Rn. 87–89.

Ausgehend von diesem Gedankengang stellte das Schiedsgericht darüber hinaus auch eine Verletzung der Enteignungsnorm des Artikel 1110 NAFTA fest. Die Vorschrift stellt die üblichen vier Voraussetzungen für eine rechtmäßige Enteignung auf: Sie muss für einen öffentlichen Zweck, auf nicht diskriminierende Weise und gegen Zahlung einer in den Folgeabsätzen der Norm näher definierten Entschädigung geschehen. Darüber hinaus gelte es, rechtliches Gehör zu gewähren und die Garantien des Artikel 1105 NAFTA zu beachten, Ziff. c) von Artikel 1110 Abs. 1 NAFTA. Der Schiedsspruch erläutert zunächst ausführlich, warum das Verhalten der Vertreter der mexikanischen Bundesregierung als enteignungsrelevant eingestuft werden müsse:

> By permitting or tolerating the conduct of Guadalcazar in relation to Metalclad which the Tribunal has already held amounts to unfair and inequitable treatment breaching Article 1105 and by thus participating or acquiescing in the denial to Metalclad of the right to operate the landfill, notwithstanding the fact that the project was fully approved and endorsed by the federal government, Mexico must be held to have taken a measure tantamount to expropriation in violation of NAFTA Article 1110(1).[467]

Aus der Verletzung des Artikel 1105 folgerte das Schiedsgericht somit eine Verletzung des Artikel 1110 NAFTA. Das „Naturschutzgebiet-Dekret", über das sich das Schiedsgericht – obwohl erst nach Beginn des Schiedsverfahrens erlassen – Jurisdiktion zusprach[468], wurde abschließend als eine weitere enteignende Maßnahme eingestuft, die jedoch für den Befund, dass Mexiko Artikel 1110 NAFTA verletzt habe, nicht mehr als entscheidend angesehen wurde.[469] Insofern wurde jedoch festgehalten, das Dekret habe den Effekt, den Betrieb der Deponie dauerhaft zu vereiteln, somit enteigne es.[470] Im Ergebnis wurde Metalclad ein Schadensersatz in Höhe von US$ 16,7 Millionen zuerkannt.[471]

cc) Anfechtung des Schiedsspruchs

Nach Abschluss des Schiedsverfahrens strengte Mexiko eine gerichtliche Überprüfung des Schiedsspruchs vor dem Supreme Court von British Columbia (Kanada) an, da Vancouver als Sitz des Schiedsverfahrens festgelegt worden war.[472] Dieses Gericht kam trotz seiner einleitenden Feststellung, es habe keine

---

467 Metalclad Award, Rn. 104.
468 Metalclad Award, Rn. 66–69.
469 Metalclad Award, Rn. 109, 111.
470 Ebenda.
471 Metalclad Award, Rn. 131.
472 Metalclad BCSC, Rn. 1.

Kompetenz, die Ergebnisse des Schiedsgerichts einer materiell-rechtlichen Überprüfung zu unterziehen[473], zu dem Ergebnis, dass der Schiedsspruch hinsichtlich der festgestellten Verletzung des Artikel 1105 NAFTA fehlerhaft sei. Die Verpflichtung zur Transparenz könne nicht in diesen Artikel hineininterpretiert werden.[474] Damit habe das Schiedsgericht sich außerhalb des ihm übertragenen Jurisdiktionsrahmens bewegt. Die auf diesem Befund aufbauende Feststellung einer Verletzung von Artikel 1110 NAFTA lasse sich nach Ansicht des Supreme Court folgerichtig ebenfalls nicht halten.[475] Gegen das Ergebnis, zu dem das Schiedsgericht hinsichtlich der Enteignung durch das Naturschutz-Dekret kam, hatte das Gericht nichts einzuwenden. Die Fehleinschätzung von Artikel 1105 NAFTA reiche nicht so weit, diesen Ausspruch ebenfalls als fehlerhaft zu qualifizieren. Auch sei dieser Befund nicht „patently unreasonable".[476] Zwar war das Gericht der Meinung, der Schiedsspruch definiere den Begriff der Enteignung sehr weit, als reine Rechtsfrage könne dies allerdings nicht von ihm überprüft werden.[477] Im Ergebnis wurde der Spruch in Bezug auf die festgestellte Enteignung durch das Dekret aufrechterhalten. Hinsichtlich der anderen Gründe wurde er aufgehoben, was zu einer Minderung der Schadensersatzsumme führte.[478]

dd) Analyse

Bei der Analyse des Schiedsspruchs fällt ein Punkt besonders ins Auge. Obwohl der öffentliche Protest gegen das Vorhaben von Metalclad hauptsächlich auf Erwägungen des Umweltschutzes beruhte[479] und auch das Naturschutzgebiet-Dekret in diese Richtung zielte, spielten diese Überlegungen für das Ergebnis des Schiedsgerichts eine nur untergeordnete Rolle. Nur an zwei Stellen kommt das Schiedsgericht auf Gesichtspunkte des Umweltschutzes zu sprechen. Umso mehr stand genau dieser Aspekt des Schiedsurteils nunmehr im Mittelpunkt der heftigen und von vielen Seiten geäußerten Kritik.[480] Daneben wurde (wie auch in den anderen Verfahren nach Kapitel 11 des NAFTA) die weitreichende

---

473 Metalclad BCSC, Rn 50 ff.
474 Metalclad BCSC, Rn. 70.
475 Metalclad BCSC, Rn. 78 f.
476 Metalclad BCSC, Rn. 94, 97, 99.
477 Metalclad BCSC, Rn. 99.
478 Metalclad BCSC, Rn. 134.
479 Vgl. hierzu die Darstellung Mexikos in Rn. 216 des Counter Memorials, 17. Februar 1998, (im Folgenden „Metalclad Counter Memorial").
480 Statt vieler *Godshall,* N.Y.U. Environmental Law Journal, 11 (2002), 264, 266 f., 278–284, mwN; *Public Citizen,* NAFTA Chapter 11 Investor-to-State Cases: Bankrupting Democracy, i–xi und 10–14.

Geheimhaltung und damit einhergehende Verschwiegenheit dieser Form der Streitbeilegung kritisiert. Sorge um die Zukunft souveräner Umweltgesetzgebung wurde ebenfalls laut.

Mexiko beruft sich in seiner hinsichtlich der rechtlichen Ausführungen sehr knappen Stellungnahme nur hinsichtlich der vorgeworfenen Verletzung des Artikel 1105 auf die umweltschützenden Vorschriften des NAFTA.[481] So wird an Artikel 1114 Abs. 1 NAFTA erinnert, auch die Präambel, die in ihrem hier relevanten Teil eine umfassende Liberalisierung in Überstimmung mit den Zielen des Umweltschutzes und dessen Stärkung fordert, findet neben dem North American Agreement on Environmental Cooperation (NAAEC)[482] kurze Erwähnung. Auf welche Weise Mexiko diese Vorschriften allerdings für die Beurteilung relevant sind, ob ein Verstoß gegen Artikel 1105 NAFTA vorlag, wird nicht erklärt. Etwas formelhaft und wenig konkret heißt es lediglich:

> In assessing whether the Respondent [Mexiko] has complied with this standard [Artikel 1105 NAFTA], the Tribunal must take into account the environmental provision of the NAFTA and the NAAEC and must make its assessment in light of relevant facts and circumstances.[483]

Zwar spricht das Schiedsgericht Artikel 1114 NAFTA im Rahmen seiner Prüfung des Artikel 1105 NAFTA an, eine detaillierte Auseinandersetzung etwa in Form einer Abwägung der investitionsschützenden Inhalte des NAFTA mit den Umweltschutzgarantien im Sinne der Anwendung des Police-Powers-Konzepts unterbleibt jedoch.[484] Nachdem festgestellt wurde, dass das Verhalten der mexikanischen Behörden aufgrund mangelnder Transparenz nicht den Anforderungen des Artikel 1105 genügte, wird knapp angefügt, dass dieses Ergebnis auch in Hinblick auf Artikel 1114 NAFTA Bestand habe. Die Tatsache, dass der Convenio geschlossen und die bundesstaatlichen Genehmigungen erteilt wurden, spreche nach Ansicht des Spruchkörpers dafür, dass Mexiko seine Umweltbedenken als ausgeräumt ansah.[485]

Interessant ist die Passage des Schiedsurteils, in dem das Schiedsgericht sich mit den Hintergründen und der enteignenden Wirkung des Naturschutzgebiet-Dekrets beschäftigt.

> The Tribunal need not decide or consider the motivation or intent of the adoption of the Ecological Decree. Indeed, a finding of expropriation on the basis of the Eco-

---

481 Metalclad Counter Memorial, Rn. 838.
482 Zusatzkonvention zum NAFTA, die zur gleichen Zeit in Kraft trat und auf verbesserte Zusammenarbeit im Bereich des Umweltschutzes zielt, Fn. 51.
483 Metalclad Counter Memorial, Rn. 841.
484 Metalclad Award, Rn. 98.
485 Ebenda.

logical Decree is not essential to the Tribunal's finding of a violation of NAFTA Article 1110. However, the Tribunal considers that the implementation of the Ecological Decree would, in and of itself, constitute an act tantamount to expropriation.[486]

Dieses Zitat lässt mehr Fragen offen, als es beantwortet. Zunächst wird zwar festgestellt, man müsse sich nicht mit der Intention und Motivation für das Dekret beschäftigen, denn die Feststellung einer Enteignung durch das Dekret sei für den Ausgang der Sache nicht (mehr) entscheidend. Brisanz erhält diese Aussage dann durch den folgenden Satz: Im Übrigen sei das Schiedsgericht darüber hinaus der Meinung, dass die Anwendung des Dekrets und die Durchführung der in ihm enthaltenen Bestimmungen eine Maßnahme darstelle, die einer Enteignung gleichkomme.

Mit etwas gutem Willen könnte man diese Ausführungen so deuten, dass die Motivation hinter dem Erlass des Dekrets das Schiedsgericht nur in diesem speziellen Fall nicht interessiert, da die Feststellung einer gegen Artikel 1110 NAFTA verstoßenden Enteignung auch ohne genaue Analyse des Dekrets erfolgen konnte. Der letzte Satz dieses Abschnitts dürfte jedoch gegen diese Deutung sprechen. Hiernach muss der gesamte Abschnitt wohl so verstanden werden, dass das Schiedsgericht es in keinem Fall für notwendig hält, sich mit den Hintergründen einer enteignenden Maßnahme zu beschäftigen. Diese wird – wohl allein aufgrund ihres Effekts – als enteignende Maßnahme gewertet. Die Aussage, die Hintergründe seien unbeachtlich, muss daher wohl als Ablehnung der Police-Powers-Ausnahme verstanden werden.

Das Schiedsgericht stellt sich somit in die Reihe derjenigen, die das Motiv des handelnden Staates nicht für ausschlaggebend ansehen. Der Befund, ob eine Enteignung vorliegt oder nicht, wird allein danach getroffen, welche Wirkung die streitgegenständliche Maßnahme zeitigt. Zwar wird angesprochen, dass es mit dem Umweltschutz einen möglicherweise höchst ehrenhaften Grund für die Maßnahme gibt, doch will das Schiedsgericht davon nichts wissen. Der Schiedsspruch in der Sache Metalclad lässt sich demnach als Fall anführen, der gerade nicht auf die Police Powers eines Staates Rücksicht nimmt, sondern vielmehr dem Investitions- und Eigentumsschutz über das Abstellen allein auf die enteignende Wirkung den höheren Stellenwert einräumt.

b) Ethyl

„Ethyl Corporation and the Government of Canada" war im Herbst 1997 der zweite Fall, der nach den Streitbeilegungsregeln des Kapitel 11 des NAFTA im Herbst 1997 angestrengt wurde. Die Ethyl Corporation aus Richmond, Virginia,

---

486 Metalclad Award, Rn. 111.

(im Folgenden „Ethyl") stellt seit 1953 das als Benzinadditiv verwendete MMT (Methylcyclopentadienyl Mangan Tricarbonyl) in den Vereinigten Staaten her. Der Vertrieb in Kanada ist über die hundertprozentige Tochterfirma Ethyl Canada Inc. organisiert. Weitere Firmen, die von den USA aus MMT nach Kanada exportieren, existieren nicht.[487] Die Chemikalie dient in bleifreien Kraftstoffen als Oktanverstärker, der zu einer besseren Verbrennung des Benzin-Luft-Gemischs führt, sowie als Anti-Klopfmittel. In Kanada wurde es 1977 als Ersatz für Blei eingeführt.[488]

Nach einigen gescheiterten Versuchen in den frühen 1990er-Jahren entschied sich Kanada 1997 dazu, Einfuhr und Handel von MMT über seine innerstaatlichen Provinzgrenzen hinweg zu verbieten. Grundlage dafür war der von dem damaligen Umweltminister Sergio Marchi auf den Weg gebrachte „Bill C-29".[489] Erlaubt waren demnach zwar weiterhin die Herstellung und der Verkauf der Chemikalie in jeder einzelnen kanadischen Provinz[490], aus ökonomischer Sicht wäre ein solches Vorgehen jedoch nicht sinnvoll gewesen.

Das MMT-„Verbot" war letztendlich das Ergebnis eines Streits, der sich zwischen der Automobilindustrie und den Raffinerien in Kanada entsponnen hatte.[491] Die Automobilhersteller befürworteten die Maßnahme unter Berufung auf leistungsvermindernde Effekte von MMT auf eine neue Generation von Abgaskontrollsystemen, die wiederum aufgrund immer strengerer staatlicher Emissionsgrenzwerte entwickelt wurden. Die Raffinerien auf der anderen Seite bezogen Position gegen das Verbot und führten einen sehr hohen Investitionsbedarf für die dann nötigen Anlagenumstellungen auf alternative Benzinzusätze ins Feld. Letztendlich wurde also darum gerungen, welcher Industriezweig die Kosten der immer strengeren Abgasgrenzwerte tragen würde.

Während sich so durchaus handfeste wirtschaftliche Interessen hinter den jeweiligen Positionen verbargen, wurde die Diskussion in der Öffentlichkeit meist mit Umwelt- und Gesundheitsschutzargumenten geführt. Sie begleiteten auch den kanadischen Gesetzgebungsprozess.[492] Daneben setzten sich sowohl in Kanada als auch in den Vereinigten Staaten zahlreiche nicht nur dem Umwelt-

---

487 Statement of Claim der Ethyl Corporation, 2. Oktober 1997, (im Folgenden „Ethyl Statement of Claim"), Rn. 8 f.

488 Ethyl Statement of Claim, Rn. 2 f.

489 Award on Jurisdiction, 24. Juni 1998 (im Folgenden „Ethyl Award"), Rn. 5.

490 Ethyl Award, Rn. 6.

491 Vgl. zu den Hintergründen Kanadas Statement of Defence, 27. November 1997 (im Folgenden „Ethyl Statement of Defence"), Rn. 61 ff. Weiterhin stellt *Soloway,* Minnesota Journal of Global Trade, 8 (1999), 55, 56 ff., die Interessenlage ausführlich dar.

492 Ethyl Statement of Defence, Rn. 58 ff.

schutz verschriebene NGOs gegen die weitere Verwendung von MMT ein.[493]
Hauptargument waren die schädlichen Einflüsse des Mangans auf den menschlichen Körper.[494] Während der Stoffwechsel mit den durch die Nahrung aufgenommenen Mengen des Stoffes umgehen und sie abbauen kann, lagere sich das in der Luft enthaltene Mangan – einmal durch die Lungen in den Körper gelangt – an. Bei besonders hoher Belastung werde vorwiegend das Gehirn angegriffen, was zu neurologischen Beeinträchtigungen mit entsprechenden Symptomen (ähnlich denen der Parkinsonschen Krankheit) führen könne. Aus Umweltschutzsicht wird MMT für die Bildung von Smog verantwortlich gemacht.[495] Zur rechtlichen Durchsetzung der Verbotsforderung berief Kanada sich daher auf das Vorsorgeprinzip.

Ethyl dagegen versuchte, durch Studien nachzuweisen, dass MMT vielmehr der Bildung von Smog verbeuge, indem es die Kraftstoffausbeute im Motor steigere und so der Schadstoffausstoß verringert würde. Daneben werde weniger Öl zur Herstellung des Benzin verbraucht.[496]

Im Laufe der Auseinandersetzungen zeigte sich, dass die wissenschaftlichen Grundlagen beider Ansichten angreifbar waren. Sogar die kanadische Bundesregierung konnte während des Gesetzgebungsverfahrens zu keiner abschließenden Einschätzung gelangen[497] und so kein totales Verbot des Stoffes verhängen. Denn dafür hätte MMT nach Artikel 34 des kanadischen „Environmental Protection Act" in seiner damaligen Form[498] einer Einstufung als „toxisch" bedurft. Diese streng verstandenen Anforderungen zu erfüllen war aufgrund der widersprüchlichen und somit unbrauchbaren wissenschaftlichen Grundlage nicht möglich.[499] Aus diesem Grund verständigten sich die kanadischen Stellen im Gesetzgebungsverfahren auf den dann tatsächlich ge-

---

493 Vgl. die Aufzählung in Fn. 56 von *Soloway,* Minnesota Journal of Global Trade, 8 (1999), 55, 65.

494 Ethyl Statement of Defence, Rn. 30.

495 Ethyl Statement of Defence, Rn. 36 ff.

496 S. die Quellen auf http://www.aftonchemical.com/Insight/KnowledgeCtr/Research_ Trends/Pages/Science_mmt.aspx (zuletzt am 1. März 2013 abgerufen). (Die Firmenstruktur wurde 2004 geändert. Das Benzinadditivgeschäft ist nunmehr bei Afton Chemical angesiedelt.)

497 S. den Bericht des in dieser Frage zuständigen Standing Committee on Energy, Environment and Natural Resources, http://www.parl.gc.ca/35/2/parlbus/commbus/senate/com-e/enrg-e/rep-e/c29-tc-e.htm (zuletzt am 1. März 2013 abgerufen).

498 Das Gesetz wurde 1999 nach langer Debatte reformiert, s. dazu die Einleitung unter http://www.parl.gc.ca/common/Bills_ls.asp?Parl=36&Ses=1&ls=C32 (zuletzt am 1. März 2013 abgerufen).

499 S. zu den verschiedenen Studien Ethyl Statement of Claim, Rn. 14 ff.

wählten Weg der Importbeschränkung. Zudem war der Prozess von Einfluss-nahmeversuchen der Ethanolindustrie, Anbieter eines alternativen Benzin-additivs, und weiterer Interessenvertretern geprägt, sodass das alleinige Berufen auf Umweltschutzmotive möglicherweise angreifbar sein könnte.[500]

Das Gesetz C-29 wurde in vier, teils parallel verlaufenden Verfahren an-gegriffen. Vor einem kanadischen Gericht machte Ethyl geltend, die kanadische Bundesregierung habe nicht über die erforderliche Gesetzgebungskompetenz zum Erlass der streitigen Regelungen verfügt. Dieses Verfahren wurde schluss-endlich nicht zum Abschluss gebracht. In den Schriftsätzen und richterlichen Hinweisen wurde allerdings auch hier die umweltschützende Motivation Kanadas in Zweifel gezogen.[501] Einem zweiten Angriff sah sich die kanadische Bundesregierung durch das Vorgehen der Provinz Alberta unter dem Regime des erst zwei Jahre zuvor in Kraft getretenen Agreement on Internal Trade (im Folgenden kurz „AIT")[502] ausgesetzt. Dessen Ziel ist es, ähnlich dem des NAFTA oder GATT, unter anderem „to reduce and eliminate [...] barriers to the free movement of persons, goods, services and investments within Canada" und „to establish an open, efficient and stable domestic market".[503] Beschränkungen dürfen zur Erreichung eines rechtmäßigen Ziels auf der Grundlage einer wissen-schaftlichen Risikobeurteilung dann eingeführt oder aufrechterhalten werden, wenn sie nicht unangemessen sind.[504] Genau diesen Vorwurf erhob Alberta und strengte daher mit Unterstützung der Provinzen von Québec und Saskatchewan im Oktober 1997 die Bildung eines Schiedsgerichts an.[505] Die Provinzen einte ihre Situation als Sitz großer Ölraffineriebetriebe, die von dem Verbot in be-sonderem Maße betroffen waren.[506] Daneben wurden auch hier die gleichen Argumente in Bezug auf die Frage nach der Gesetzgebungskompetenz vor-gebracht, die auch in dem vorbeschriebenen Rechtsstreit angeführt wurden. Das Schiedsgericht befand zugunsten der klagenden Provinzen. Es sah die an-

---

500 *Soloway,* Minnesota Journal of Global Trade, 8 (1999) 55, 68 ff.

501 Vgl. die Zitate bei *Soloway,* a.a.O., 76 f.

502 Der Text dieses Abkommens ist auf der Internetseite http://www.ait-aci.ca/ index_en.htm abrufbar (zuletzt am 1. März 2013 abgerufen). Dort finden sich auch weitere Informationen bezüglich des Streitbeilegungsmechanismus.

503 Artikel 100 des AIT.

504 Artikel 404 des AIT.

505 „Report Of The Article 1704 Panel Concerning A Dispute Between Alberta And Can-ada Regarding The Manganese-Based Fuel Additives Act" vom 12. Juni 1998, File No. 97/98 – 15 – MMT – P058, S. 2 (im Folgenden „Panel Report"). Der Bericht ist unter der oben angegebenen URL (s. Fn. 502) abrufbar.

506 Vgl. die Einlassung Albertas, S. 38, abrufbar unter http://www.international.alberta.ca/ documents/International/AIT_ABsubmission_MMT_Rpt-1Dec97.pdf (zuletzt am 1. März 2013 abgerufen).

geführten Bestimmungen des AIT verletzt und lehnte die geltend gemachten Rechtfertigungsgründe der Bundesregierung ab.[507]

Während Ethyl sich vergeblich bemühte, die amerikanische Regierung zu einem Vorgehen nach Kapitel 20 des NAFTA (Staat-Staat-Streitbeilegung) zu bewegen, konzentrierte sich die öffentliche Aufmerksamkeit auf das Verfahren Ethyls unter dem Investor-Staat-Streitbeilegungsverfahren nach Kapitel 11 des NAFTA. Das Verfahren wurde schon vor der Verabschiedung des Gesetzes C-29 im September 1996 angestoßen.[508] Ende 1997 wurde das Schiedsgericht gebildet und das Verfahren so in die streitige Phase übergeleitet. Ethyl verlangte Entschädigung in Höhe von mindestens US$ 251 Millionen für die Verluste, die es aufgrund einer Verletzung von Artikel 1102 (Gleichbehandlungsgrundsatz), 1106 (Verbot von Leistungsanforderungen) und 1110 (Enteignung) NAFTA erlitten habe.[509]

Der Fall wurde nicht zum Abschluss gebracht. Angesichts der Niederlage Kanadas in dem Verfahren vor dem AIT-Schiedsgericht einigten sich die Parteien im Juli 1998 außergerichtlich. Kanada setze das Gesetz C-29 außer Kraft und leistete eine Zahlung in Höhe von US$ 19,3 Millionen zum Ausgleich für entgangenen Gewinn und die Kosten des Verfahrens.[510] Ferner bestätigte Kanada Ethyl offiziell, dass MMT in geringen Dosen nicht gesundheitsschädlich sei und die Automobilindustrie die behauptete beeinträchtigende Wirkung des Stoffes auf die Diagnoseeinheiten nicht hinreichend dargelegt habe.[511]

Das Schiedsgericht hatte insoweit keine Möglichkeit, über materielle Streitfragen zu entscheiden. Bis zu dem Zeitpunkt der Einigung waren lediglich Zulässigkeitsfragen zur Sprache gekommen. Wenn sich auch aus diesen Ausführungen aufschlussreiche Folgerungen für zukünftige Streitigkeiten hinsichtlich dieser Punkte ergeben[512], ist doch bedauerlich, dass in Bezug auf die Frage der Enteignung durch eine allgemein gehaltene gesetzliche Regelung keine Entscheidung erging.

Doch selbst angenommen, das Verfahren wäre weiter betrieben worden, ist letztendlich fraglich, ob der Fall verwertbare Aussagen über die Beziehung von

---

507 Panel Report, S. 11.

508 Zur Chronologie s. Ethyl Award, Rn. 21.

509 Ethyl Award, Rn. 7, 18.

510 *Alvarez,* Arbitration International, 16 (2000), 393, 427.

511 Ebenda.

512 So etwa bezüglich des Zeitpunktes, in dem die formellen Voraussetzungen des Verfahrens (Artikel 1118 ff. NAFTA) vorliegen müssen, vgl. Ethyl Award ab Rn. 50. Ausführlich zu den einzelnen Voraussetzungen auch *Alvarez,* Arbitration International, 16 (2000), 393, 403 ff., und zu diesen Fragen im Rahmen des *Ethyl*-Falls S. 421 ff. und *Swan,* American Journal of International Law, 94 (2000), 159 ff.

umweltschützenden Normen und Enteignungsrecht generiert hätte. Zwar berief Kanada sich zur Rechtfertigung seiner MMT-Maßnahmen ausdrücklich auf seine durch die Police Powers begründete Regelungsbefugnis[513], doch wird an anderen Stellen des kanadischen Vortrages deutlich, dass keineswegs allein Belange des Umweltschutzes im Vordergrund standen.[514] Aus diesem Grund ist es gut vorstellbar, dass das Schiedsgericht in einer materiellrechtlichen Entscheidung auf diese möglicherweise protektionistischen Motive abgestellt hätte. Auf diese Weise wäre dann eine Entscheidung in der Sache möglich gewesen, ohne sich zu der heiklen und umstrittenen Frage der Enteignung durch eine auf den ersten Blick allgemeine regulative Maßnahme äußern zu müssen.

Interessant wäre in der Tat jedoch gewesen, wie das Schiedsgericht den Aspekt der Enteignungsintensität in diesem Fall bewertet hätte. Wäre das MMT-Verbot in seinen Wirkungen auf die Investition Ethyls einschneidend genug gewesen? Immerhin konnte das Geschäft in der bisherigen Form nicht nur nicht fortgeführt werden, sondern hätte zum Weiterbetrieb mit Produktionsbetrieben in jeder kanadischen Provinz völlig neu aufgestellt werden müssen. Ein Blick auf das in anderen schiedsrichterlich beurteilten Fällen geforderte Maß an Beeinträchtigung lässt zwar erkennen, dass dieser Maßstab hoch ist, doch könnte er im Falle Ethyls erreicht worden sein. Auch eine Stellungnahme zum erforderlichen Stand der wissenschaftlichen Grundlagen einer umweltschützenden Maßnahme wäre vor dem Hintergrund des Vorsorgeprinzips aufschlussreich gewesen.

c) Pope & Talbot

aa) Sachverhalt

Die Vereinigten Staaten und Kanada schlossen 1996 ein bilaterales Abkommen, das Softwood Lumber Agreement (im Folgenden „SLA"), mit dem die Menge der einfuhrzollfrei von Kanada in die USA importierbaren Nadelholzmengen geregelt wurde. Dabei entfielen auf vier der kanadischen Provinzen jeweils unterschiedliche Exportquoten.[515] Innerhalb der Provinzen wurden diese Quoten nach einem in kanadischen Durchführungsregelungen näher festgelegten Verfahren erneut unter den verschiedenen Holzproduzenten verteilt. Das Regime sah zollfreie Quoten, Mengen, auf deren Ausfuhr ein verminderter Zoll erhoben wurde, und für darüber hinausgehende Exportmengen einen erhöhten Zolltarif

---

513 Ethyl Statement of Defence, Rn. 95.

514 Ethyl Statement of Defence, Rn. 67.

515 Hierbei handelt es sich um British Columbia, Alberta, Quebec und Ontario, das statt Manitoba unter das Regime fiel.

140

vor. Hintergrund für den Abschluss des SLA waren Handelsstreitigkeiten zwischen Kanada und den USA, in denen seit 1982 der kanadischen Seite vorgeworfen wurde, sie gewähre ungerechtfertigte Exportsubventionen. Mit dem SLA wurden nach langen Verhandlungen Exportquoten und -zölle festgelegt, die USA verzichteten im Gegenzug auf weitere Handelsklagen.[516] Damit ist *Pope & Talbot* zwar kein originärer „Umweltfall", die angegriffenen Maßnahmen ergingen jedoch in Form allgemeiner Regelungen, sodass hierzu interessante Aussagen getätigt wurden.

Pope & Talbot Inc. ist ein amerikanisches Unternehmen, das über eine kanadische Tochter (Pope & Talbot Ltd.) als Holzproduzent in British Columbia tätig ist.[517] Hauptabsatzgebiet sind der günstigen Lage wegen die USA. Vor Inkrafttreten des SLA wurden 90% der Produktion dorthin exportiert. Pope & Talbot ist der Auffassung, die auf die Provinz British Columbia entfallende Quote benachteilige diese gegenüber den anderen Provinzen. Außerdem sei die eigene (Produzenten-)Quote um 6,3% in den ersten drei Jahren nach Abschluss des SLA gefallen.[518]

Pope & Talbot war demnach der Meinung, die kanadische Quotenpraxis verstoße gegen den in Artikel 1102 NAFTA festgelegten Gleichbehandlungsgrundsatz, den Internationalen Mindeststandard aus Artikel 1105 NAFTA, gegen Artikel 1106[519] mit seinem Verbot von Leistungsanforderungen und letzt-

---

516 Pope & Talbot Inc. v. Canada, Statement of Defense, 8. Oktober 1999, Rn. 69 ff.

517 Interim Award, 26. Juni 2000 (im Folgenden „P&T Interim Award"), Rn. 28 ff.

518 Investor's First Phase Memorial, 28. Januar 2000 (im Folgenden „P&T Investor's Memorial"), Rn. 41 f. und Tabelle 2 im Anhang.

519 Artikel 1106 des NAFTA lautet in seinen für den Investor interessierenden Passagen:
"1. No Party may impose or enforce any of the following requirements, or enforce any commitment or undertaking, in connection with the establishment, acquisition, expansion, management, conduct or operation of an investment of an investor of a Party or of a non-Party in its territory:
(a) to export a given level or percentage of goods or services;
(c) to purchase, use or accord a preference to goods produced or services provided in its territory, or to purchase goods or services from persons in its territory;
(e) to restrict sales of goods or services in its territory that such investment produces or provides by relating such sales in any way to the volume or value of its exports or foreign exchange earnings; [...]
3. No Party may condition the receipt or continued receipt of an advantage, in connection with an investment in its territory of an investor of a Party or of a non-Party, on compliance with any of the following requirements: [...]
(d) to restrict sales of goods or services in its territory that such investment produces or provides by relating such sales in any way to the volume or value of its exports or foreign exchange earnings."

endlich auch gegen die Enteignungsvorschrift des Artikel 1110 NAFTA und strengte eine Klärung dieser Streitigkeit im Rahmen des Investor-Staat-Verfahrens des NAFTA an.[520]

Pope & Talbot forderten als Enteignungsentschädigung eine Summe von US$ 80 Millionen, weiterhin Schadensersatz für die Verletzung der anderen genannten Vorschriften des Kapitel 11 des NAFTA in weit höherem Maß[521] sowie weitere Posten wie Rechtsverfolgungskosten und Ähnliches.

bb) Schiedsspruch

In einem ersten, im Juni 2000 ergangenen Schiedsspruch befasste sich das nach den Regeln der UNCITRAL arbeitende Schiedsgericht zunächst nur mit den Vorwürfen nach Artikel 1106 und 1110 NAFTA.[522] Während die Ausführungen des Schiedsspruchs zu Artikel 1106 NAFTA geradezu ein Lehrbeispiel systematischer Normeninterpretation abgeben und den Vortrag von Pope & Talbot in dieser Hinsicht rundweg ablehnen[523], soll hier nur auf die Feststellungen zum Enteignungsvorwurf eingegangen werden. Das Schiedsgericht musste sich zunächst mit der Frage beschäftigen, ob die Interessen, deren Verletzung Pope & Talbot behauptete, nach Artikel 1139 NAFTA als Investitionen geschützt werden. Kanada hatte argumentiert, dass Artikel 1139 NAFTA die geschützten Güter erschöpfend regele.[524] Der „unlimitierte Zugang des Investors zum amerikanischen Markt" unterfalle weder lit. (g) noch lit. (h). Auch das Schiedsgericht sah den Marktzugang als ein lediglich abstraktes Gut an, betonte aber, dass der Terminus des Marktzuganges in den Schriftsätzen der Parteien zu

---

520 Das Verfahren wurde am Weihnachtstag 1998 mit der an die kanadische Regierung gerichteten „Notice of Intent to Submit a Claim to Arbitration" angestoßen. Eine detaillierte Darstellung, welche Normen des NAFTA verletzt worden sein sollen, findet sich in dem Statement of Claim, 25. März 1999 (im Folgenden „P&T Statement of Claim"), Rn. 72 ff. Dabei wurde der Vorwurf, Kanada habe auch gegen das in Artikel 1103 des NAFTA enthaltene Meistbegünstigungsprinzip verstoßen, noch vor Einreichen des Investor's Memorial fallengelassen.

521 So etwa für die Verletzung des Gleichbehandlungsgrundsatzes (Artikel 1102 NAFTA) rund US$ 126 Millionen, ebenso für die behauptete Verletzung von Artikel 1103 (Meistbegünstigungsprinzip) und Artikel 1106 NAFTA (Verbot von Leistungsanforderungen), P&T Statement of Claim, S. 29.

522 P&T Interim Award, Rn. 16. Die zunächst angekündigte Auseinandersetzung mit Artikel 1102 NAFTA wurde verschoben, sie sollte nach nötiger Sachaufklärung und der inhaltlichen Nähe wegen zusammen mit Artikel 1105 NAFTA in einem späteren Schiedsspruch erfolgen, P&T Interim Award, Rn. 44

523 P&T Interim Award, Rn. 64–80.

524 P&T Interim Award, Rn. 97 f.

142

sehr im Vordergrund stünde. Denn dahinter stehe der gesamte Vermögensbestand von Pope & Talbot in Kanada, dessen Wert erheblich vom Exportgeschäft (dem Marktzugang) abhinge. Dieser Vermögensgegenstand sei selbstverständlich eine durch Artikel 1139 NAFTA geschützte Investition.[525]

Den Vorwurf der Enteignung wies das Schiedsgericht zurück. Die Maßnahmen Kanadas seien nicht einschneidend genug, sodass keine Enteignung vorliege. Dem stimmte Pope & Talbot sogar zu, die Quotenregelung sei tatsächlich nicht so belastend, dass sie nach herkömmlichem Verständnis als Enteignung zu qualifizieren sei.[526] Jedoch hatte Pope & Talbot versucht zu argumentieren, dass das sich stetig weiterentwickelnde Enteignungsrecht[527] inzwischen jeden „act by which the governmental authority is used to deny some benefit of property to an investor" als Enteignung eingestuft werden müsse.[528] Außerdem sei durch die Verwendung des Begriffs „tantamount to expropriation" eine Erweiterung beabsichtigt, Artikel 1110 NAFTA erfasse somit „even non-discriminatory measures of a general application, which have the effect of substantially interfering with the investments of investors of NAFTA Parties"[529]. Das Schiedsgericht wies diese Argumente zurück. „Tantamount" bedeute schlicht „equivalent". Eine Erweiterung sei nicht beabsichtigt gewesen. Zudem verwendeten die ebenso authentischen französischen und spanischen Fassungen des Artikels hier das Wort „équivalent" bzw. „equivalente".[530] Etwas einem anderen Gleichwertiges könne logischerweise nicht mehr als dieses umfassen. Dementsprechend könne aus der Einbeziehung des Begriffs keine Erweiterung des Schutzbereiches von Artikel 1110 NAFTA abgeleitet werden.[531]

Doch auch Kanada als beklagter Staat konnte sich mit einem viel beachteten Vorstoß nicht durchsetzen. Die kanadische Regierung argumentierte, dass

---

525 P&T Interim Award, Rn. 98.

526 P&T Interim Award, Rn. 102.

527 P&T Investor's Memorial, Rn. 137 f: Während lange Zeit nur direkte Enteignungen entschädigt worden seien, sei inzwischen etwa die Enteignungsform der „creeping expropriation" völkerrechtlich anerkannt.

528 P&T Investor's Memorial, Rn. 136, 141.

529 P&T Investor's Memorial, Rn. 150. Weiterhin argumentierte Pope & Talbot mit einem Rückschluss aus Artikel 1110 Abs. 8 NAFTA. Nach dieser Vorschrift sollen allgemeine nicht diskriminierende Maßnahmen nicht allein aus dem Grund, dass sie zu einer Verteuerung eines Kredits und dadurch letztlich zum Ausfall des Schuldners führen, als „tantamount to expropriation" angesehen werden. Im Gegenschluss bedeute dies, dass derartige Maßnahmen gemeinhin enteignend und ihre Motivation völlig unbedeutend sei, P&T Investor's Memorial, Rn. 155.

530 Vgl. Fn. 84 des P&T Interim Award.

531 P&T Interim Award, Rn. 96.

expropriation does not result from bona fide regulation. A state is not required to compensate an investment for any loss sustained by the imposition of a non-discriminatory, regulatory measure.[532]

Maßnahmen, die diesen Anforderungen entsprächen, seien Ausdruck der einem Staat zustehenden Police Powers und damit nicht geeignet, eine Entschädigungspflicht des sie erlassenden Staates zu begründen.[533] Kanada versuchte somit, als entscheidendes Merkmal einer Enteignung auf deren Form zu verweisen. Das Schiedsgericht begründete die Ablehnung dieser Position mit andernfalls auftretenden Schutzlücken.[534] Folge man der Ansicht Kanadas, böte sich mit dem Erlass von gesetzlichen Regelungen die Möglichkeit entschädigungsloser Enteignungen, vorausgesetzt allein ein nicht diskriminierender Charakter der Maßnahme. Das Schiedsgericht orientierte sich in diesem Punkt stark an § 712 des Third Restatement[535], das einen Staat für verantwortlich hält in Situationen, in denen er

> subjects alien Property to taxation, regulation, or other action that is confiscatory, or that prevents, unreasonably interferes with, or unduly delay, effective enjoyment of an alien's property [...].

Diese Passage wurde vom Schiedsgericht so interpretiert, dass die Frage, ob eine Maßnahme enteignend wirkt, unter anderem von dem Grad der Beeinträchtigung abhängen kann.[536] Auch inwiefern ein Investor an der Ausübung effektiver Kontrolle über seine Investition gehindert wird, ist neben der Bestimmung, ob die Maßnahmen ein weiteres profitables Wirtschaften unmöglich machen, zur Bewertung heranzuziehen. In Anwendung auf die im zu entscheidenden Fall vorliegenden Fakten kam das Schiedsgericht zu dem Schluss, die Investition von Pope & Talbot sei nicht in so erheblichem Maße beeinträchtigt worden, dass unter Berücksichtigung der angesprochenen Grundsätze von einer Enteignung gesprochen werden könne. Insbesondere wurde dem Investor vorliegend weder die Kontrolle über seine kanadische Tochterfirma entzogen, noch hinderte ihn die Quotenregelung unter dem SLA daran, weiterhin beträchtliche Mengen Holz in die USA zu exportieren und ebenso beträchtliche Gewinne zu erwirtschaften.[537]

---

532 P&T Interim Award, Rn. 90.
533 P&T Interim Award, Rn. 99.
534 Ebenda.
535 S. Fn. 158.
536 P&T Interim Award, Rn. 99.
537 P&T Interim Award, Rn. 100.

144

Im April 2001 erging der endgültige Schiedsspruch.[538] Das Schiedsgericht lehnte einen Verstoß gegen Artikel 1102 NAFTA (Gleichbehandlungsgebot) ab. Eine eventuelle Ungleichbehandlung habe zumindest sachliche Gründe.[539] Dagegen stellte das Schiedsgericht einen Verstoß gegen Artikel 1105 NAFTA fest.[540] Dabei hielt es jedoch die von Pope & Talbot bemängelten Verhaltensweisen[541] bis auf einen Fall nicht für verletzend, trotz eines recht investorenfreundlichen Maßstabs.[542] Allein das Verhalten der mit der Durchführung des SLA betrauten Agentur während des vorgeschriebenen Überprüfungsprozesses, welcher von Pope & Talbot erst nach Beginn des Schiedsverfahrens angestrengt wurde, habe nicht der geschuldeten „fairen und gerechten Behandlung" entsprochen.[543]

Im Mai 2002 wurde das Verfahren mit dem Urteil über die Schadenshöhe abgeschlossen.[544] Das Schiedsgericht sprach Pope& Talbot rund US$ 462.000 zu. Die Verfahrenskosten wurden geteilt, jede Partei musste darüber hinaus ihre eigenen Rechtsbeistandskosten tragen.[545]

cc) Analyse

Ins Auge fällt, wie ausführlich dieses Schiedsurteil zu Punkten Stellung nimmt, die für die Entscheidung streng genommen nicht notwendig waren. Als Grund dafür könnte vermutet werden, dass Schiedsgerichte anders als andere, ständige

---

538 Award on the Merits Phase 2, 10. April 2001(im Folgenden „P&T Final Award").

539 P&T Final Award, Rn. 104.

540 P&T Final Award, Rn. 185.

541 P&T Final Award, Rn. 121, 123, 124, 128 und 155.

542 Ausführlich hierzu P&T Final Award, Rn. 110–119.

543 Das Tribunal hat den Überprüfungsprozess eingehend untersucht und kam zu dem Schluss, dass die kanadische Agentur durch „imperious insistence on having its own way" während des gesamten Verfahrens, „the tenor and lack of forthrightness of its internal communications" und die Tatsache, dass die „relations between the SLD [der kanadischen Agentur] and the Investment during 1999 were more like combat than cooperative regulation" gegen Artikel 1105 NAFTA verstoßen habe. Final Award, Rn. 171–181.

544 Award on Damages, 31. Mai 2002 (im Folgenden „P&T Damages Award"). Der Hauptteil des Schiedsspruches ist jedoch nicht der Frage des Schadensersatzes gewidmet. Vielmehr beschäftigt sich das Schiedsgericht mit der Rechtmäßigkeit und Bedeutung der im Anschluss an den Final Award von den NAFTA-Staaten in ihrer Funktion als „Free Trade Commission" erlassenen „Interpretation des Artikel 1105" nach dem in Artikel 1131 Abs. 2 NAFTA vorgesehenen Verfahren. Anhand dieser Interpretation wurde wohl als direkte Reaktion das vom Schiedsgericht vertretene weitreichende Verständnis der durch Artikel 1105 NAFTA gewährten Garantien stark eingeschränkt.

545 Award on Costs, 26. November 2002, Rn. 17 f.

Gerichte nicht davon ausgehen können, den einmal offen gelassenen Punkt einfach bei nächster sich ergebender Gelegenheit abarbeiten zu können. Zudem ist zu bedenken, dass vorherige Schiedssprüche zwar keine Bindungswirkung entfalten, aber dennoch eine „Hürde" statuieren, die von einem diese Ansicht nicht teilenden späteren Schiedsgericht erst einmal überwunden werden muss. Auf diese Weise wird erreicht, dass die eigene Auffassung mehr Gewicht erhält. Die Klarstellungen zu Artikel 1110 NAFTA sind willkommen. Damit hat das Schiedsgericht sowohl Gaststaaten als auch Investoren ihre Grenzen aufgezeigt und die jeweiligen sehr weitreichenden Argumente entschieden zurückgewiesen.

d) S.D. Myers

aa) Sachverhalt

S.D. Myers Inc., ein amerikanisches Unternehmen, hatte sich auf die Entsorgung von mit polychlorierten Biphenylen (im Folgenden „PCB") versetzten Abfällen spezialisiert. PCB, ein organischer Giftstoff, gehört zum sogenannten „dreckigen Dutzend" und wurde zusammen mit anderen langlebigen organischen Schadstoffen (persistent organic pollutant, „POP") durch die Stockholmer Konvention vom 22. Mai 2001[546] verboten. Es steht im starken Verdacht, erbgutverändernd und krebserzeugend zu sein.[547] Die besondere Gefährlichkeit rührt vornehmlich daher, dass der Stoff sich im menschlichen Gewebe anreichert und besonders langlebig ist. PCB kam bis in die 80er-Jahre des vergangenen Jahrhunderts in Transformatoren, elektrischen Kondensatoren und Hydraulikanlagen sowie als Weichmacher in Kunstoffen, Lacken und Dichtungsmassen zum Einsatz. Nach dem Verbot von PCBs müssen PCB-Altlasten gemeldet und als Sondermüll entsorgt werden. Seit 1990 beabsichtigte S.D. Myers, PCB-kontaminierten Abfall auch aus Kanada zu importieren, um sein bislang auf die USA konzentriertes Geschäft zu erweitern.[548]

---

546 International Legal Materials, 40 (2001), 532–563. Eine deutsche Übersetzung des Vertragstextes findet sich auf der Internetseite des Bundesumweltministeriums unter http://www.bmu.de/files/pdfs/allgemein/application/pdf/pop_konvention.pdf (zuletzt am 1. März 2013 abgerufen). Zudem unterfällt PCB dem 1998 unterzeichneten Aarhus Protocol on Persisten Organic Pollutants zur bereits 1979 unter der Ägide der UNECE verabschiedeten Genfer Konvention über weiträumige grenzüberschreitende Luftverunreinigung.

547 S.D. Myers, Inc. v. Canada, Partial Award vom 13. November 2000 (im Folgenden „Myers Partial Award"), Rn. 98.

548 Inzwischen war S.D. Myers zum größten Unternehmen der PCB-Vernichtung in den USA aufgestiegen und hatte seine Aktivitäten nach Australien, Mexiko und Südafrika ausgedehnt, Myers Partial Award, Rn. 109.

Dem standen bis Oktober 1995 jedoch Regelungen der amerikanischen Umweltagentur EPA entgegen, die es privaten Unternehmen nicht gestatteten, PCB-Abfall über die amerikanisch-kanadische Grenze zu verbringen.[549] 1995 gelang es S.D. Myers, eine Ausnahmegenehmigung von amerikanischer Seite zu erhalten.[550] Das hatte zur Folge, dass das kanadische Umweltministerium nur einen Monat später ein (zunächst vorläufig anwendbares) Verbot jeglichen PCB-Exportes von Kanada in die USA erließ.[551] Aufgrund dieses Verbots blieb die Grenze für ungefähr 15 Monate geschlossen. Nach diesem Zeitraum war es S.D. Myers möglich, für einige Monate PCB-Abfall aus Kanada in die USA zu importieren, bevor im Juli 1997 von amerikanischer Seite ein erneutes Einfuhrverbot erlassen wurde.[552]

Hintergrund der kanadischen Maßnahmen war zum einen die Besorgnis, ob das Land seinen internationalen Verpflichtungen nach der Basler Konvention zur Kontrolle der grenzüberschreitenden Verbringung gefährlicher Abfälle und ihrer Entsorgung[553] genügen würde, da die USA das Abkommen zwar unterzeichnet, aber nicht ratifiziert hatten.[554] Daher war unklar, ob die Entsorgungsstandards in den USA dem von der Basler Konvention geforderten Standard entsprachen. Zudem hatte Kanada sich dem Prinzip verpflichtet, dass im Land produzierte PCBs auch dort entsorgt werden sollten. Allerdings geben Äußerungen kanadischer Fachleute aus dem Umweltministerium, die im

---

549 Myers Partial Award, Rn. 102.

550 Myers Partial Award, Rn. 118. Deren Rechtscharakter war äußerst umstritten. Es handelte sich wohl nicht um eine ausdrückliche Genehmigung, sondern eher um die Zusage, das bestehende Verbot gegenüber S.D. Myers nicht durchzusetzen. Die Gültigkeit dieser Ausnahme war bis zum Ablauf des Jahres 1997 begrenzt, s. Statement of Defence, 18. Juni 1999 (im Folgenden „Myers Statement of Defence"), Rn. 16 f.

551 Myers Partial Award, Rn. 123 ff. Diese vorläufige Anordnung wurde wenige Tage später durch den Privy Council bestätigt und im Februar 1996 zu einer endgültigen Anordnung umgewandelt.

552 Myers Partial Award, Rn. 127 f. Dies erfolgte aufgrund einer Gerichtsentscheidung, die die amerikanische Praxis der Ausnahmegenehmigung und der im Anschluss daran erlassenen „Import for Disposal Rule" als rechtswidrig beurteilte, s. Myers Statement of Defence, Rn. 17.

553 Verabschiedet am 22. März 1988; Der Vertragstext ist abgedruckt in International Legal Materials, 28 (1989), 649–686. Eine deutsche Übersetzung des Vertragstextes findet sich auf der Internetseite des Bundesumweltministeriums unter http://www. bmu.de/files/pdfs/allgemein/application/pdf/basler_uebereinkommen89.pdf (zuletzt am 1. März 2013 abgerufen).

554 Artikel 4 Abs. 5 der Konvention verbietet den Im- und Export gefährlicher Abfälle in oder aus einem Nichtvertragsstaat, außer sie sind einem bilateralen Regime unterworfen, dessen Regelungen mindestens ebenso streng wie die der Konvention sind, Artikel 11.

Rahmen der Auseinandersetzungen verschiedene Memoranden anfertigten, Anlass zum Zweifel an der Stichhaltigkeit der Umweltschutzargumente der kanadischen Regierung. So gab es Stimmen, die durchaus die Vorteile einer Entsorgung der im grenznahen Bereich Kanadas angefallenen PCBs durch ein amerikanisches Unternehmen in den USA sahen (da die kanadischen Entsorgungsstätten einen längeren Transportweg notwendig gemacht hätten), sofern davon ausgegangen werden könne, dass die amerikanische Seite für die Einhaltung der Vorschriften Entsorgung sorge.[555] Dennoch berief sich das Ministerium für die Interim Order auf die Verpflichtungen nach der Basler Konvention.[556] Gleichzeitig kommt in der Äußerung jedoch auch die möglicherweise im Vordergrund stehende Motivation zum Ausdruck, wenn sie betont: „The handling of PCBs should be done in Canada by Canadians." Damit wird deutlich, dass nicht zuletzt die Sorge um die langfristige Wirtschaftlichkeit der in Kanada gelegenen Entsorgungsstätten eine Rolle spielte.[557]

S.D. Myers sah sich durch die kanadischen Regelungen in seinen Rechten nach dem NAFTA verletzt.[558] Kanada habe seine „Fähigkeit, seinen Geschäften nachzugehen, in willkürlicher und diskriminierender Weise" beeinträchtigt, was einer enteignungsgleichen Maßnahme gleichkomme.[559] Mitte 1998 strengte S.D. Myers eine schiedsgerichtliche Klärung seiner Ansprüche an. S.D. Myers Forderung belief sich auf US$ 20 Millionen Schadensersatz für die Verletzung der Meistbegünstigungsklausel (Artikel 1102 NAFTA), des internationalen Mindeststandards (Artikel 1105 NAFTA), des Verbots von Leistungsanforderungen nach Artikel 1106 NAFTA und der Enteignungsvorschrift des Artikel 1110 NAFTA.[560]

---

555 Der Schiedsspruch zählt verschiedene Memoranden kanadischer Beamter oder Angestellter kanadischer Umweltagenturen auf, s. Myers Partial Award, Rn. 164, 165, 173, 175, 176, 189. In einer davon heißt es sogar ausdrücklich:
   "[…] an interim order to amend the PCB Waste Export Regulations quickly is not a viable option because it cannot be demonstrated that closing the border is required to deal with a significant danger to the environment or to human health."
   S. Rn. 176, Zitat aus einem Memorandum vom Oktober 1995, einen Monat vor dem Erlass der Interim Order.

556 Myers Partial Award, Rn. 185.

557 Diese Überlegungen nehmen breiten Raum ein, vgl. Myers Partial Award, Rn. 121, 122, 162, 168, 174, 178.

558 Myers Partial Award, Rn. 129–143. Ausführlicher dazu das Statement of Claim, 20. Oktober 1998 (im Folgenden „Myers Statement of Claim"), Rn. 35–55.

559 Myers Statement of Claim, Rn. 54.

560 Myers Statement of Claim, S. 16.

bb) Schiedsspruch

Das Schiedsgericht kam im November 2000 zu einer Entscheidung bezüglich der materiellen Vorwürfe. Es stellte eine Verletzung sowohl von Artikel 1102 sowie Artikel 1105 NAFTA fest. Dagegen lehnte es die behaupteten Verletzungen von Artikel 1106 und Artikel 1110 NAFTA ab. Zur Entscheidung über Artikel 1106 NAFTA verfasste einer der Schiedsrichter ein Sondervotum[561], ein Vorgehen, das im Rahmen des NAFTA zuvor lediglich einmal (zu einer Zulässigkeitsfrage) vorkam.[562]

Zunächst musste das Schiedsgericht darüber entscheiden, ob S.D. Myers vorliegend überhaupt als Investor im Sinne des NAFTA angesehen werden konnte.[563] 1993 war in Kanada eine Tochterfirma gegründet worden, deren Geschäftszweck die Vermittlung von Entsorgungsaufträgen an das amerikanische Mutterunternehmen war. Deren Anteile standen jedoch nicht im Eigentum der juristischen Person S.D. Myers, sondern gehörten wiederum deren Eigentümern als Privatpersonen.[564] Das Schiedsgericht legte die relevanten Vorschriften vor dem Hintergrund der Ziele des NAFTA aus und kam zu dem Schluss, dass S.D. Myers ungeachtet der konkreten gesellschaftsrechtlichen Ausgestaltung befugt sei, die behaupteten Ansprüche geltend zu machen.[565]

Die von S.D. Myers behauptete Enteignung lehnte das Schiedsgericht jedoch ab. Eine Enteignung konnte vorliegend allenfalls in indirekter Form durch die einstweilige Anordnung und die nachfolgende endgültige Entscheidung zum Exportverbot von PCB-Abfällen gesehen werden. Das Schiedsgericht setzte sich dabei ausführlich mit dem Punkt auseinander, ob diese Maßnahmen „tantamount to expropriation" waren. Während Enteignungen gewöhnlich mit einem Verlust von Eigentumsrechten einhergingen, träfe dies auf regulative Maßnahmen allenfalls in geringerem Maße zu.[566] Aus diesem Grund hielt das Schiedsgericht die Möglichkeit einer gegen Artikel 1110 NAFTA ver-

---

561   Es handelte sich um den von S.D. Myers benannten Schiedsrichter Dr. Bryan Schwartz, der aber zugestand, dass selbst bei einem Verstoß auch gegen das Verbot von Leistungsanforderungen wohl keine höhere Entschädigung fällig würde, vgl. Separate, Concurring Opinion, 13. November 2000, Rn. 298.

562   So im ersten Anlauf des Falles Waste Management Inc. gegen die Vereinigten Staaten von Mexiko, ICSID Fall Nr. ARB (AF)/98/2, Award and Dissent vom 26. Mai 2000.

563   Artikel 1116 NAFTA verlangt, im Gegensatz zu Artikel 1117 NAFTA, eine eigene Verletzung des Investors. Bei Artikel 1117 NAFTA macht eine in einem NAFTA-Staat ansässige Firma die Ansprüche einer in einem anderen Staat inkorporierten Firma geltend, die von Ersterer kontrolliert wird.

564   Myers Partial Award, Rn. 111, 227 f.

565   Myers Partial Award, Rn. 231.

566   Myers Partial Award, Rn. 282.

stoßenden Enteignung durch derartige Maßnahmen zwar nicht für ausgeschlossen, aber doch für unwahrscheinlich.[567] Es definierte eine Enteignung
als dauerhafte Entziehung der Möglichkeit eines Eigentümers, sein Eigentum
ökonomisch zu verwerten. Daneben erkannte es an, dass es auch Sachverhalte
geben mag, in denen eine nur teil- oder zeitweise Entziehung als Enteignung
gewertet werden müsse.[568] Weiterhin hielt es, wie zuvor schon das Schiedsgericht in der Sache Pope & Talbot, die Formulierung „tantamount to
expropriation" nicht für eine Erweiterung des völkergewohnheitsrechtlichen
Enteignungsbegriffs. Die Verfasser hätten bei der Verwendung dieses Terminus
lediglich Fälle sogenannter „creeping expropriation" erfassen wolle.[569] Auf die
Tatsachen des Falls bezogen war das Schiedsgericht der Ansicht, die nur befristet gültigen kanadischen Maßnahmen hätten nicht zu einer Überführung von
Eigentum oder sonstigen Vorteilen auf Kanada oder Dritte geführt.[570] Zwar sei
richtig, dass Kanada eine Eindämmung der Geschäftstätigkeit S.D. Myers' in
Kanada beabsichtigt und auch erreicht habe[571], doch könne sie gerade wegen der
nur kurzen Dauer ihrer Geltung nicht als Enteignung im Sinne des Artikel 1110
NAFTA eingestuft werden.[572]

Der im Anschluss von Kanada angestrengte Revisionsprozess vor einem
kanadischen Bundesgericht führte zur Zurückweisung Kanadas.[573] Aussagen
über Artikel 1110 NAFTA wurden erwartungsgemäß nicht getroffen, da das
Schiedsgericht Kanada in dieser Hinsicht keine Verletzung vorgeworfen hatte.

cc) Analyse

Die Herangehensweise des Schiedsgerichts erscheint ausgewogen. Während auf
der einen Seite den Geist des Freihandelsabkommens bedenkend die Definition,
was eine Investition ausmacht, nicht zu eng und formalistisch gesehen wird,
wird auf der anderen Seite betont, dass der Schutzbereich des Artikel 1110
NAFTA durch die Wendung „tantamount to expropriation" nicht über das

---

567   Das Schiedsgericht halt wörtlich fest:
     "Regulatory conduct by public authorities is unlikely to be the subject of legitimate
     complaint under Article 1110 of the NAFTA, although the Tribunal does not rule out
     that possibility."
     Myers Partial Award, Rn. 281.
568   Myers Partial Award, Rn. 283.
569   Myers Partial Award, Rn. 285 f.
570   Myers Partial Award, Rn. 284, 287.
571   Myers Partial Award, Rn. 162,
572   Myers Partial Award, Rn. 284, 287.
573   Urteil des Federal Court of Canada, 2004, FC 38, 13. Januar 2004. Kanada hatte sich
     gegen die Feststellung einer Verletzung von Artikel 1102 und 1105 NAFTA gewandt.

völkergewohnheitsrechtliche Maß hinausgehen soll. Dagegen bleiben die Ausführungen zum enteignenden Charakter der kanadischen Maßnahmen blass. Letztendlich wird nicht deutlich, welche Position das Schiedsgericht zur Frage von Enteignungen durch regulative Maßnahmen beziehen will. Es scheint zwar mit leichtem Widerwillen anzuerkennen, dass die grundsätzliche Möglichkeit besteht, derartige Maßnahmen könnten einen stichhaltigen Enteignungsvorwurf begründen. Ebenso scheint das Schiedsgericht der Ansicht zu sein, dass neben dem Effekt einer Maßnahme auch ihr Motiv untersucht werden müsse.[574] Völlig im Dunkeln bleibt jedoch, unter welchen Voraussetzungen das Schiedsgericht eine solche Situation als gegeben ansehen würde. In seinen Ausführungen zu Artikel 1110 NAFTA erkennt man früh die Tendenz, den Anspruch von S.D. Myers allein an der zu kurzen Dauer der Behinderung scheitern zu lassen. Die Argumentation ist allein auf dieses Argument zugeschnitten, während andere Umstände überhaupt nicht mehr zur Sprache kommen.

Darüber hinaus scheint das Schiedsgericht davon auszugehen, dass die kanadischen Schritte von vornherein nur auf einen begrenzten Zeitraum angelegt gewesen seien. Diese Behauptung lässt sich jedoch an den Ausführungen zum tatsächlichen Geschehen ebenso wenig ablesen wie an den von Kanada in seinem Statement of Defense vorgetragenen Hintergründen seiner Aktionen. Zwar trug die erste der angegriffenen kanadischen Maßnahmen noch die Vorläufigkeit im Namen (Interim Order), doch wurde sie, wie es das ermächtigende Gesetz vorsah, schon bald darauf als dauerhafte Anordnung bestätigt. Kanada hatte im Verfahren vorgetragen, mithilfe der streitgegenständlichen Anordnungen lediglich die Zwischenzeit bis zum Erlass einer auf die amerikanische Ausnahmegenehmigung reagierenden Gesetzgebung überbrücken zu wollen. Freilich bleibt offen, wie das Schiedsgericht entschieden hätte, wenn sich deren Verabschiedung noch weiter hingezogen hätte. Andererseits ist dem Schiedsgericht natürlich zuzustimmen, dass nicht potenziell mögliche Szenarien, sondern allein die vorgefallenen Tatsachen, hier also eine zeitlich begrenzte Wirkung der Anordnungen, beurteilt werden müssen.

---

574 Hierzu heißt es:
"[...] international law makes it appropriate for tribunals to examine the purpose and effect of governmental measures." Myers Partial Award, Rn. 281
Allerdings fällt diese Aussage im unmittelbaren Zusammenhang mit der Feststellung, dass inzwischen anerkannt sei, dass neben Eigentumsrechten auch andere Rechte enteignet werden könnten. Daran schließt sich die zitierte Aussage an, sodass argumentiert werden könnte, dass eine Prüfung des Effekts und des Motivs allein für die Frage ausschlaggebend sei, ob ein vom Investitionsvertrag geschütztes Rechtsgut betroffen wurde.

Etwas ausführlichere Erläuterungen wären an dieser Stelle jedoch durchaus von Interesse gewesen. Wie beispielsweise kam das Schiedsgericht zu der Schlussfolgerung, dass gerade genau der Zeitraum von 16 Monaten nicht einschneidend genug sei? Eine Auseinandersetzung mit den tatsächlichen Auswirkungen der Maßnahmen auf die Investition S.D. Myers' unterblieb dabei völlig. Wurde ihnen neben der zeitlichen Variante keine Bedeutung beigemessen, oder wären sie auch bei längerer Wirkung der Anordnungen nicht einschneidend genug gewesen? An lediglich einer Stelle werden die Auswirkungen erwähnt, jedoch nur, um ihnen für die Beantwortung der Frage nach dem Vorliegen einer Enteignung jegliche Bedeutung abzusprechen.

> In this case, the Interim Order and the Final Order were designed to, and did, curb SDMI's initiative, but only for a time. CANADA realized no benefit from the measure. The evidence does not support a transfer of property or benefit directly to others. An opportunity was delayed.
> The Tribunal concludes that this is not an "expropriation" case.[575]

Allein zum Zwecke der Berechnung der Entschädigung für die zuvor festgestellte Verletzung der Artikel 1102 und 1105 NAFTA könne berücksichtigt werden, dass S.D. Myers seinen Wettbewerbsvorteil durch den verzögerten Marktzutritt eingebüßt habe. Eine weitere Auseinandersetzung mit den von S.D. Myers behaupteten Einbußen und damit dem „Effekt" der kanadischen Maßnahmen unterbleibt, obwohl das Schiedsgericht für die Ablehnung des Verstoßes gegen Artikel 1110 NAFTA doch allein darauf abzustellen scheint, dass der eingetretene nachteilige Effekt nicht ausreichend lange wirkte.

Es ist nicht möglich, aus den Feststellungen des Schiedsgerichtes zu schließen, dass es den kanadischen Maßnahmen für sich genommen eine potenziell enteignende Wirkung zugestand, sie jedoch aufgrund der zu kurzen zeitlichen Geltung noch gerade unterhalb der Schwelle zur Enteignung nach Artikel 1110 NAFTA verblieben. Denn genauso gut ist es eine andere Interpretation möglich: Die Maßnahmen an sich werden gar keiner weiteren Prüfung unterzogen, denn schon allein die kurze Dauer ihrer Geltung rechtfertigt die Verneinung einer Enteignung.

Weiterhin bleibt unbeantwortet, wie sich in diesem Zusammenhang die Tatsache auswirkt, dass die Anordnungen alleine S.D. Myers als amerikanisches Unternehmen zum Ziel hatten und sie ausgewiesen protektionistischen Motiven entsprangen.[576] Wenn sie auch zu Beginn der Geschehnisse im Vordergrund standen, lehnt das Schiedsgericht spezifische, dem Umweltschutzgedanken entspringenden Gründe für die Maßnahmen auf der Basis der ihm vorgelegten Be-

---

575 Myers Partial Award, Rn. 287 f.
576 Myers Partial Award, Rn. 162, 193 ff.

weise ab.[577] Auch ergreift das Schiedsgericht nicht die Gelegenheit, im Wege eines Obiter Dictum auf das Verhältnis zwischen Investitions- und Umweltschutz einzugehen. Dies ist vor allem deshalb zu bedauern, da mit der Basler Konvention ein Vertrag betroffen war, den Artikel 104 NAFTA explizit erwähnt. Es wäre daher ein Leichtes gewesen, dem Umweltschutz – zumindest in der Theorie – den Vorrang einzuräumen.

e) Methanex

Zwar war der Fall *Methanex* nicht der erste NAFTA-Fall, bei dem die USA sich in der Rolle des Beklagten wiederfanden, jedoch war die Resonanz überwältigend. Nicht nur die reguläre Presse und NGOs nahmen sich des ersten Falles mit Umweltschutzbezug gegen die USA an, auch in der juristischen Fachpresse widmete man sich dem Fall und seinen möglichen Auswirkungen ausführlich.[578]

aa) Sachverhalt

Methanex Corporation, ein kanadisches Unternehmen, war Eigentümerin einer texanischen Personengesellschaft, der Methanex Methanol Co. Dieses Tochterunternehmen produzierte und vertrieb Methanol, eine Substanz, die neben anderen Stoffen für die Produktion von Methyltertiärbutylether (im Folgenden: „MTBE") verwandt wird.[579] 1999 wurden weltweit ca. 30% des produzierten Methanols, das das einzige Produkt von Methanex ist, zu MTBE weiterverarbeitet. Methanex selbst war mit rund einem Viertel der Weltproduktion von Methanol einer der führenden Hersteller dieses Stoffes.[580] MTBE wird Benzin als Oktan-Ersatzstoff beigemischt und dient gleichzeitig als Sauerstofflieferant bei der Verbrennung im Motor.[581] Es ist seit der gesetzlich verlangten starken Reduzierung von Blei als Benzinadditiv in den späten 1970er-Jahren in Ge-

---

577 Myers Partial Award, Rn. 162, 195.

578 Vgl. nur die Nachweise in *Legum,* Introductory Note to Methanex Corporation v. United States of America, International Legal Materials, 44 (2005) 1343 f.

579 Methanex Corporation v. The United States of America, Partial Award on Jurisdiction, 7. August 2002 (im Folgenden "Methanex Partial Award"), Rn. 1–3, 23 f.; Draft Amended Claim, 12. Februar 2001 (im Folgenden "Methanex Draft Amended Claim"), S. 3 f.

580 Methanex Draft Amended Claim, S. 4

581 Das Bundesumweltamt hat eine ausführliche Untersuchung zu MTBE im Internet verfügbar gemacht:
http://www.umweltbundesamt.de/wasser/themen/grundwasser/mtbe.htm (zuletzt am 1. März 2013 abgerufen).

brauch. Zur weiteren Verbreitung des Stoffes und stark steigender Nachfrage in den USA trug ab 1990 eine Ergänzung des Clean Air Act[582] bei, die für bestimmte Ballungsgebiete mit besonders hohen Ozon- und Kohlenstoffmonoxidausstößen[583] einen erhöhten Zusatz von verbrennungsfördernden Substanzen zum Benzin vorschrieb. Die amerikanische Environmental Protection Agency (EPA) stufte MTBE als für Tiere nachgewiesen krebserregend ein. Daneben wird eine auch für den Menschen karzinogene Wirkung für möglich gehalten.[584] Schon mit nur geringen Mengen MTBE versetztes Wasser ist aufgrund des ausgeprägten Geschmacks und Geruchs nicht mehr trinkbar. Im Vergleich zu anderen Benzinadditiva verunreinigt MTBE aufgrund seiner chemischen Eigenschaften größere Mengen Trinkwasser und wird schlechter auf natürlichem Wege abgebaut. Dadurch ist seine Beseitigung aufwendig und sehr teuer. Hauptgrund für die massiven Verunreinigungen des Grundwassers mit MTBE waren dabei leckgeschlagene Lagerungstanks im Boden.[585]

Allein aus Kalifornien stammten circa 6% der weltweiten Nachfrage nach MTBE.[586] Alarmiert von den zunehmend auftretenden Problemen und dem hohen Verbrauch von MTBE gab der kalifornische Senat 1997 eine Studie über die Gesundheits- und Umweltrisiken von MTBE bei der University of California (UCLA) in Auftrag.[587] In ihrem Abschlussbericht gelangten die Wissenschaftler zu dem Schluss, dass aufgrund der oben beschriebenen Eigenschaften eine allmähliche Abkehr vom Gebrauch von MTBE empfehlenswert sei.[588] Daraufhin

---

582   Clean Air Act of July 14, 1955, ch. 360, 69 Stat. 322 (42 U.S.C. 7401 et seq.) und Clean Air Act Amendments of 1990, Pub. L. 101-549, 104 Stat. 2399-2712 (1990).

583   Wozu auch das südliche Kalifornien gehört, vgl. *Dhooge,* American Business Law Journal, 38 (2001), 475, 497.

584   Dafür existieren jedoch keine wissenschaftlichen Belege, vgl. Final Award vom 9. August 2005 (im Folgenden "Methanex Final Award"), Part III, Chapter A, S. 5; *Dhooge,* a.a.O., 505 ff.; dagegen führt Methanex in Methanex Draft Amended Claim, S. 6 f. an:
      "Most authorities do not consider MTBE to be a carcinogen."

585   Methanex Final Award, Part II, Chapter D, S. 6 und Part III, Chapter A, S. 5.

586   Methanex Draft Amended Claim, S. 36.

587   Kalifornisches Gesetz „S.B. 521 (Cal. 1997)". Das Gesetz bestimmt, dass der Gouverneur nach Erhalt des Berichts über eventuelle angezeigte „geeignete Maßnahmen" zu entscheiden hat. Im Methanex Final Award findet sich eine knappe Zusammenfassung der Aufgabenstellung und Ergebnisse des Berichts, Methanex Final Award, Part III, Chapter A, S. 1 f.

588   „Health and Environmental Assessment of MTBE – Report to the Governor and Legislature of the State of California as Sponsored by SB 521, delivered to the Governor's office on November 12, 1998".

erließ der Gouverneur Kaliforniens, wie in dem die Studie in Auftrag gebenden Gesetz vorgesehen, nach kritischer Auseinandersetzung mit dem Bericht der UCLA im Jahr 1999 eine Durchführungsverordnung, welche der California Energy Commission den Auftrag zur Ausarbeitung eines Zeitplans zur Entfernung von MTBE aus Kraftstoffen bis Ende 2002 gab. Außerdem wurden weitere staatliche Stellen angewiesen, die Möglichkeit einer Ersetzung des MTBE durch Ethanol im Hinblick auf gesundheitliche und Umweltaspekte zu untersuchen.[589]

Methanex fühlte sich durch diese Maßnahmen des Gouverneurs in seinen Rechten nach dem NAFTA verletzt. Noch bevor die Instrumente zur praktischen Durchführung der Verordnung verabschiedet waren, strengte Methanex ein Schiedsverfahren nach Artikel 1116 und 1117 NAFTA an. Die geltend gemachte Schadensersatzforderung belief sich auf US$ 970 Millionen.[590] Die Forderung wurde mit einer Verletzung des in Artikel 1105 NAFTA verankerten Minimalstandards zur Behandlung ausländischer Investoren und einer nicht den Anforderungen des Artikel 1110 NAFTA genügenden Enteignung begründet.[591] Methanex brachte vor, die Verordnung führe dazu, dass Kalifornien als Absatzmarkt für das von Methanex produzierte Methanol als Vorprodukt von MTBE ausfiele. Dies stelle eine enteignungsgleiche Maßnahme dar. Darüber hinaus verletze die Vorgehensweise des kalifornischen Senates und des Gouverneurs im Verfahren die einem Investor zustehende „faire und gleiche Behandlung" nach Artikel 1105 NAFTA.

Gut zwei Jahre nach Beginn des Schiedsprozesses und nach Verpflichtung eines neuen Rechtsbeistandes erweiterte Methanex sein Vorbringen sowohl in tatsächlicher wie auch rechtlicher Hinsicht. Aufgrund neuen Materials sah Methanex es als erwiesen an, dass der Gouverneur die fraglichen Maßnahmen in diskriminierender Absicht ausländischen Methanolproduzenten gegenüber getroffen habe. Dies sei geschehen, um die heimische Ethanolindustrie zu fördern, deren Produkt für die Benzinanreicherung eine Alternative zu Methanol darstellt.[592] Nach Ansicht von Methanex wurde daher neben den bereits auf-

---

Die wissenschaftliche Richtigkeit dieses Berichtes wurde scharf angegriffen, sodass der Punkt der Umweltschädlichkeit von Methanol auch in den Verhandlungen vor dem Schiedsgericht erheblichen Raum einnahm, Methanex Final Award, Part III, Chapter A, S. 16 f., 51 f.

589 „Executive Order No. D-5-99 (Cal. March 26, 1999)", abrufbar unter http://www.calgasoline.com/EOD05-99.PDF (zuletzt am 1. März 2013 abgerufen).

590 Methanex Final Award, Part I, Preface, S. 1.

591 Methanex Final Award, Part II, Chapter D, S. 11.

592 Methanex Draft Amended Claim, S. 12 ff. Es wurde behauptet, der Gouverneur habe anlässlich seines Wahlkampfes, in dem das Thema MTBE eine wichtige Rolle spielte,

gezeigten Artikeln 1105 und 1110 NAFTA außerdem auch Artikel 1102 verletzt[593], denn die fraglichen Maßnahmen seien unter dem illegitimen Einfluss der amerikanischen Ethanolindustrie „arbitrary, unreasonable, [...] not in good faith [...] and not the least trade-restrictive method of solving the water contamination problem" gewesen.[594] Als Beweis führte Methanex die Einschätzung europäischer Instanzen an, die MTBE (unbeeinflusst durch die angeblichen Bestrebungen der Ethanolindustrie) nicht für verbotswürdig hielten.[595] Die kalifornischen Maßnahmen seien somit das Ergebnis von „protectionist concerns [that] have led to disguised discrimination against investments and trade in the form of environmental regulations".[596]

Die Vereinigten Staaten haben die Zuständigkeit des Schiedsgerichts mit dem Argument infrage gestellt, dass die Verbindung von angegriffener Maßnahme zum geltend gemachten Schaden nicht unmittelbar genug zur Etablierung der Gerichtsbarkeit sei.[597] Darüber hinaus entbehre die Klage auch in materieller Hinsicht jeglicher Grundlage, das vorgeworfene Verhalten sei nicht diskriminierend und verletzte daher keinen der angesprochenen Artikel des NAFTA. Auch stellten die angeblich enteigneten Güter keine unter dem Regime des NAFTA geschützten Investitionen dar.[598]

bb) Schiedsurteil – Partial Award

Das Schiedsgericht befasste sich in seiner Vorabentscheidung vom 7. August 2002 eingehend mit der Frage seiner eigenen Gerichtsbarkeit.[599] Dreh- und

---

eine große Geldzahlung einer amerikanischen ethanolproduzierenden Firma erhalten. Dies habe ihn bewogen, sich nach erfolgter Wahl mithilfe der getroffenen Maßnahmen zulasten von Methanex erkenntlich zu zeigen.

593 Artikel 1102 Abs. 1 des NAFTA lautet:
"Each Party shall accord to investors of another Party treatment no less favourable than that it accords, in like circumstances, to its own investors with respect to the establishment, acquisition, expansion, management, conduct, operation, and sale or other disposition of investments."

594 Methanex Draft Amended Claim, S. 39 ff.

595 Methanex Draft Amended Claim, S. 33 ff.

596 Methanex Draft Amended Claim, S. 39.

597 Memorial on Jurisdiction and Admissibility of Respondent United States of America, 13. November 2000, (im Folgenden „Methanex Respondent's Memo on Jurisdiction"), S. 15 ff.

598 Methanex Respondent's Memo on Jurisdiction, S. 30 ff.

599 S. Fn. 579. Daneben wurde eine Reihe weiterer Fragen geklärt, deren Erläuterung den Rahmen dieser Arbeit sprengen würde. Diese behandelten überwiegend Klarstellungen des Schiedsgerichts zu prozessualen Fragestellungen, wie Beweisfragen, der Möglichkeit der späteren Ergänzung und Präzisierung des Antragstellervortrags, der Ein-

Angelpunkt dieser Auseinandersetzung war Artikel 1101 Abs. 1 NAFTA.[600] Als Ergebnis der sehr ausführlichen Erwägungen, die verschiedene Interpretationsmöglichkeiten und -vorschriften sowie Präzedenzfälle[601] würdigten, stellte das Schiedsgericht fest, dass die von Methanex geltend gemachte Verbindung zwischen den kalifornischen Maßnahmen und ihrer Investition dem bisherigen Vortrag nach tatsächlich nicht ausreichend sei.[602] Artikel 1101 Abs. 1, das „Einfallstor"[603] zu Kapitel 11 des NAFTA, bestimmt, dass das Kapitel auf Maßnahmen von Vertragsparteien Anwendung findet, die als „relating to" Investitionen oder Investoren aus einer anderen Vertragspartei charakterisiert sind. Nach Auffassung des Schiedsgerichts müsse dieser Begriff restriktiv interpretiert werden, sodass eine bloße Beeinträchtigung einer Investition nicht ausreiche.[604] Vielmehr müsse eine „legally significant connection" vorliegen.[605] Das Schiedsgericht kam zu dem Schluss, dass Methanex' Antrag und die zur Begründung vorgetragenen Fakten und Argumente diesem Maßstab hinsichtlich der behaupteten Verletzung von Artikel 1105 Abs. 1 und 1110 NAFTA zum jetzigen Zeitpunkt nicht genüge. Keine der von Kalifornien erlassenen Regeln befasse sich direkt mit dem von Methanex hergestellten Methanol oder Methanex selbst, die Verbindung erscheine daher nicht eng genug.[606]

Das Schiedsgericht ging jedoch darüber hinaus und beschäftigte sich mit dem von Methanex nachträglich vorgebrachten Diskriminierungsvorwurf. Hierbei herrschte in der zugrunde liegenden Rechtsfrage Übereinstimmung. Sowohl Methanex als auch die USA waren der Ansicht, dass das Kriterium der

---

beziehung weiterer Maßnahmen in den Angriff, dem Verhältnis der nationalen Verfahren zum Schiedsverfahren sowie der Rechtmäßigkeit des Antrages auf Herausgabe der *travaux préparatoires* des elften Kapitels des NAFTA.

600 Artikel 1101 Abs. 1 des NAFTA lautet:
"This Chapter applies to measures adopted or maintained by a Party relating to:
(a) investors of another Party;
(b) investments of investors of another Party in the territory of the Party; and
(c) with respect to Articles 1106 and 1114, all investments in the territory of the Party."

601 Das Schiedsgericht geht an dieser Stelle unter anderem auf die Fälle Pope & Talbot und S.D. Myers ein (s. vorstehende Untersuchungen). Weiterhin wurde zur Interpretation des Begriffs „relating to" die „New York"-Konvention zur Anerkennung und Durchsetzung ausländischer Schiedssprüche, in Kraft getreten am 7. Juni 1959, herangezogen, auf die Artikel 1122 Abs. 1 NAFTA verweist. Deren Artikel II Abs. 1 verlangt, dass ein Disput aus einer „defined legal relationship" entspringt.

602 Methanex Partial Award, Rn. 150.

603 Methanex Partial Award, Rn. 106.

604 Methanex Partial Award, Rn. 147.

605 Ebenda.

606 Methanex Partial Award, Rn. 150.

„legally significant connection" in Fällen gegeben sei, in denen ein diskriminierender Hintergrund ausschlaggebend für die fragliche Maßnahme war.[607] Das Schiedsgericht war jedoch in Anbetracht der von Methanex vorgetragenen Tatsachen nicht davon überzeugt, dass dem Staat Kalifornien und seinem Gouverneur der Vorwurf absichtlicher Benachteiligung gemacht werden konnte. Somit behielt sich das Schiedsgericht im Ergebnis eine Entscheidung in der Zuständigkeitsfrage zunächst vor und wies die Parteien, insbesondere Methanex, an, ihren Vortrag hinsichtlich des Diskriminierungsvorwurfs (und damit einer Verletzung des Artikel 1102 NAFTA) innerhalb von neunzig Tagen in einem „fresh pleading" mit hinreichendem Beweismaterial zu präzisieren.[608]

cc) Endgültiger Schiedsspruch

In der Folgezeit konzentrierten sich die Eingaben von Methanex auf die tatsächlichen Vorgänge und rechtlichen Auswirkungen der behaupteten diskriminierenden Hintergründe der kalifornischen Maßnahme.[609] Die Argumentation hinsichtlich der angeblichen Verletzung von Artikel 1110 NAFTA nimmt hier nur vergleichsweise wenig Raum ein.[610]

Drei Jahre nach dem Partial Award und fast sechs Jahre nach Einleitung des Schiedsverfahrens erging im Sommer 2005 der endgültige Schiedsspruch.[611] Im Ergebnis konnte Methanex sich nicht durchsetzen. Auch nach neuerlichem Vortrag sah das Schiedsgericht keine Grundlage für seine Gerichtsbarkeit und lehnte den Antrag von Methanex vollständig ab. Doch auch seine Gerichtsbarkeit unterstellt, verneinte das Schiedsgericht einen Verstoß Kaliforniens gegen die angeblich verletzten Artikel 1102, 1105 und 1110 NAFTA.[612] Wie schon im Partial Award widmete das Schiedsgericht einen bedeutenden Teil des Schiedsspruches der Beantwortung prozessualer Fragen. Dies war von großer Wichtig-

---

607 Methanex Partial Award, Rn.151, 152 ff.

608 Methanex Partial Award, Rn. 161 ff.

609 Methanex' Second Amended Statement of Claim, 5. November 2002 und folgende Schriftsätze.

610 Weitere Schriftsätze befassten sich intensiv mit der erstmals in diesem Verfahren ausführlich aufgeworfenen Frage nach der Zulässigkeit der Beteiligung von Interessengruppen an dieser Art Schiedsverfahren. Insgesamt hatten vier NGOs beantragt, im Rahmen von amicus-curiae-Eingaben am Verfahren mitwirken zu können (International Institute for Sustainable Development, Communities for a Better Environment, Bluewater Network of Earth Island Institute, Center for International Environmental Law, s. Decision on Authority to Accept Amici Submissions, 15. Januar 2001, Rn. 1, 3).

611 Methanex Final Award, s. Fn. 584.

612 Methanex Final Award, Part VI.

keit, um überhaupt die Tatsachenbasis festzulegen, auf der der Fall aufbaute.[613] Daraufhin untersuchte das Schiedsgericht sehr methodisch und für jeden angeblich verletzten Artikel gesondert den materiell-rechtlichen Vorwurf, um sich dann abschließend und anhand des gefundenen Ergebnisses mit der Frage des Vorliegens der für Artikel 1101 NAFTA benötigten Voraussetzungen zu befassen. Im Rahmen dieser Arbeit interessieren vor allem die Aussagen des Schiedsgerichts zu Artikel 1110 NAFTA, doch muss zum besseren Verständnis kurz auch auf die anderen Feststellungen eingegangen werden.

Für die Beurteilung, ob Artikel 1102 NAFTA, das allgemeine Diskriminierungsverbot, verletzt wurde, beschäftigte sich das Schiedsgericht ausführlich mit der Rechtsfrage, welche Maßstäbe an den Begriff der „like circumstances" zu stellen sind.[614] Um in den Genuss des Diskriminierungsverbots zu gelangen, muss die Situation eines ausländischen Investors nicht völlig identisch mit der von Staatsangehörigen sein, es genügt, wenn die Situation „vergleichbar" ist. Fraglich war demnach, ob Methanex als ausländischer Methanolproduzent mit einheimischen Ethanolproduzenten vergleichbar war. Das Schiedsgericht lehnte eine solche weitreichende Interpretation des Begriffs ab. Damit verwarf es die Argumentation von Methanex, die sich am Kartellrecht (für die Definition des „relevanten Marktes") und WTO-Recht (für den Maßstab der „like products") orientierte. Nach Ansicht des Schiedsgerichts müsse sich der Vergleichsmaßstab vielmehr aus der Regelung des Artikel 1102 NAFTA selbst ergeben. Danach müsse Methanex in Relation zu den heimischen Methanolproduzenten gesetzt und könne nicht mit Ethanolproduzenten verglichen werden.[615] Im Vergleich mit Ersteren könne Methanex keine Benachteiligung darlegen.

Auch die Behauptung von Methanex, Artikel 1105 des NAFTA sei verletzt worden, lehnte das Schiedsgericht ab.[616] Hierbei orientierte sich die Argumentation der Antragstellerin im Wesentlichen an den zu Artikel 1102 NAFTA vorgebrachten Punkten, da eine hierunter fallende Diskriminierung zugleich auch eine Verletzung der Garantie des internationalen Mindeststandards

---

613 So war etwa in der Zwischenzeit von kalifornischer Seite der Gesetzgebungsprozess weitergeführt worden. Im Ergebnis führte dies dazu, dass Methanex statt des ursprünglich ins Visier genommenen Gesetzes S.B. 521 (s. Fn. 587) nunmehr eine weitere Ausführungsregelung angriff (Methanex Final Award, Part II, Chapter D, S. 3). Dementsprechend nahmen Ausführungen über die prozessuale Zulässigkeit dieses Vorganges breiten Raum ein.

614 Methanex Final Award, Part IV, Chapter B, S. 1 ff.

615 Methanex Final Award, Part IV, Chapter B, S. 10 und 14 f.

616 Methanex Final Award, Part IV, Chapter C, S. 1 ff.

darstelle.[617] Das Schiedsgericht folgte dieser Begründung nicht und verneinte, dass der aus zahlreichen vorangegangenen Schiedssprüchen definierte Standard vorliegend verletzt worden sei.[618]

Der Teil, in dem das Schiedsgericht zu Artikel 1110 NAFTA und der behaupteten Enteignung Stellung nimmt, ist gegenüber den vorangegangenen Ausführungen vergleichsweise kurz. Unter Verweis auf den Schiedsspruch in Pope & Talbot[619] stellt sich das Schiedsgericht der Auffassung der USA entgegen, die von Methanex angeführten Positionen seien nicht als Investitionen nach Artikel 1139 NAFTA geschützt, sondern höchstens im Rahmen der Entschädigungsberechnung zu berücksichtigen.[620] Zwar seien der Kundenstamm, Goodwill und Marktanteil nicht in der Vorschrift genannt und aufgeführt, doch hält das Schiedsgericht diese Positionen für Teile des Unternehmenswertes und als solche für entschädigungsfähig.[621]

Das Schiedsgericht stellt eingangs fest, dass die angegriffenen Maßnahmen keinesfalls als direkte Enteignungen oder Nationalisierungen eingestuft werden könnten. Insofern habe Methanex nachweisen müssen, dass die Maßnahmen den Anforderungen der Wendung „tantamount to expropriation" genügten.[622] Dabei stimmt das Schiedsgericht zwar mit dem Standpunkt von Methanex überein, dass absichtlich diskriminierende Regelungen ein starkes Indiz für das Vorliegen einer enteignungsgleichen Maßnahme liefern.[623] Dagegen wird jedoch festgehalten, dass

> [...] as a matter of general international law, a non-discriminatory regulation for a public purpose, which is enacted in accordance with due process and, which affects, inter alias, a foreign investor or investment is not deemed expropriatory and compensable, [...].[624]

---

617 Methanex Final Award, Part IV, Chapter C, S. 1 f.

618 Dabei wurde die von den NAFTA-Parteien in ihrer Eigenschaft als Free Trade Commission erlassene Interpretation berücksichtigt, die die materiell-rechtliche Garantie des Artikel 1105 NAFTA im Gegensatz zu einigen zuvor ergangenen Schiedsurteilen etwas enger fasste. S. Methanex Final Award, Part IV, Chapter C, S. 5 ff.

619 P&T Interim Award, s. Fn. 517, Rn. 96

620 Amended Statement of Defence, 5. Dezember 2003 (im Folgenden „Methanex Amended Defence"), Rn. 391–395.

621 Methanex Final Award, Part IV, Chapter D, S. 7.

622 Methanex Final Award, Part IV, Chapter D, S. 3.

623 Methanex Final Award, Part IV, Chapter D, S. 4.

624 Ebenda.

Diese Feststellung wird unter einen Vorbehalt gestellt, den das Schiedsgericht aus den Schiedssprüchen in den Fällen *Revere Copper & Brass, Inc. v. OPIC*[625] und *Waste Management v. Mexico*[626] ableitet. Sollte der Gaststaat im Vorfeld Zusagen gegenüber dem potenziellen Investor getroffen haben, dass selbst solche Regelungen unterbleiben würden, so würde sich ein Handeln des Gaststaates entgegen dieser Zusicherung als Enteignung charakterisieren lassen, ungeachtet der Tatsache, dass die in Rede stehende Regelung für sich genommen unter die oben zitierte Ausnahme fiele.[627]

In der Subsumtion stellt das Schiedsgericht fest, dass Methanex zu keinem Zeitpunkt derartige Garantien oder Zusagen erhalten habe.[628] Im Gegenteil weise das Geschäftsfeld, in dem die Antragstellerin tätig ist, eine besonders hohe Regulierungsintensität auf. Vielfach stehe gerade die chemische Industrie unter erheblichem politischem Druck, der häufige Anpassungen des gesetzlichen Rahmens mit sich bringe. Dies bedeute zuweilen auch, dass Betätigungsfelder unrentabel würden, da bessere wissenschaftliche Möglichkeiten des Nachweises oder gesteigertes Bewusstsein für die Gefährlichkeit eines Stoffes in der Öffentlichkeit Verbotsmaßnahmen verlangten. Zudem müsse Methanex sich vor Augen halten, dass es gerade Maßnahmen wie die jetzt angegriffenen waren, die überhaupt erst einen wirtschaftlich interessanten Markt für MTBE und damit Methanol hatten entstehen lassen.[629]

Die Behauptungen der Antragstellerin, den angegriffenen Regelungen lägen in Wahrheit diskriminierende Absichten zugrunde, weist das Schiedsgericht zurück.[630] Zum einen wird festgestellt, dass auch Methanex selbst nie behauptet habe, die Vorgänge um die Wahlkampfzuwendungen und die anschließende Verabschiedung der Maßnahmen seien von strafrechtlicher Relevanz. Zum anderen folgt das Schiedsgericht der von der Antragstellerin aufgezeigten Reihe von Schlussfolgerungen nicht, die Methanex zur Stützung seines Diskriminierungsvorwurfes vorgebracht hatte.[631]

Weiterhin hält das Schiedsgericht fest, die fraglichen Regelungen genügten den Anforderungen des Artikel 1110 NAFTA. Sie seien

---

625 Revere Copper & Brass, Inc. v. Overseas Private Invest. Corp., International Legal Materials, 17 (1978), 1321, 1331.
626 Waste Management Inc. v. The United Mexican States, ICSID Fall Nr. ARB(AF)/00/3, Final Award vom 30. April 2004, Rn. 98.
627 Methanex Final Award, Part IV, Chapter D, S. 4.
628 Methanex Final Award, Part IV, Chapter D, S. 5.
629 Ebenda.
630 Methanex Final Award, Part IV, Chapter D, S. 6.
631 Methanex Final Award, Part III, Chapter B, S. 1 ff.

[…] made for a public purpose, was non-discriminatory and was accomplished with due process. […] From the standpoint of international law, the California ban was a lawful regulation and not an expropriation.[632]

Schon aus diesem Grund müssten die Anschuldigungen der Antragstellerin scheitern. Hinzu komme, dass die entsprechend dem Schiedsspruch in der Sache Feldman v. Mexico zu verlangende Wirkung der angegriffenen Maßnahme auf die Investition nicht ausreichend schwerwiegend gewesen sei.[633]

Der Logik des Partial Awards folgend, beschäftigte das Schiedsgericht sich abschließend mit Artikel 1101 NAFTA. Nachdem festgestellt worden war, dass Kalifornien keine der materiellen Garantien verletzt hatte und den angegriffenen Maßnahmen keine diskriminierenden Absichten zugrunde lagen, war der Schluss zwingend, dass die für Artikel 1101 NAFTA benötigte „rechtlich erhebliche Verbindung" zwischen den angegriffenen Maßnahmen und den Positionen von Methanex nicht gegeben war. Das Schiedsgericht musste somit seine Gerichtsbarkeit verneinen.

Methanex griff den Schiedsspruch trotz entsprechender Möglichkeit nicht weiter an.

dd) Analyse

Die Aussagen des Partial Award hinsichtlich der Reichweite von Artikel 1101 NAFTA begegnen der vielfach geäußerten Furcht einer uferlosen Klagemöglichkeit ausländischer Investoren. Das Schiedsgericht erkennt dieses Argument an und führt aus, dass eine weite Interpretation des in Artikel 1101 NAFTA verwandten „relating to" in Verbindung mit der weiten Fassung von Investitionen dazu führen würde, dass sogar die Lieferanten von Methanex und in der Folge auch deren Lieferanten sich auf die Rechte des NAFTA berufen könnten.[634] Dieses Ergebnis wurde als unpraktikabel verworfen.[635] Gefordert wird also eine Verbindung von gesteigerter Intensität zwischen der Investition und der enteignenden Maßnahme. Dennoch bleibt leider weitgehend unklar,

---

632 Methanex Final Award, Part IV, Chapter D, S. 7.

633 Ebenda.

634 Methanex Partial Award, Rn. 137. An dieser Stelle bedient sich das Schiedsgericht einer eingängigen Parallele:
"It may be true, to adapt Pascal's statement, that the history of the world would have been much affected if Cleopatra's nose had been different, but by itself that cannot mean that we are all related to the royal nose."

635 Methanex Partial Award, Rn. 139, denn:
"It is of course possible, by contract or statute, to enlarge towards infinity the legal consequences of human conduct; but against this traditional legal background, it would require clear and explicit language to achieve this result."

welcher Art diese „legally significant" Verbindung genau zu sein hat. Das Schiedsgericht stellte fest, dass ein direktes Abzielen einer Maßnahme auf einen Investor (Finalität) nicht notwendig sei. Andererseits genüge eine bloß wirtschaftliche Berührung ebenso wenig.[636] Ob die Verbindung aber rein rechtlicher Art sein muss, etwa dass die Maßnahme die Tätigkeiten des Investors unmittelbar regelt, oder ob auch die tatsächliche Betroffenheit ausreicht, wird nicht beantwortet. Diese Feststellung darf nicht mit der Frage nach der erforderlichen Intensität einer Maßnahme zur Qualifizierung als Enteignung verwechselt werden. Auch in letztgenanntem Zusammenhang ist seit Langem anerkannt, dass nicht jedwede Beeinträchtigung einer Investition die Schwelle zu einer Enteignung erreicht. Ein gewisser Grad an Erheblichkeit muss erreicht sein, bevor eine Enteignung angenommen werden kann.

Inwiefern die Aussage zu Artikel 1101 NAFTA eigenständige Bedeutung erlangen wird, sofern neben behaupteten Verletzungen etwa des Mindeststandards oder anderer Investitionsschutzgarantien auch eine mögliche Enteignung im Raum steht, wird sich zeigen. Das Schiedsgericht erkannte selbst an, dass eine trennscharfe Abgrenzung dieser beiden Konzepte schwerfallen dürfte und zahlreiche Überschneidungen bei deren faktischer und rechtlicher Bewertung auftreten würden.[637]

Der mit großer Spannung erwartete Final Award wartet mit einigen wichtigen Aussagen zum Enteignungsrecht auf. Erstmals in der jungen Geschichte der NAFTA-Schiedsgerichtsbarkeit stand ein Fall zur Entscheidung an, in dem die angegriffenen Maßnahmen (zumindest ihrem ersten Anschein nach) allgemeiner Natur waren und nicht mehr oder minder unverhohlen einen speziellen Investor benachteiligten.[638] Zunächst wird wenig überraschend festgestellt, dass Artikel 1110 NAFTA im Fall höchstens aufgrund einer enteignungsgleichen Maßnahme verletzt worden sein konnte. Ein direkt enteignender Akt lag hier unstreitig nicht vor. Ausdrücklich anerkannt wird im Weiteren die Police-Powers-Ausnahme, auch wenn sie nicht explizit mit diesem Begriff bezeichnet und inhaltlich wohl weiter als üblich gefasst wurde. Interessant ist dabei auch, dass sich das Schiedsgericht hierfür nicht auf bestimmte Quellen stützt, sondern feststellt, es handele sich mit dieser Feststellung um eine „matter of general international law".[639]

Dabei fällt auf, dass das Schiedsgericht weder an dieser Stelle noch bei seiner Subsumtion ausführt, um welche Allgemeinwohlbelange es sich vor-

---

636 Methanex Partial Award, Rn. 147 und 130 f.
637 Methanex Final Award, Part IV, Chapter A, S. 2.
638 Andere NAFTA-Fälle hatten häufig konkrete Maßnahmen, die nur einen Investor betrafen, zum Gegenstand (vgl. *Metalclad, S.D. Myers, Waste Management*).
639 Methanex Final Award, Part IV, Chapter D, S. 4.

liegend handeln könnte. Dies ist umso erstaunlicher, als gerade dieser Punkt unter den Parteien sehr umstritten war. Nachdem Methanex der Aussage zugestimmt hatte, dass „as a general matter, States are not liable to compensate [...] for economic loss incurred as a result of a non-discriminatory action to protect the public health", wurde im Weiteren bestritten, dass die ergriffenen Maßnahmen dem Schutz der Gesundheit dienten.[640] Allenfalls ein umweltschützendes Motiv könne dem kalifornischen Gesetzgeber zugebilligt werden. Damit verneint Methanex implizit, dass der Umweltschutz im Gegensatz zum Gesundheitsschutz unter die Police-Powers-Ausnahme zu fassen ist. Kernaussage der Position von Methanex bleibt jedoch weiterhin, dass hinter dem MTBE-Verbot im Grunde eine protektionistische Absicht stecke. Tatsächlich hatten die USA in den ersten Schriftsätzen einen trennscharfen Unterschied zwischen gesundheits- und umweltschützenden Motivationen nicht deutlich gemacht. Hier war sowohl von den durch die Verschmutzung der Wasservorräte herrührenden Gesundheitsgefahren für die Bevölkerung als auch von einem „environmental threat to groundwater and drinking water" die Rede.[641] Nach entsprechendem Vortrag vonseiten Methanex' ließen die USA sich dann ausführlich ein, die Maßnahmen dienten doch eindeutig dem Schutz der Gesundheit der Bevölkerung.[642] Damit drängt sich auch hier wieder der Eindruck auf, allein umweltschützende Maßnahmen könnten nicht von der Police-Powers-Ausnahme profitieren. Es ist bedauerlich, dass das Schiedsgericht die Chance zur Klarstellung dieser Frage nicht genutzt hat. Zum Abschluss seiner Ausführungen zu Artikel 1110 NAFTA stellt es lapidar fest, dass

> for reasons elaborated here and earlier in this Award, [it] concludes, that the California ban was made for a public purpose, [...].[643]

An dieser Stelle ist dem Schiedsgericht vorzuwerfen, dass die Feststellung, man habe diesen Punkt ja ausgearbeitet, keine inhaltliche Auseinandersetzung ersetzen kann. Denn auch an früherer Stelle im Schiedsspruch finden sich keine derartigen Ausführungen.

Interessant ist weiterhin die vom Schiedsgericht statuierte Gegenausnahme zur Police-Powers-Ausnahme. Sofern dem Investor anderslautende Zusagen gemacht wurden, sind selbst unter die Police-Powers-Ausnahme fallende Maßnahmen entschädigungspflichtig. Diesen Rechtssatz stuft das Schiedsgericht – wie auch die Police-Powers-Ausnahme selbst – als eine „matter of general international law" ein. Zudem wird noch auf zwei weitere Fälle Bezug genommen, in

---

640 Methanex Reply on Amended Statement of Defence, 19. Februar 2004, Rn. 208.
641 USA Statement of Defence to Amended Claim, 5. Dezember 2003, Rn. 410 ff.
642 USA Rejoinder on Merits, 23. April 2004, Rn. 194 ff.
643 Methanex Final Award, Part IV, Chapter D, S. 7.

denen sich die angerufenen Schiedsgerichte mit dieser Gegenausnahme beschäftigt hatten. Nicht ausgeführt wird, welcher Form eine solche Zusicherung bedurft hätte. Streng genommen waren weitere Aussagen aber auch nicht notwendig, da eine derartige Konstellation nach Ansicht des Schiedsgerichts vorliegend ohnehin nicht einschlägig war. Allerdings beschäftigen sich die zitierten Fälle gar nicht mit der Bedeutung von Zusicherungen im Rahmen von Enteignungen. In der Sache *Waste Management* findet sich die zitierte Aussage in dem Abschnitt, in dem über die Verletzung des Artikel 1105 NAFTA, der Garantie des internationalen Mindeststandards, entschieden wurde. Hierbei wurde unter Berufung auf zahlreiche vorangegangene Schiedssprüche festgehalten, dass zum jeweils verletzenden Verhalten[644] das Element der Enttäuschung berechtigter Erwartungen hinzutreten müsse. Im zweiten zitierten Fall *(Revere Copper & Brass, Inc. v. OPIC)* nahm ein Investor seine Investitionsversicherung auf Zahlung aus dem Versicherungsvertrag in Anspruch. Dafür musste eine Enteignung nachgewiesen werden. Der Versicherungsvertrag legte fest, dass neben den allgemein anerkannt enteignenden Maßnahmen auch die Kündigung oder faktische Außerkraftsetzung des Investor-Gaststaatvertrages eine „expropriatory action" darstelle. Vor diesem Hintergrund musste das angerufene Schiedsgericht der Frage des anwendbaren Rechts nachgehen. Die vom Schiedsgericht in *Methanex* zitierte Passage entstammt gerade dieser Überlegung. Sie trifft keine Aussage darüber, ob das enttäuschte Vertrauen auf vorangegangene Zusicherungen ein notwendiges Element einer Enteignung ist. Vielmehr scheint das Schiedsgericht in *Revere* an dieser Stelle allein davon auszugehen, dass in derartigen Situationen neben dem nationalen Recht des Gaststaates Prinzipien des Völkerrechts zur Beurteilung der Rechtmäßigkeit der angegriffenen Maßnahmen Anwendung finden müssen.

Die genaue Bedeutung, die das Schiedsgericht der Einschränkung beimessen möchte, erschließt sich somit nicht ohne Weiteres. Zumindest die herangezogenen Quellen (*Waste Management* und *Revere Copper & Brass, Inc. V. OPIC*) vermögen hier im Zusammenhang mit der Frage nach dem Vorliegen einer entschädigungspflichtigen Enteignung nicht bedingungslos zu überzeugen. Auch bleibt die Frage offen, warum das Schiedsgericht sich überhaupt in dieser ausführlichen Form auf gerade diesen Aspekt gestützt hat. Schon allein aufgrund

---

644 Waste Management Final Award, Rn. 98, sieht den Mindeststandard verletzt, wenn Verhalten

"arbitrary, grossly unfair, unjust or idiosyncratic, is discriminatory and exposes the claimant to sectional or racial prejudice, or involves a lack of due process leading to an outcome which offends judicial propriety—as might be the case with a manifest failure of natural justice in judicial proceedings or a complete lack of transparency and candour in an administrative process".

des einen Schritt zuvor aufgestellten Grundsatzes der Police-Powers-Ausnahme hätte es zu dem gleichen Ergebnis – keine Entschädigungspflicht – kommen können. Denkbar ist, dass es sich im Hinblick auf die Police-Powers-Ausnahme nicht festlegen wollte, ob Belange des Umweltschutzes hierunter zu fassen sind und ob die amerikanischen Regelungen umwelt- oder gesundheitsschützenden Charakter hatten. Das Berufen auf die zudem nicht vorliegende Zusicherung könnte dem Schiedsgericht daher als einfacherer Weg erschienen sein.

Weiterhin bleibt offen, wie nach Ansicht des Schiedsgerichts das Verhältnis dieser Einschränkung zu den übrigen Voraussetzungen einer Enteignung und deren Rechtmäßigkeit ausgestaltet ist. Hierüber werden keinerlei Aussagen getroffen. Aus praktischer Sicht dürfte es bei einer Verletzung einer einem einzelnen Investor gegebenen Zusicherung keinen Unterschied machen, ob dem Investor neben dieser Verletzung alleine auch die Berufung auf eine dadurch zugleich verwirklichte Enteignung möglich ist. Der im Schiedsurteil gewählten Formulierung zufolge könnte man zu dem Schluss gelangen, dass nur die Verletzung einer zusichernden Vereinbarung zugleich einen Enteignungsvorwurf begründen kann, auch wenn dessen Voraussetzungen im Übrigen nicht gegeben sind. Diese Lesart ist zugegebenermaßen sehr weit und wäre tatsächlich bahnbrechend. Daher ist wohl eher davon auszugehen, dass das Schiedsgericht hier der Meinung war, mit dieser Einschränkung ein bequemes Argument gegen eine Entschädigungspflicht gefunden zu haben. Gegen die tatsächlichen Schlüsse, die es in diesem Zusammenhang zog, ist nichts einzuwenden. Bedauerlich ist allemal, dass das Schiedsgericht im Ergebnis mehr Verwirrung gestiftet und seine Aussage zu den Police Powers so entkräftet hat.

Alles in allem kann festgehalten werden, dass der Schiedsspruch trotz seiner beeindruckenden Länge an den entscheidenden Stellen enttäuschend knapp und oberflächlich ausfällt. Interessant wird sein, inwieweit spätere Schiedssprüche auf ihn Bezug nehmen werden. Denn genauso, wie dieses Mal den Ausführungen der Schiedsrichter in der Sache *Metalclad* nicht gefolgt wurde, ist das nächste Schiedsgericht frei, auch den soeben besprochenen Ansichten seine möglicherweise abweichende Auffassung entgegenzusetzen.

f) Chemtura

Der im August 2010 ergangene Schiedsspruch in der Sache Chemtura Corporation gegen Kanada[645] wartet mit einem aufsehenerregenden Obiter Dictum zur Frage des Spannungsfeldes zwischen Investitions- und Umwelt-

---

645 Chemtura Corporation (formerly Crompton Corporation) v. Canada, Award vom 2. August 2010 (im Folgenden „Chemtura Award").

schutz auf. Das Schiedsgericht erkennt hier die Police Powers explizit auch für den Umweltschutz an.

aa) Sachverhalt

Chemtura Corporation („Chemtura"), zuvor Crompton Corp., ein US-amerikanisches Unternehmen, produzierte und vertrieb das Pestizid Lindan in Kanada. Es fand hauptsächlich zur Behandlung von Saatgut für den Rapsanbau Anwendung. Lindan wird den POPs (persistent organic pollutants) zugeordnet.[646] Es wird nur langsam abgebaut, ist stark lipophil und reichert sich daher in der Nahrungskette des Menschen an (vor allem über den Verzehr von Fischen). Die Substanz steht darüber hinaus im Verdacht, krebserregend zu sein. Lindan wurde in der Vergangenheit auch in Holzschutzmitteln verwandt und in diesem Zusammenhang in Deutschland durch die sogenannten Holzschutz-mittelprozesse bekannt. Seit den 1970er-Jahren schränkten immer mehr Länder die Verwendung von Lindan stark ein oder untersagten die Verwendung voll-ständig.[647] So hat z.B. die Europäische Union 1998 eine Neu-Evaluierung von Lindan vorgenommen, die im Jahr 2000 zu einem Verbot der Verwendung von Lindan als Pflanzenschutzmittel führte. Seit 1998 existiert das Aarhus-Protokoll über POP zur bereits 1979 unter der Ägide der UNECE verabschiedeten Genfer Konvention über weiträumige grenzüberschreitende Luftverunreinigung. Weiterhin ist Lindan im Jahr 2009 in die Liste der Schadstoffe nach der Stock-holmer Konvention über persistente organische Schadstoffe aufgenommen worden.

In Kanada war die Verwendung von Lindan zunächst noch zugelassen. Als sich im Laufe des Jahres 1998 abzeichnete, dass die USA (wo die Verwendung von Lindan bereits untersagt war) ein Importverbot von mit Lindan behandeltem Raps aus Kanada erlassen würden[648], drängten die Interessenvertretungen der kanadischen Rapsbauern gegenüber den Lindanproduzenten auf eine Verein-barung, die auf ein Ausphasen von Lindan zur Behandlung von Rapssaatgut ab-zielte. Ende November 1998 einigten sich beide Seiten darauf, dass die Produzenten bis zum Jahresende 1999 freiwillig die Behandlung von Rapssaat-gut aus dem Anwendungsbereich von Lindan nehmen würden und bereits produziertes Lindan nur noch bis Ende Juni 2001 verwendet würde (das „Withdrawal Agreement").[649] Obwohl nicht an den Verhandlungen beteiligt,

---

646 Diese Einstufung erfuhr auch PCB, der Stoff, der im Fokus der Auseinandersetzung zwischen S.D. Myers und Kanada stand, s. S. 146.
647 S. die Übersicht in Chemtura Award, Rn. 135.
648 Chemtura Award, Rn. 13.
649 Chemtura Award, Rn. 16.

spielte die staatliche Pest Management Regulatory Agency (PMRA, zuständig für die Anwendung und Durchsetzung des Schädlingsbekämpfung betreffenden Pest Control Products Act) aufgrund ihres Aufgabenbereichs eine wichtige Rolle bei der Umsetzung der Vereinbarung, da den Lindanproduzenten zugesagt worden war, auf eine rasche Zulassung alternativer Pflanzenschutzmittel hinzuarbeiten. Obwohl zunächst auch an der Vereinbarung beteiligt, stellte Chemtura im März 1999 seine Verpflichtungen aus dem Withdrawal Agreement infrage, da die Zulassung alternativer Pflanzenschutzmittel nicht schnell genug erfolgte. Dennoch stellte Chemtura die Produktion von Lindan zum Jahresende 1999 zunächst ein.[650]

Parallel dazu leitete die PMRA eine Untersuchung von Lindan ein („Special Review"), eine vorgeschriebene Voraussetzung für eine spätere gesetzliche Untersagung der Benutzung von Lindan.[651] Während der Untersuchungen führte die PMRA zahlreiche Gespräche mit den Lindanproduzenten und gab ihnen Gelegenheit zur Stellung- und Einflussnahme. Die Fertigstellung des Special Review verzögerte sich. Statt – wie geplant – Ende 2000, veröffentlichte die PMRA die Ergebnisse des Special Review erst Ende 2001, damit ein halbes Jahr nach Ablauf der freiwillig vereinbarten Karenzzeit für die Verwendung von Lindan zur Behandlung von Rapssaatgut. Vor allem aufgrund der Belastungen der mit Lindan in Berührung kommenden Arbeiter kam der Special Review im Rahmen einer wissenschaftlichen Risikoabschätzung zu dem Schluss, dass ein endgültiges Verbot von Lindan dringend angeraten sei. Die PMRA schlug zur Umsetzung dieser Empfehlung vor, dass die Industrie entweder freiwillig auf die weitere Verwendung verzichtete (damit wäre die Möglichkeit eines zeitlich eng begrenzten Abverkaufs des Produkts verbunden gewesen) oder eine behördliche Aufhebung der Registrierung (mit sofortiger Wirkung) erfolgen würde.[652] Da Chemtura keinen freiwilligen Verzicht erklärte, hob die PMRA im Februar 2002 die Registrierung der Lindanprodukte Chemturas auf. Auf vehementen Wunsch Chemturas ordnete das kanadische Umweltministerium ein „Board of Review" an (diese Überprüfungsmöglichkeit war im Gesetz vorgesehen).[653] Mit der Durchführung beauftragte das Umweltministerium die PMRA, eine Maßnahme, die Chemtura – wie viele andere Schritte in dem gesamten Prozess zuvor auch – auf gerichtlichem Wege angriff. Erst nachdem in diesem Verfahren eine mündliche Verhandlung stattgefunden hatte, konnte im Oktober 2003 mit der Einsetzung des Board begonnen werden, das dann im Mai 2004 seine Arbeit auf-

---

650   Chemtura Award, Rn. 19, 23.
651   Hierzu Chemtura Award, Rn. 21 ff.
652   Chemtura Award, Rn. 30 ff.
653   Zum Verfahren des Board of Review s. Chemtura Award, Rn. 35 ff.

nahm. Im August 2005 veröffentlichte das Board of Review seinen Bericht, in dem es verschiedene Nachbesserungen des Special Review empfahl. Auch während der daraufhin eingeleiteten Re-Evaluierung hatte Chemtura mehrfach die Gelegenheit zur Mitwirkung.[654] Ein Entwurf der Ergebnisse der Re-Evaluierung wurde den Lindanproduzenten im Frühjahr 2008 zur Kommentierung zugeleitet. Die Ergebnisse des Special Review wurden im Großen und Ganzen bestätigt. Die schriftlich vorgetragene Kritik Chemturas wurde anschließend ausführlich zurückgewiesen. Letztlich blieb den Lindanproduzenten somit eine Wiederaufnahme ihrer Tätigkeit verwehrt.

Chemtura sah durch Kanadas Handlungen seine Rechte aus Artikel 1105, 1103 und 1110 NAFTA verletzt und strengte bereits im Jahr 2002 eine schiedsgerichtliche Klärung an. Doch erst nachdem Chemtura den Entwurf der Re-Evaluierungsergebnisse kommentiert hatte, trat das Verfahren mit dem Investor's Memorial vom Juni 2008 in die materielle Phase ein.[655]

bb) Schiedsspruch

Die Prüfung des Artikel 1105 NAFTA nimmt im Schiedsspruch breiten Raum ein. Chemtura hatte insgesamt fünf Handlungen Kanadas als gegen Artikel 1105 NAFTA verstoßend identifiziert.[656] Nach eingehender Untersuchung wies das Schiedsgericht jeden der Vorwürfe zurück. Das Schiedsgericht stellte dabei ein ums andere Mal fest, dass die kanadischen Behörden ohne böse Absichten („bad faith") und lediglich zur Erfüllung internationaler Pflichten gehandelt hatten.[657] Zudem sei das Verfahren transparent gewesen und habe den Betroffenen ausreichende Möglichkeiten zur Stellung- und Einflussnahme geboten.[658] Die behauptete Verletzung des Artikel 1103 NAFTA wies das Schiedsgericht ebenfalls zurück.[659]

Zu Beginn seiner Prüfung des Artikel 1110 NAFTA erinnerte das Schiedsgericht daran, dass Goodwill, Kundenbeziehungen und Marktanteile, kurz das „Lindangeschäft" Chemturas, möglicherweise zwar nicht per se als Investition nach Artikel 1139 NAFTA geschützt sind[660], sie jedoch als „Anhang" des Unternehmens („enterprise") ohne Weiteres als Investition nach dem NAFTA

---

654 Chemtura Award, Rn. 41 ff.
655 Chemtura Award, Rn. 50, 62.
656 Investor's Memorial, 2. Juni 2008, Rn. 365 ff.
657 Chemtura Award, Rn. 138.
658 Chemtura Award, Rn. 151.
659 Chemtura Award, Rn. 237.
660 S. zur Einbeziehung von Goodwill auch S. 47.

geschützt werden.[661] Chemtura hatte behauptet, durch den Entzug der Registrierung im Februar 2002 enteignet worden zu sein. Das Schiedsgericht untersuchte somit die Schwere der Beeinträchtigung Chemturas durch diese Maßnahme, um festzustellen, ob eine substanzielle Beeinträchtigung stattgefunden habe. Es führte aus, dass es für diese Prüfung keine allgemeingültigen Regelungen gebe, sondern vielmehr jeder Einzelfall hinsichtlich seiner Besonderheiten geprüft werden müsse. Wichtigster Anhaltspunkt für die erlittene Beeinträchtigung stellte aus Sicht des Schiedsgerichts die Bedeutung des Lindangeschäfts für Chemtura dar. Dabei kristalisierte sich heraus, dass die Lindanverkäufe nur einen vergleichsweise geringen Anteil am Umsatz Chemturas ausmachten. Chemturas eigene Angaben schwankten dabei zwischen 5% des Pflanzenschutzgeschäfts (das wiederum nur einen Teil des Gesamtgeschäfts ausmachte) und ca. 18% des Gesamtumsatzes.[662] Kanada war aufgrund einer Bilanzprüfung der Ansicht, der Anteil des Lindangeschäfts liege allenfalls bei etwa 10% des Gesamtumsatzes.[663] Damit erachtete das Schiedsgericht den Eingriff nicht als einschneidend genug und berief sich außerdem noch darauf, dass Chemtura nach der behaupteten Enteignung nicht nur überhaupt noch weiter existierte, sondern darüber hinaus auch noch steigende Umsätze verzeichnete.[664]

Obwohl das Schiedsgericht somit bereits eine Enteignung abgelehnt hatte, nahm es zur Beziehung von umweltschützender Maßnahme und Investitionsschutz Stellung:

> Irrespective of the existence of a contractual deprivation, the Tribunal considers in any event that the measures challenged by the Claimant constituted a valid exercise of the Respondent's police powers. As discussed in detail in connection with Article 1105 of NAFTA, the PMRA took measures within its mandate, in a nondiscriminatory manner, motivated by the increasing awareness of the dangers presented by lindane for human health and the environment. A measure adopted under such circumstances is a valid exercise of the State's police powers and, as a result, does not constitute an expropriation.[665]

Letztlich verurteilt das Gericht Chemtura dazu, sämtliche Kosten des Schiedsgerichts sowie die Hälfte der Kosten Kanadas zu tragen.[666]

---

661 Chemtura Award, Rn. 243, 258. Eine ähnliche Diskussion gab es in Pope & Talbot, wo streitig war, ob der „Marktzugang" eine geschützte Investition sei, s. S. 142.

662 Chemtura Award, Rn. 260 f.

663 Chemtura Award, Rn. 262.

664 Chemtura Award, Rn. 263 ff.

665 Chemtura Award, Rn. 266, Fußnoten ausgelassen.

666 Chemtura Award, Rn. 272 f.

cc) Analyse

Die kanadischen Behörden haben aus vergangenen NAFTA-Fällen ihre Lehren gezogen. Gegenüber den vergleichbaren Fällen S.D. Myers und Methanex fällt auf, mit welch großer Sorgfalt und Transparenz bei der Untersuchung und dem letztlich ausgesprochenen Verbot von Lindan vorgegangen wurde.[667] Denn obwohl das Verhalten Chemturas an manchen Stellen sicherlich als wenig kooperativ bezeichnet werden muss, gewähren die staatlichen Stellen beispielsweise ein ums andere Mal Fristverlängerungen oder weitere Anhörungsmöglichkeiten. Darüber hinaus durchliefen die kanadischen Behörden die vorgesehenen Überprüfungsmöglichkeiten hinsichtlich der wissenschaftlichen Grundlagen ihrer Entscheidungen in vorschriftsmäßiger Weise, was zur Folge hatte, dass aufgrund der umfangreichen Analysen andere Aufgaben nicht in der gewünschten Zeit durchgeführt werden konnten. Dies ist vor allem deshalb bemerkenswert, weil es den kanadischen Behörden aufgrund der bereits seit vielen Jahren bestehenden Lindanverbote höchstwahrscheinlich recht einfach möglich gewesen wäre, auf bestehende Untersuchungen und Literatur zurückzugreifen, um zu einer Einschätzung hinsichtlich des Risikos zu gelangen, auch wenn dies eine eigene Einschätzung sicherlich nicht ersetzen kann.

Das Schiedsurteil selbst ist natürlich vor allem wegen des Obiter Dictum zur Bedeutung der Police Powers hervorzuheben. Erstmals nimmt ein Schiedsgericht, wenn auch nicht entscheidungserheblich, dazu Stellung, ob der Umweltschutz unter die Police Powers zu fassen ist. Leider erläutert das Schiedsgericht seine Ansicht nicht oder gibt Hinweise auf seine Herleitung, was angesichts der dargestellten Unsicherheiten[668] nicht unangebracht gewesen wäre. Ebenfalls ohne Begründung stellt das Schiedsgericht in dogmatischer Hinsicht fest, dass eine Maßnahme in Ausführung der Police Powers erst gar nicht als Enteignung zu qualifizieren ist. Insgesamt also hält sich das Schiedsgericht an dieser Stelle des Schiedsspruchs, wie etwa auch bei der Diskussion über den erforderlichen Standard im Rahmen von Artikel 1105 NAFTA, mit theoretischen Ausführungen sehr zurück. Das mag ökonomisch sein, wo derartige Darstellungen nicht entscheidungserheblich sind. Jedoch bleibt abzuwarten, ob das Obiter Dictum so die vom Schiedsgericht gewünschte Signalwirkung entfalten kann.

---

667 Wobei daran zu erinnern ist, dass auch in diesen Fällen der Enteignungsvorwurf zurückgewiesen wurde.

668 S. S. 99.

2. EMRK

Die Europäische Konvention für Menschenrechte (im Folgenden „EMRK") ist schon dem Namen nach zuvörderst ein Instrument des Menschenrechtsschutzes. Der Europarat einigte sich 1950 auf die Konvention.[669] Inzwischen haben sich 47 Staaten auf sie verpflichtet. Das 1954 in Kraft getretene 1. Zusatzprotokoll (im Folgenden "1. ZP") schützt das „Eigentum" Privater.[670] Die authentische englische Fassung des relevanten Artikel 1 lautet:

> 1. Every natural or legal person is entitled to the peaceful enjoyment of his posses-sions. No one shall be deprived of his possessions except in the public interest and subject to the conditions provided for by the law and by general principles of inter-national law.
>
> 2. The preceding provisions shall not, however, in any way impair the right of a state to enforce such laws as it deems necessary to control the use of property in ac-cordance with the general interest or to secure the payment of taxes or other contri-butions or penalties.

Die EMRK ist damit kein Vertragswerk, das sich dem Investitionsschutz ver-schrieben hat. Jedoch finden sich einige Urteile zur Auslegung und Anwendung von Artikel 1 des 1. ZP, die auch für die hier diskutierten Fragen der Schnitt-stelle von Investitions- oder Eigentumsschutz und Umweltschutz fruchtbar ge-macht werden können. Zudem werden die Urteile des EMRK oftmals als Referenz der völkerrechtlichen Praxis herangezogen, sodass auch aus diesem Grund eine nähere Untersuchung der Urteile und ihres Umgang mit dem Spannungsfeld zwischen Enteignungen und Umweltschutz angezeigt ist.

Der einzelne Bürger hat gemäß Artikel 34 EMRK ein direktes Klagerecht zum Europäischen Gerichtshof für Menschenrechte. Um diesen Rechtsweg zu beschreiten, muss allerdings erst der nationale Instanzenzug durchlaufen worden sein. Stellt der Gerichtshof eine Verletzung der EMRK oder ihrer Protokolle fest, kann er das gerügte staatliche Verhalten nicht unmittelbar abstellen, so weit reicht seine Eingriffskompetenz in souveräne Angelegenheiten der Vertrags-staaten nicht. Der Gerichtshof kann lediglich eine „gerechte Entschädigung" zu-sprechen, bei der Durchsetzung des materiellen Rechtsgehalts seiner Urteile ist er auf Artikel 46 EMRK angewiesen. Hiernach sind Urteile des Gerichtshofs für die Vertragsstaaten bindend, und diese müssen geeignete Maßnahmen innerhalb

---

669 BGBl II 1952, S. 685, in Kraft getreten für die Bundesrepublik Deutschland am 3. September 1953, s. Bekanntmachung v. 15. Dezember 1953, BGBl II 1954, S. 14.

670 BGBl II 1956, S. 1880. Bei der Verabschiedung der EMRK vier Jahre zuvor herrschte noch keine Einigkeit darüber, ob und auf welche Weise das Eigentum neben den anderen Menschenrechten ebenfalls in den Kanon aufgenommen werden sollte.

ihres staatlichen Rechtsrahmens ergreifen, um den Urteilen zur Wirkung zu verhelfen.

a) Sporrong & Lönnroth

Einer der grundlegenden Fälle zu Artikel 1 des 1. Zusatzprotokolls ist die Rechtssache *Sporrong & Lönnroth*, ein 1982 gegen Schweden ergangenes Urteil.[671] Die beiden Kläger waren Grundstückseigentümer in Stockholm. Bereits 1956 gewährte die Regierung dem Stadtrat von Stockholm eine zonale Enteignungsgenehmigung, die insgesamt 164 Grundstücke, darunter das von Sporrong, betraf.[672] Damit verbunden waren Baubeschränkungen für die Eigentümer (die formal von einer anderen administrativen Stelle angeordnet wurden, sich aber auf die gleichen Erwägungen stützten). Die Stadt plante in diesem Gebiet einem erst 1962 aufgestellten Generalentwicklungsplan zufolge die Errichtung einer Hochstraße, auf dem Sporrong-Grundstück sollte ein Pfeiler dieser Hochstraße stehen. Das der Enteignungsgenehmigung zugrunde liegende Gesetz sah eine zeitlich beschränkte Wirksamkeit der Genehmigung vor, ohne jedoch Regelungen zur zulässigen Höchstdauer oder der maximalen Verlängerungsmöglichkeit zu treffen. Die Stadt erließ zahlreiche Verlängerungsanträge, denen ein ums andere Mal entsprochen wurde. Zur formalen Enteignung kam es jedoch nie, nach späteren Plänen war die Inanspruchnahme des Grundstücks nicht mehr notwendig. Auf diese Weise wurde die gesetzlich vorgesehene endgültige Entscheidung – entweder die auf die Genehmigung gestützte Enteignung samt Entschädigung oder die Aufgabe des Vorhabens – um insgesamt 23 Jahre verzögert.

Das Grundstück von Lönnroth lag in einem anderen Teil von Stockholm, für den die Stadt ein anderes Bauprojekt vorgesehen hatte, die rechtliche Situation war jedoch die gleiche wie bei Sporrong. Auch in diesem Fall wurde die Geltungsdauer der Enteignungsgenehmigung wiederholt verlängert (und damit auch die der Baubeschränkungen), insgesamt war sie acht Jahre lang in Kraft.

Die beiden Kläger machten eine Verletzung ihrer Rechte aus Artikel 1 des 1. ZP geltend.[673] Sie stellten dabei die Rechtmäßigkeit der Enteignungsgenehmigung und der Baubeschränkungen nach schwedischem Recht nicht infrage. Auch waren sie nicht der Ansicht, ihr Eigentum sei formal enteignet worden. Durch die lange Geltungsdauer der Enteignungsgenehmigungen und die

---

671 Sporrong und Lönnroth ./. Schweden, Urteil des EGMR v. 23. September 1982, Serie A 52, s. a. NJW 1984, 2747 ff. (im Folgenden „Sporrong & Lönnroth").

672 Für eine ausführliche Beschreibung der rechtlichen Grundlagen s. Sporrong & Lönnroth, Rn. 31–42.

673 Sporrong & Lönnroth, Rn. 56, 58.

Baubeschränkungen sahen sie jedoch den Wert ihres Eigentum in erheblichem Maße gemindert. Obwohl die Enteignungsgenehmigungen sie rechtlich nicht an einem Verkauf gehindert hätten, seien sie nicht mehr in der Lage gewesen, für die Grundstücke einen angemessenen Preis zu erzielen. Durch die Baubeschränkungen seien sie zudem daran gehindert gewesen, Erhaltungsmaßnahmen zu ergreifen oder völlig neu zu bauen.

Der Gerichtshof stellt eingangs fest, die Kläger hätten tatsächlich einen Eingriff in ihr Eigentumsrecht erlitten, dessen Folgen durch die kombinierte Anwendung von Enteignungsgenehmigungen und Bauverboten über einen langen Zeitraum hinweg erschwert worden seien.[674] Bei der Prüfung, ob dadurch auch die Garantie des Artikel 1 des 1. ZP verletzt wurde, geht der Gerichtshof in einem Dreischritt vor und spaltet Artikel 1 des 1. ZP in drei Regelungen auf, die er als „distinct"[675] ansieht. Der Gerichtshof beginnt mit einer Analyse von Artikel 1 Abs. 1 S. 2, wonach der Entzug des Eigentums bestimmten Bedingungen unterworfen ist. Dass die Kläger formal enteignet worden seien, verneint der Gerichtshof (die Kläger hatten dies auch nie vorgebracht), sodass der Gerichtshof fortfuhr, „hinter den äußeren Anschein zu sehen und die Wirklichkeit der streitigen Lage zu analysieren", um so zu untersuchen, „ob die genannte Lage nicht einer tatsächlichen Enteignung gleichkam, wie die Betroffenen es behaupten".[676] Er kommt dabei zu dem Schluss, dass auch keine indirekte Enteignung stattgefunden habe:

> Obwohl das in Rede stehende Recht an Gehalt verloren hat, ist es indes nicht verschwunden. Die Wirkungen der in Frage befindlichen Maßnahmen können nicht mit einem Eigentumsentzug gleichgesetzt werden. Der Gerichtshof vermerkt diesbezüglich, dass die Beschwerdeführer weiterhin ihre Güter nutzen konnten und dass, obwohl der Verkauf von in Stockholm von Enteignungsgenehmigungen und Bauverboten betroffenen Liegenschaften erschwert wurde, die Möglichkeit, zu verkaufen, fortbestanden hat.[677]

Somit verneinte der Gerichtshof eine Verletzung der Entzugsregelung in Artikel 1 Abs. 1 Satz 2 des 1. ZP.

Sehr knapp lehnt der Gerichtshof daraufhin auch eine Verletzung der Nutzungsregelung des Artikel 1 Abs. 2 ab, wonach Staaten ermächtigt sind, die Nutzung des Eigentums entsprechend dem öffentlichen Interesse und dadurch zu regeln, dass sie für diesen Zweck notwendige Gesetze in Kraft setzen. Die Maß-

---

674 Sporrong & Lönnroth, Rn. 60.
675 Sporrong & Lönnroth, Rn. 61.
676 Sporrong & Lönnroth, Rn. 63.
677 Ebenda.

nahmen bei Sporrong und Lönnroth seien jedoch auf eine endgültige Enteignung gerichtet, sodass Abs. 2 vorliegend nicht infrage komme.[678]

Der Gerichtshof wandte sich sodann Artikel 1 Abs. 1 Satz 1 des 1. ZP zu und untersuchte,

> ob ein gerechtes Gleichgewicht zwischen den Erfordernissen des öffentlichen Interesses der Gemeinschaft und den Anforderungen der Wahrung der Grundrechte des Einzelnen aufrechterhalten wurde.[679]

Dabei erkennt der Gerichtshof den Vertragsstaaten einen breiten Ermessensspielraum bei der Stadtplanung zu, anders lasse sich seiner Ansicht nach eine so komplexe Aufgabe nicht sachgerecht verwirklichen. Auf der anderen Seite stellt der Gerichtshof fest, dass die den Eigentümern auferlegten Beschränkungen von ungewöhnlich langer Dauer gewesen seien. Der Gerichtshof kritisiert außerdem, dass die streitgegenständlichen Gesetze keine Möglichkeit vorsahen, die Interessen der Stadt mit denjenigen der Eigentümer in gelegentlichen Abständen neu abzuwägen, zumindest aber anlässlich der Verlängerungen der Genehmigungen. Er meint, die fehlende Evaluierung sei im vorliegenden Fall umso schwerwiegender, als sich die Stadtplanentwürfe und damit auch die Bestimmung für die Grundstücke der Kläger mehrere Male änderten. Der Gerichtshof verweist darauf, dass auch der schwedische Gesetzgeber bei der Reformierung des zugrunde liegenden Gesetzes diese Schwachstelle und insbesondere die Belastung der Eigentümer erkannt und versucht hatte, dieses Problem zu lösen. Im Falle der Kläger hätten die staatlichen Stellen bei den einzelnen Verlängerungen der Genehmigungen dennoch keine neue Abwägung der Belastungen und des verfolgten Zwecks vorgenommen. Damit

> haben die beiden Reihen von Maßnahmen [die Enteignungsgenehmigungen und die Bauverbote] eine Lage geschaffen, die das gerechte Gleichgewicht, das zwischen der Wahrung des Eigentumsrechtes und den Erfordernissen des öffentlichen Interesses herrschen muss, gebrochen hat: der Nachlass Sporrong und Frau Lönnroth trugen eine besondere und unmäßige Last, die nur die Möglichkeit, eine Verkürzung der Fristen, oder jene, Schadenersatz zu verlangen, rechtmäßig hätten machen können. Nun aber schloss die schwedische Gesetzgebung zur fraglichen Zeit derartige Möglichkeiten aus und sie schließt die zweite von ihnen immer noch aus [...].[680]

Die Frage der Entschädigung sieht der Gerichtshof daher als Teil der Verhältnismäßigkeitsprüfung an. Hätte das schwedische Gesetz die Zahlung einer

---

678 Sporrong & Lönnroth, Rn. 64 f.
679 Sporrong & Lönnroth, Rn. 69.
680 Sporrong & Lönnroth, Rn. 73.

Entschädigung vorgesehen[681], wäre das Ergebnis möglicherweise anders ausgefallen, je nachdem, ob diese Entschädigungsmöglichkeit tatsächlich in der Lage gewesen wäre, das vom Gerichtshof geforderte Gleichgewicht zugunsten der Kläger wiederherzustellen. So aber bejahte der Gerichtshof im Ergebnis eine Verletzung der Gewährleistung von Artikel 1 des 1. ZP (allerdings handelte es sich dabei um eine 10:9-Entscheidung). In einem späteren Urteil wurde den Klägern daher eine Entschädigung in Höhe von 800.000 SEK und 200.000 SEK zugesprochen.[682]

Acht der Richter, die gegen die Mehrheit gestimmt hatten, haben dem Urteil ein abweichendes Sondervotum beigefügt. Sie sind der Ansicht, dass der Fall entgegen der Mehrheitsansicht nach der Nutzungsregelung des Artikel 1 Abs. 2 des 1. ZP hätte beurteilt werden müssen. Das Argument der Mehrheitsmeinung im Urteil, die Maßnahmen seien letztlich ja nicht auf die Kontrolle der Benutzung, sondern auf eine endgültige Enteignung gerichtet gewesen, könne nicht überzeugen. Auch an anderer Stelle des Urteils werde doch entscheidend darauf abgestellt, welche tatsächliche Wirkung eine Maßnahme zeitige, sodass auch hier ausschlaggebend sein müsse, dass den Klägern die Grundstücke zwar nie endgültig entzogen wurden, sie aber dennoch einschneidenden Nutzungsbeschränkungen unterlagen. Zur Frage, ob die Maßnahmen im Sinne des Abs. 2 durch öffentliche Interessen gerechtfertigt seien, führt das Sondervotum aus, dass Stadtplanung und -entwicklung eine sehr aufwendige Aufgabe sei, deren Ziele und Anforderungen sich über die Zeit verändern könnten. Daher sah das Sondervotum die lange Dauer als vom öffentlichen Interesse gerechtfertigt an und verneint so im Ergebnis eine Verletzung des Artikel 1 des 1. ZP.

b) James and Others

Der Fall James und andere gegen das Vereinigte Königreich wurde 1986 entschieden.[683] Die Kläger waren Treuhänder oder Verwalter von Grundstücken im Londoner Stadtteil Belgravia. Sie wandten sich gegen ein von der britischen Regierung in den 1960ern verabschiedetes Gesetz, wonach Inhaber sogenannter „long leases" (lang laufender Mietverträge, dem deutschen Erbbaurecht nicht

---

681 Das schwedische Gesetz sah nur für den Fall einer tatsächlich durchgeführten Enteignung eine Entschädigung vor, vgl. Sporrong & Lönnroth, Rn. 37.

682 Sporrong & Lönnroth ./. Schweden (Article 50), Urteil des EGMR v. 18. Dezember 1984, Serie A 88.

683 James u.a. ./. Vereinigtes Königreich, Urteil des EGMR v. 21. Februar 1986, Serie A 98, s. a. EuGRZ 1988, 341 ff. (im Folgenden „James").

unähnlich[684]) die von ihnen bewohnten und manchmal auch entwickelten Grundstücke unter bestimmten Voraussetzungen und zu bestimmten Bedingungen zu deutlich unter dem Marktniveau liegenden Preisen kaufen konnten.[685] Hintergrund für das Gesetz, das seit dem Ende des Zweiten Weltkrieges mal mehr, mal weniger intensiv diskutiert und beraten wurde, war die in weiten Teilen der britischen Bevölkerung empfundene Ungerechtigkeit der bisherigen „long leases". Insbesondere die Tatsache, dass der Mieter eines solchen Grundstücks (oder dessen Vorgänger) die Kosten zur Gebäudeerrichtung und -unterhaltung völlig allein trägt und am Ende der Vertragslaufzeit keinerlei Ausgleichszahlung dafür erhält, während der Grundeigentümer neben einer monatlichen Miete am Ende der Vertragslaufzeit ein vollständig entwickeltes Grundstück samt Wohngebäude vorfindet, wurde als nicht länger hinnehmbar angesehen.[686] Die Kläger hatten aufgrund dieser Regelung zwischen 1979 und 1983 etwa 80 Grundstücke „verloren". Sie kritisierten, dass die Gründe, die die Regierung zur Verabschiedung des Gesetzes bewegt hatten, in so gut wie keinem dieser praktischen Fälle auch wirklich vorlagen.[687] Sie waren daher der Ansicht, in ihrem Recht aus Artikel 1 des 1. ZP verletzt worden zu sein.

Der Gerichtshof nimmt eingangs der Prüfung die Klarstellung vor, dass Artikel 1 des 1. ZP zwar (wie in *Sporrong & Lönnroth* postuliert) drei eigenständige Regelungen enthalte, diese aber als zusammenhängend verstanden werden müssten. Die Entzugs- und Nutzungsregelungen (Abs. 1 S. 2 und Abs. 2) stellten besondere Formen von Eigentumseingriffen dar und müssten daher im Lichte der Grundregel (friedliche Eigentumsnutzung, Abs. 1 S. 1) interpretiert werden.[688]

Der Gerichtshof stimmte den Klägern darin zu, dass ihnen ihr Eigentum entsprechend Artikel 1 Abs. 1 S. 2 entzogen worden sei.[689] Er untersuchte daher, ob

---

684 Das Recht des Grundeigentums ist in Großbritannien recht differenziert ausgestaltet, da seit Wilhelm dem Eroberer nominell der König alleiniger Grundeigentümer ist. Bürger können daher allenfalls abgeleitetes Eigentum erwerben. Vgl. hierzu Anm. ** in EuGRZ 1988, 341.

685 Eine Beschreibung der Bedingungen findet sich in James, Rn. 20.

686 James, Rn. 18.

687 James, Rn. 27–29. Sie legten dar, dass nur in drei der Fälle die Mieter oder deren Vorfahren die Häuser selbst erbaut hätten und dass Häuser nur in sechs Fällen durchgehend seit Beginn der Mietverträge von Familienangehörigen des ersten Mieters bewohnt würden. Außerdem waren nach Ansicht der Kläger auch die Kaufpreise unangemessen niedrig. Schließlich beobachteten sie in vielen Fällen, dass die Mieter nach Erhalt des Eigentums dieses nicht weiter selbst nutzten, sondern es zu (erheblich höheren) Marktpreisen weiterverkauften.

688 James, Rn. 37.

689 James, Rn. 38.

die Bedingungen, unter denen eine Enteignung vorgenommen werden darf, erfüllt waren. Schwerpunkt der Prüfung war dabei der Test, ob der Entzug im Interesse der Allgemeinheit lag. Bei der Bestimmung des Allgemeininteresses erkannte der Gerichtshof handelnden Regierungen einen weiten Interessenspielraum zu und unterstützte das Vorbringen der britischen Regierung, mit dem streitigen Gesetz soziale Ungerechtigkeiten zu lindern und auszuräumen, die durch das „long lease"-System entstanden waren.[690] Allerdings müsse eine „reasonable relationship of proportionality between the means employed and the aim sought" vorliegen.[691] Das erforderliche Gleichgewicht werde gestört, wenn der betreffenden Person eine besondere und unmäßige Last aufgebürdet würde.

Der Gerichtshof nimmt für diese Voraussetzung auf Urteil in der Sache *Sporrong & Lönnroth* Bezug. In diesem Urteil wurden die gleichen Voraussetzungen formuliert, allerdings in Bezug auf die allgemeine Regel über die Eigentumsgewährleistung des Artikel 1 Abs. 1 S. 1 des 1. ZP. Der Gerichtshof führt hierzu aus, er habe bereits in *Sporrong & Lönnroth* betont, dass „the search for this balance is [...] reflected in the structure of Article 1 as a whole".[692] Zudem liege nahe, den gleichen Maßstab für beide Teilregelungen heranzuziehen, da die Entzugsregelung seiner Ansicht zufolge von der Grundregelung beeinflusst würde („should be construed in the light of").

Im Ergebnis sieht der Gerichtshof das erforderliche Gleichgewicht als gewahrt an. Viel Raum nimmt die Auseinandersetzung mit der Frage ein, ob die im englischen Gesetz vorgesehene Entschädigungsregel den Anforderungen von Artikel 1 des 1. ZP standhält.[693] Nach Ansicht des Gerichtshofes besteht Einigkeit darüber, dass Artikel 1 Abs. 1 S. 2 des 1. ZP grundsätzlich eine Entschädigung für Enteignete verlange, obwohl der Normtext dazu schweigt. Diese Sichtweise hatte der Gerichtshof bereits in *Sporrong & Lönnroth* angedeutet und nahm dazu auch in späteren Entscheidungen Stellung.[694]

Die Entschädigung müsse weiterhin „resonably related to [the] value [of the property]" sein. Allerdings laufe dies nicht auf eine Pflicht zur Entschädigung in voller Höhe hinaus, da die legitime Verfolgung eines öffentlichen Interesses durchaus lediglich eine Entschädigung unterhalb des Marktwerts erfordern

---

690 James, Rn. 39–49.

691 James, Rn. 50.

692 Ebenda, mit Verweis auf Sporrong & Lönnroth, Rn. 69.

693 James, Rn. 53 ff. Die Kläger kritisierten insbesondere die Höhe der vorgesehenen Entschädigung.

694 Sporrong & Lönnroth, Rn. 73; im Fall Lithgow u.a. ./. Vereinigtes Königreich bestätigte der Gerichtshof, dass die Frage der Entschädigung im Rahmen der Verhältnismäßigkeit zu prüfen sei, Urteil des EGMR v. 8. Juli 1986, Serie A 102, s. a. EuGRZ 1988, 350 ff., Rn. 50.

könne.[695] Unter Verweis auf den weiten Beurteilungsspielraum der Vertragsstaaten lehnt der Gerichtshof daher die Vorwürfe der Kläger ab, das Entschädigungsniveau sei zu niedrig. Auch das Vorbringen der Kläger, die Regelung müsse aufgrund ihres Verweises auf die allgemeinen Grundsätze des Völkerrechts dahin gehend ausgelegt werden, dass auch im Falle von Enteignungen eigener Staatsangehöriger eine prompte, adäquate und effektive Entschädigung fällig würde, verwarf der Gerichtshof.[696] Unter Heranziehung systematischer Argumente und der *travaux préparatoires* legt er dar, dass der Verweis auf die allgemeinen Grundsätze des Völkerrechts im Rahmen der Vertragsverhandlungen mehrfach ausdrücklich auf die Anwendung nur gegenüber Ausländern beschränkt worden sei. Auch das Argument, Inländer würden so im Enteignungsfall möglicherweise schlechtergestellt als Ausländer, entkräftet der Gerichtshof mit dem Hinweis, dies sei aufgrund der geringeren Partizipationsmöglichkeiten von Ausländern im politischen Prozess gerechtfertigt.

Der Gerichtshof unterstreicht seine Auffassung vom Aufbau des Artikel 1 des 1. ZP als eigenständige, doch im Zusammenhang stehende Regelungen erneut gegen Ende seiner Prüfung. Die Kläger hatten über eine Verletzung der Entzugsregelung des Artikel 1 Abs. 1 S. 2 hinaus geltend gemacht, auch in ihrem Recht zur friedlichen Eigentumsnutzung aus S. 1 der Vorschrift verletzt worden zu sein. Der Gerichtshof stellt klar, dass hierbei kein anderes Ergebnis denkbar sei als das bereits zu S. 2 festgehaltene. Letztendlich wurde also eine Verletzung des Artikel 1 des 1. ZP (und auch die anderer Artikel der Konvention) abgelehnt.

c) Fredin

Der Fall *Fredin* ist der erste richtige „Umwelt-Fall in dieser Reihe.[697] Den Eheleuten Fredin gehörten verschiedene Grundstücke, auf denen sich Kiesvorkommen befanden. Sie waren im Besitz kommunaler Genehmigungen zum kommerziellen Abbau des Kieses, ließen diese jedoch lange Zeit ungenutzt.[698] 1973 erließ die schwedische Regierung ein Gesetz, das ihr die Einziehung von Altgenehmigungen (älter als zehn Jahre) wie derjenigen der Fredins erlaubte. 1983/1984 kam es dann zu einer formellen Einziehung der Genehmigung der Fredins. Als Begründung wurde angeführt, der Kiesabbau sei ökologisch unvor-

695 James, Rn. 54.
696 James, Rn. 58–66.
697 Fredin ./. Schweden, Urteil des EGMR v. 18. Februar 1991, Serie A 192, s. a. ÖJZ 1991, 514 ff. (im Folgenden „Fredin").
698 Eine solche Genehmigung war vor dem Hintergrund eines 1952 verabschiedeten Umweltschutzgesetzes notwendig.

teilhaft, außerdem sei die Bedarfsdeckung aufgrund der ausreichend vorhandenen anderen Kiesgruben der Gegend gesichert. Da sie ihr Eigentum als entzogen ansahen, setzten sich die Eheleute Fredin zur Wehr und rügten eine Verletzung ihres Rechts aus Artikel 1 des 1. ZP.

Der Gerichtshof hält zunächst fest, dass keine formale oder direkte Enteignung vorgefallen sei.[699] Er stellt anschließend erneut klar, dass das Konzept der „deprivation" jedoch nicht nur direkte Enteignungsformen, sondern auch Maßnahmen umfasst, die einer *de-facto*-Enteignung gleichkommen.[700] Dabei erkennt der Gerichtshof an, dass die streitgegenständlichen Maßnahmen im Kern eine Nutzungsregelung darstellten. Jedoch müsse gefragt werden, ob darüber hinaus sogar auch eine *de-facto*-Enteignung vorliege, sodass die Entzugsregelung des Artikel 1 Abs. 1 S. 2 des 1. ZP einschlägig sei:

> It remains however to be ascertained whether the consequences of the revocation of the permit were so serious as to amount to a de facto deprivation of property.[701]

Die Kläger brachten hierzu vor, dass die Einziehung der Abbaugenehmigung ihr Eigentum am Grundstück ohne jeglichen Wert gelassen habe. Der Gerichtshof folgte diesem Argument aus zwei Gründen nicht. Zum einen verwies er darauf, dass nicht nur diejenige Parzelle des Klägereigentum zu betrachten sei, die dem Kiesabbau „gewidmet" wurde.[702] Die Kläger hatten ihr (weitaus größeres) Grundstück eigens für die Zwecke des Kiesabbaus so parzelliert, dass von der Genehmigungseinziehung tatsächlich nur ein Teilbereich betroffen war. Dieser Teilbereich war durch die Genehmigungseinziehung auch nach Ansicht des Gerichtshofs tatsächlich nicht mehr für den ausgewiesenen Zweck des Kiesabbaus nutzbar. In einer Zusammenschau mit den übrigen Grundstücksteilen der Kläger sei der Effekt nach Ansicht des Gerichtshofs jedoch bei Weitem nicht mehr so einschneidend. Zum anderen verwies der Gerichtshof darauf, dass die Regulierung der Kiesgewinnung über die Zeit immer strenger wurde, was auch die Kläger wissen mussten.[703] Sie hätten daher gewusst, dass sie in einem Bereich tätig waren, der stark reguliert war, und hätten sich daher der Gefahr einer zukünftigen Untersagung der kommerziellen Nutzung der Kiesgrube bewusst sein müssen. Zudem seien die Übergangsfristen ausreichend lang bemessen gewesen.

Eingangs seiner Prüfung der Nutzungsregelung stellt der Gerichtshof explizit klar, dass der Umweltschutz in der heutigen Gesellschaft eine immer be-

---

699 Fredin, Rn. 42.
700 Ebenda mit Verweis auf seine Rechtsprechung in *Sporrong & Lönnroth*.
701 Fredin, Rn. 43.
702 Fredin, Rn. 45.
703 Fredin, Rn. 46.

deutendere Überlegung sei.[704] Er verwirft im Folgenden die Vorwürfe der Kläger, die Regelung sei nicht vorhersehbar genug gewesen und schütze aufgrund der fehlenden Rechtsschutzmöglichkeiten nicht ausreichend vor Missbrauch durch die Behörden.

Auch hier führt der Gerichtshof (wie schon bei *Sporrong & Lönnroth* und *James*) eine Verhältnismäßigkeitsprüfung unter der Überschrift „Proportionality of the interference" durch und untersucht, ob ein gerechter Ausgleich zwischen den Erfordernissen der Allgemeinheit und den Anforderungen an den Schutz des Individualgrundrechts stattgefunden hat.[705] Er führt aus, dass der Struktur des gesamten Artikel 1 des 1. ZP die Frage nach dieser Balance innewohne und somit auch bei der Prüfung des Abs. 2 zum Tragen komme. Wie auch in *Sporrong & Lönnroth* erkennt er einen weiten Ermessensspielraum des Staates an:

> [T]here must be a reasonable relationship of proportionality between the means employed and the aim pursued. In determining whether this requirement is met, the Court recognizes that the State enjoys a wide margin of appreciation with regard both to choosing the means of enforcement and to ascertaining whether the consequences of enforcement are justified in the general interest for the purpose of achieving the object of the law in question.[706]

Der Gerichtshof nimmt zur Kenntnis, dass die Kläger bezogen auf die ursprünglich erteilte Genehmigung einen erheblichen Schaden erlitten hätten, wäre seither im Genehmigungsumfang Kies abgebaut worden. Die Kläger begannen jedoch erst nach 1973, in das Unternehmen zu investieren, zu einem Zeitpunkt also, in dem sie bereits Kenntnis von der möglichen Rücknahme ihrer Genehmigung hatten. Darüber hinaus habe auch die 1980 erteilte Genehmigung zum Bau eines mit der Kiesgewinnung zusammenhängenden Anlegekais den Hinweis enthalten, dass damit keine Aussage über die mögliche Verlängerung der Kiesabbaugenehmigung über 1983 hinaus enthalten sei. Der Gerichtshof fährt fort:

> Accordingly, when embarking on their investments, the applicants could have relied only on the authorities' obligation, when taking decisions relating to nature conservation, to take due account of their interests [...]. This obligation cannot, at the time the applicants made their investments, reasonably have founded any legitimate expectations on their part of being able to continue exploitation for a long period of time.[707]

---

704 Fredin, Rn. 48.
705 Fredin, Rn. 51.
706 Ebenda.
707 Fredin, Rn. 54.

Zudem hätten die Behörden sich bei der letztendlichen Rücknahme der Genehmigung flexibel gezeigt und die Abwicklungsperiode auf Antrag der Kläger verlängert. Der Gerichtshof kommt daher zu dem Schluss, dass die Einziehung der Genehmigung der Fredins nicht unverhältnismäßig war und Artikel 1 des 1. ZP somit nicht verletzt wurde.[708] Allein das Recht auf ein faires Verfahren nach Artikel 6 der EMRK sah der Gerichtshof als verletzt an und sprach den Klägern dafür eine (immaterielle) Entschädigung in Höhe von 10.000 Kronen zu.[709]

d) Pine Valley

Ebenso wie im Fall *Fredin* bestätigt der Gerichtshof im *Pine-Valley*-Fall, der nur wenige Monate später entschieden wurde, dass Belange des Umweltschutzes eine enteignende Maßnahme rechtfertigen können.[710] Hierbei erwarben die Kläger (zwei irische Unternehmen) Grundeigentum, das in den Geltungsbereich einer Rahmenplanungsbewilligung („outline planning permission") fiel. Dabei war die Erteilung der Rahmenplanungsbewilligung von der lokalen Behörde zunächst versagt worden und nur nach Widerspruch des Voreigentümers und entsprechender Anordnung der nächsthöheren Behörde erfolgt. Die in einem öffentlichen Register vermerkte Rahmenplanungsbewilligung bildete nach irischem Recht die Grundlage für darauf aufbauenden detaillierten Planungsgenehmigungen, die den Klägern jedoch versagt wurden. Als Grund führte die zuständige Behörde an, dass die angestrebte Nutzung durch die Kläger (aber auch schon die Rahmenplanungsbewilligung selbst) nicht im Einklang mit der bereits vor Erlass der Rahmenplanungsbewilligung erfolgten Widmung der Gegend als Grüngürtel stehe. Damit sei auch die Rahmenplanungsbewilligung als von Anfang an nichtig anzusehen. Nach langwierigen Verfahren vor irischen Gerichten wandten sich die Kläger an den Gerichtshof und beriefen sich unter anderem auf eine Verletzung des Artikel 1 des 1. ZP.[711]

Der Gerichtshof nahm einleitend dazu Stellung, ob überhaupt ein Eingriff in ein Recht der Kläger stattgefunden haben konnte. Die irischen Gerichte hatten festgestellt, dass die von den Klägern in Anspruch genommene Rahmenplanungsbewilligung nie rechtmäßig bestanden habe, da sie von Anfang an nichtig war. Der Gerichtshof lehnte diese Argumentation als formalistisch ab

---

708 Fredin, Rn. 55 f.

709 Fredin, Rn. 62, 66.

710 Pine Valley Developments Ltd. u.a. ./. Irland, Urteil des EGMR v. 29. November 1991, Serie A 222, s. a. ÖJZ 1992, 459 ff. (im Folgenden „Pine Valley").

711 Ausführlich zum Sachverhalt Pine Valley, Rn. 8–19.

und berief sich darauf, dass die Kläger das Grundeigentum im Vertrauen auf einen öffentlich eingetragenen Genehmigungstatbestand erworben hätten.[712]

Hinsichtlich einer Verletzung von Artikel 1 des 1. ZP musste der Gerichtshof zunächst entscheiden, unter welche Teilregelung der Fall zu fassen sei.[713] Die Kläger behaupteten, dass der fragliche Eingriff infolge der Aufhebung der Rahmenplanungsbewilligung einen „Entzug" des Eigentums nach Abs. 1 S. 2 der Regelung bewirkt habe. Der Gerichtshof stellte jedoch fest, dass keine formelle Enteignung stattgefunden habe. Auch eine de-facto-Enteignung komme nicht in Betracht. Zwar sei der Wert des Grundstücks der Kläger erheblich gemindert worden, jedoch sei es nicht völlig wertlos geworden, zumal die Kläger es ja auch im Rahmen der Widmung (als landwirtschaftliche Flächen zur Erhaltung eines Grüngürtels) hätten nutzen oder nutzen lassen können. Der Gerichtshof kam wie im Fall *Fredin* zu dem Schluss, dass es sich um eine Nutzungsbeschränkung nach Artikel 1 Abs. 2 des 1. ZP gehandelt habe.

Die Prüfung der Gesetzmäßigkeit und des Zwecks des Eingriffs sowie der Verhältnismäßigkeit nehmen anschließend überraschend wenig Raum ein. Die Kläger brachten hauptsächlich vor, dass die Maßnahme unverhältnismäßig sei, da sie keine Entschädigungsregelung vorsah.[714] Auf diesen Aspekt geht der Gerichtshof nicht ein, sondern hält unter Hinweis auf sein Urteil in *Fredin* fest, dass Belange des Umweltschutzes, denen die angegriffene Maßnahme nach Ansicht des Gerichts unzweifelhaft diente, ein legitimes Ziel in Übereinstimmung mit dem Allgemeininteresse sei.[715] Ebenfalls recht kurz nimmt der Gerichtshof zur Verhältnismäßigkeit Stellung. Er sah den Weg der gerichtlichen Aufhebung der Rahmenplanungsbewilligung als geeigneten, wenn nicht sogar den einzigen Weg an, um das Ziel (Erhaltung der Flächen als Grünflächen entsprechend dem Widmungszweck) zu erreichen. Wie auch schon in *Fredin* weist der Gerichtshof darauf hin, dass der wirtschaftlichen Betätigung der Kläger naturgemäß ein Risikoelement innewohne. Zudem sei den Klägern schon vor Erwerb des Grundstückes bewusst gewesen, dass zum einen ein für die von ihnen angestrebte Nutzung negativer Widmungsplan bestand und zum anderen die lokale Behörde sehr bestrebt war, diesen entgegen der von übergeordneter Stelle erlassenen Rahmenplanungsbewilligung auch durchzusetzen.[716] Eine Verletzung von Artikel 1 des 1. ZP lehnt der Gerichtshof daher ab.

---

712 Pine Valley, Rn. 51.
713 Pine Valley, Rn. 55 f.
714 Pine Valley, Rn. 58.
715 Pine Valley, Rn. 57. Dass die Maßnahme sowie der Widmungsplan diesem Zweck dienten, hatten auch die Kläger nicht bestritten.
716 Pine Valley, Rn. 58 f.

Das abweichende Sondervotum wandte sich dagegen, dass der Gerichtshof die Frage, ob eine Entschädigung notwendig gewesen wäre, gänzlich außen vor gelassen hatte. Die drei Richter des Sondervotums meinten, dass die speziellen Umstände des Falls eine Entschädigungspflicht verlangten, sodass die Kläger ihrer Ansicht zufolge in ihrem Recht aus Artikel 1 Abs.1 S. 2 des 1. ZP verletzt wurden.

e) Matos e Silva

Auch der Fall Matos e Silva gegen Portugal[717] behandelte eine ähnliche Situation wie *Fredin* und *Pine Valley*. Matos e Silva, eine portugiesische Gesellschaft, war Eigentümerin eines Grundstücks an der Algarveküste.[718] Auf diesem und einem weiteren Grundstück, das sie aufgrund einer Konzession bewirtschaften durfte, betrieb sie Landwirtschaft, Salzgewinnung und Fischzucht. Die portugiesische Regierung beschloss 1978 die Errichtung eines Naturreservats an der Küste, das sich auch auf Teile des von Matos e Silva bewirtschafteten Gebiets erstreckte. Die Kläger wandten sich gegen jede der insgesamt fünf von der portugiesischen Regierung ergriffenen Maßnahmen ganz unterschiedlichen Rechtscharakters (Einzelanordnung, allgemeines Gesetz). Die nationalen Gerichtsverfahren dauerten zum Zeitpunkt des Urteils durch den EGMR seit 13 Jahren ohne Ergebnis an.

Der Gerichtshof kommt in seinem Urteil recht rasch zu dem Schluss, dass der portugiesische Staat in das Eigentum von Matos e Silva eingegriffen habe.[719] Die Frage nach dem Eigentum stellte sich, da die Klägerin nicht formeller Eigentümerin eines Teiles des von ihr bewirtschafteten Landes war, sondern es aufgrund einer noch aus dem 19. Jahrhundert stammenden Konzession bewirtschaftete. Der Einwand Portugals, drei der Maßnahmen seien lediglich vorbereitende Maßnahmen (sogenannte „Erklärungen des Allgemeininteresses", die nach portugiesischem Recht Voraussetzung einer rechtmäßigen Enteignung sind), aber selbst noch nicht enteignend, drang nicht durch. Gerade dieses Argument drehte der Gerichtshof um und sah dadurch die Substanz des Eigentums der Klägerin betroffen, da gerade diese Maßnahmen die Rechtmäßigkeit einer dann folgenden Enteignung schon festschrieben.

Bei der Prüfung, unter welche Teilregelung des Artikel 1 des 1. ZP die portugiesischen Maßnahmen fallen, kommt der Gerichtshof wie bei *Sporrong & Lönnroth* zu dem Schluss, dass die „Grundregelung" des Artikel 1 Abs.1 S. 1

---

717 Matos e Silva Lda. u.a. ./. Portugal, Urteil des EGMR v. 16. September 1996, Reports 1996-IV (im Folgenden „Matos e Silva").
718 Zum komplizierten Sachverhalt Matos e Silva, Rn. 11–45.
719 Matos e Silva, Rn. 72 ff. und 76 ff.

einschlägig sei.[720] Er hält fest, dass weder eine formelle noch eine *de-facto*-Enteignung vorliege, da die Effekte der Maßnahmen nicht derart gewesen seien, dass von einem Entzug gesprochen werden könne. Die Beschränkungen des Eigentumsrechts lägen darin, dass Matos e Silva das Grundstück nur schlecht verkaufen konnten und dass tatsächlich schon über eine Enteignung nachgedacht wurde. Zwar habe das Eigentumsrecht damit einiges seiner Substanz verloren, es sei jedoch nicht gänzlich verschwunden, da die Klägerin beispielsweise weiterhin das Land bearbeiten konnte. Ein Verletzung der Entzugsregelung des Artikel 1 Abs.1 S. 2 des 1. ZP lehnte der Gerichtshof daher ab. Letztlich hält er fest, dass die insgesamt fünf portugiesischen Maßnahmen, obwohl unterschiedlich in ihrer Rechtswirkung wie ihrer Stoßrichtung, gemeinsam „im Lichte des Artikel 1 Abs. 1 S. 1 des 1. ZP" betrachtet werden müssten. Überraschend ist daran, dass der Gerichtshof anders als in *Sporrong & Lönnroth*, *Fredin* oder *Pine Valley* noch nicht einmal erwägt, ob die Maßnahmen unter Abs. 2 des Artikel 1 (Nutzungsregelung) fallen könnten.

Wie auch in den zuvor erläuterten Fällen fragt der Gerichtshof bei der Rechtfertigung der Maßnahme danach, ob ein gerechtes Gleichgewicht zwischen den Erfordernissen des öffentlichen Interesses der Gemeinschaft und den Anforderungen der Wahrung der Grundrechte des Einzelnen aufrecht-erhalten wurde.[721] Der Gerichtshof akzeptiert wie in den zuvor erwähnten Urteilen in nur einem Satz, dass das vorgebrachte Allgemeininteresse in dem Schutz der Umwelt liege, den der portugiesische Staat durch Mittel der Stadt- und Landplanung zu verwirklichen suche. Dennoch sah der Gerichtshof das geforderte Gleichgewicht als verletzt an. Er kritisierte, dass die fraglichen Maßnahmen ernsthafte und schädliche Auswirkungen zeitigten, die die Klägerin über einen mehr als 13 Jahre dauernden Zeitraum von der ungestörten Nutzung ihres Eigentums abgehalten hatten. Daher sei der Klägerin eine zu hohe Bürde auferlegt worden, die nicht mehr der geforderten Balance entsprach. Der Gerichtshof sprach den Klägern Schadensersatz in Höhe von 10 Millionen Escudos zu.[722]

f) Analyse

Die Aussagen des Gerichtshofs zur Binnenstruktur des Artikel 1 des 1. ZP wurden in der Literatur seit jeher kritisch durchleuchtet. Mit Erleichterung wurde aufgenommen, dass der Gerichtshof in *James* die drei Teilregelungen der Norm nicht mehr als völlig „distinct", sondern als zusammengehörend ansah, da

---

720 Matos e Silva, Rn. 85.
721 Matos e Silva, Rn. 86 ff.
722 Matos e Silva, Rn. 101.

die vorherige in *Sporrong & Lönnroth* geäußerte Sichtweise als künstliche Trennung angesehen wurde.[723] Dennoch scheint nicht immer konsistent, unter welcher Teilregelung der Norm der Gerichtshof einen Fall letztendlich subsumiert. Als Eigentumsentzug wertete der Gerichtshof allein die britischen Maßnahmen in *James*, während er die Maßnahmen in *Sporrong & Lönnroth* und *Matos e Silva* unter die allgemeine Regelung des Abs. 1 S. 1 fasste, obwohl auch in diesen Fällen die staatlichen Maßnahmen auf Enteignung gerichtet waren. Allein das zeitliche Moment scheint für die unterschiedliche Einordnung entscheidend gewesen zu sein. Während die Maßnahmen bei *James* schon Wirkung gezeigt hatten, also tatsächlich schon für einige Grundstücke Eigentumsübertragungen stattgefunden hatten, stand dies bei *Sporrong & Lönnroth* und *Matos e Silva* jeweils noch aus. Hier standen die Grundstücke der Kläger jeweils noch im formalen Eigentum der Kläger, auch wenn diese bereits mit den negativen Folgen der (lange) zuvor gefällten grundsätzlichen Enteignungsentscheidungen konfrontiert wurden. Die Wirkungen der geplanten Eigentumsentziehungen (zumindest einige) trafen die Kläger schon, ohne dass diese bereits stattgefunden hatten. In dieser Hinsicht glich die tatsächliche Situation in *Sporrong & Lönnroth* und *Matos e Silva* der von *Fredin* und *Pine Valley*, die der Gerichtshof jedoch unter die in Artikel 1 Abs. 2 des 1. ZP enthaltene Nutzungsregelung subsumiert hatte. Die zugrunde liegenden Regelungen ließen in diesen beiden Fällen das Eigentum der Kläger unberührt, führten jedoch dazu, dass sie ihr Eigentum nicht mehr uneingeschränkt wirtschaftlich nutzen konnten.

Ob der Gerichtshof aufgrund dieser unterschiedlichen Einordnung auch unterschiedliche Anforderungen an die Rechtmäßigkeit der Maßnahmen stellt, lässt sich trotz der Vielzahl an Fällen nur schwer analysieren. Zumindest auf den ersten Blick hat es den Anschein, als sei der Prüfungsmaßstab der gleiche. In jedem Fall seit *James* führt der Gerichtshof – und das ist im Rahmen dieser Arbeit von besonderer Bedeutung – eine Verhältnismäßigkeitsprüfung durch, indem er fragt, ob der Eingriff einen gerechten Ausgleich zwischen den Allgemeininteressen und dem Schutzgut des Einzelnen darstellt, ob also die gewählten Mittel im Hinblick auf das angestrebte Ziel verhältnismäßig waren. Neben der „takings"-Rechtsprechung in den USA und der Prüfung einer Inhalts- und Schrankenbestimmung in Deutschland gibt es damit auch im völkerrechtlichen Rahmen ein Beispiel für eine Verhältnismäßigkeitsprüfung bei Enteignungen.

Für die konkrete Durchführung der Verhältnismäßigkeitsprüfung fällt jedoch auf, dass nicht in jedem Fall eine Rolle spielte, ob eine Entschädigung bereitgestellt wurde. Die den Fällen *Fredin* und *Pine Valley* zugrunde liegenden

---

723   Statt vieler Dolzer, FS Zeidler, S. 1681, 1684 f.

Regelungen, die der Gerichtshof als Nutzungsregelung im Sinne des Abs. 2 von Artikel 1 des 1. ZP qualifizierte, sahen keine Ausgleichszahlungen oder Entschädigungen vor. Da der Gerichtshof in beiden Fällen eine Verletzung des Artikel 1 des 1. ZP ablehnte (wobei die fehlenden Entschädigungsregelungen irrelevant waren), erhielten die Kläger auch nachträglich keine Entschädigung. Anders war die Situation in den Fällen *Sporrong & Lönnroth* und *Matos e Silva*, in denen der Gerichtshof die Grundregel des Artikel 1 des 1. ZP als verletzt ansah. Hier kritisierte der Gerichtshof jeweils die überlange Dauer der Eigentumsbelastungen durch die staatlichen Maßnahmen, die in beiden Fällen auf die Enteignung der Kläger gerichtet waren und bei deren tatsächlicher Durchführung zumindest die schwedische Regelung in *Sporrong & Lönnroth* Entschädigungszahlungen vorgesehen hätte.[724] Die Höhe und sonstigen Modalitäten dieser nationalen Entschädigung waren jedoch nicht Gegenstand des Urteils. In beiden Fällen sprach der Gerichtshof eine Entschädigung zu. Im Fall *James* dagegen, dem einzigen Fall der oben vorgestellten Auswahl, den der Gerichtshof unter die Entzugsregelung des Artikel 1 Abs. 1 S. 2 subsumiert hatte, sah das zugrunde liegende Gesetz Entschädigungszahlungen vor, die auch schon zur Anwendung gekommen waren. Der Gerichtshof setzte sich u.a. mit der Höhe der Entschädigungsleistungen auseinander, die von den Klägern als zu niedrig angegriffen wurde, und bestätigte die britische Regierung. Auch wenn der Gerichtshof sich also nicht in jedem der vorgestellten Urteile mit der Frage, ob eine Entschädigung vorgesehen war, auseinandersetzen musste, drängt sich dennoch der Eindruck auf, als sei die geforderte Balance nicht in jedem Fall davon abhängig, ob die Betroffenen für die jeweiligen Eingriffe hätten entschädigt werden können.

In den vorstehend erläuterten Fällen lagen dem Gerichtshof eine ganze Reihe von umweltschützenden (und in *Sporrong & Lönnroth* planungsrechtlichen) Maßnahmen zur Bewertung ihrer enteignungsrechtlichen Einordnung vor.[725] Dabei lässt sich jedoch nicht erkennen, dass der Gerichtshof das umweltschützende Ziel dieser Regelungen generell nach der Police-Powers-Doktrin behandeln würde. Sicherlich findet sich in jedem Urteil die Aussage, dass der Umweltschutz ein legitimes Interesse der Allgemeinheit darstellt. Daraus jedoch ableiten zu wollen, dass somit jede umweltschützende und dabei enteignende Maßnahme auch ohne Entschädigung für den Betroffenen hätte durchgeführt

---

724 Ob auch die portugiesischen Regelungen, die in *Matos e Silva* zugrunde lagen, eine Entschädigungszahlung vorgesehen hätten, ist der Beschreibung im Urteil nicht mit Sicherheit zu entnehmen.

725 Allein das Fall James hatte einen sozialrechtlichen Hintergrund, konnte aber aufgrund seiner wegweisenden Ausführungen zur Systematik des Artikel 1 des 1. ZP nicht unerwähnt bleiben.

werden dürfen, greift zu kurz. Zum einen ist es im Grunde keine Überraschung, wenn der Gerichtshof das Allgemeinwohlkriterium bei umweltschützenden Maßnahmen bejaht. Wie bereits ausgeführt, gibt es kaum Fälle, in denen diese Enteignungsvoraussetzung jemals verneint worden wäre.[726] Zum anderen ist der Ansatz des Gerichtshofs seit *James* ein anderer. Die in jedem Fall vorgenommene Interessenabwägung führt dazu, dass die Entscheidungen des Gerichtshofs hier nicht holzschnittartig ausfallen können. Auch wenn anhand der vorstehenden Fallauswahl nicht festgestellt werden kann, dass das Ergebnis der Abwägung des Gerichtshofs davon vorbestimmt wäre, unter welche Teilregelung die jeweilige Maßnahme subsumiert wurde, fällt gleichwohl auf, dass bei allen unter Abs. 2 der Norm gefassten Fällen (Nutzungsregelung) letztlich eine Verletzung von Artikel 1 des 1. ZP abgelehnt wurde. Zudem bleibt vage, ob die Formulierung „such laws as it deems necessary" in Abs. 2 tatsächlich irgendeine gesteigerte Anforderung für die handelnden Staaten darstellt. Zumindest in den hier untersuchten Fällen bejahte der Gerichtshof ausnahmslos, dass die angegriffenen Maßnahmen jeweils im Interesse der Allgemeinheit gelegen hätten. Wenn aber eine Voraussetzung wie „such laws as it deems necessary", bei deren Vorliegen eine eigentumsbeschränkende Maßnahme auch ohne staatliche Entschädigung durchgeführt werden kann, keinen höheren Anforderungen genügen muss, als dass Enteignungen dem Allgemeininteresse (statt purem Privatinteresse) dienen müssen, wäre dies sicher zu weitgehend. Ein solches Verständnis ginge weit über das hinaus, was nach der Police-Powers-Doktrin möglich wäre.

3. Schiedsverfahren unter Bilateralen Investitionsverträgen

Im Bereich bilateraler Investitionsschutzverträge (BITs) existiert eine Vielzahl von Schiedssprüchen, die sich neben Verstößen gegen substanzielle Schutzrechte von BITs wie dem Diskriminierungsverbot oder dem Gebot fairer und gerechter Behandlung zumeist auch mit Enteignungsvorwürfen auseinandersetzen. Die Auseinandersetzungen können hierbei je nach Ausgestaltung im jeweiligen BIT nach den Regelungen der ICSID, nach den UNCITRAL-Regeln oder weiteren Verfahrensregeln ausgetragen werden.

In der jüngsten Vergangenheit ist es leichter geworden, an Informationen über Verfahren zu gelangen, die im Rahmen bilateraler Investitionsschutzver-

---

726 S. die Ausführungen oben S. 80; vgl. auch die Aussage in *James,* dass der Begriff des Allgemeininteresses „necessarily extensive" sei, Rn. 46.

träge geführt werden. Dies mag an dem gestiegenen Interesse der breiten Öffentlichkeit an diesen Fällen liegen, das weit über das des kleinen Kreises der damit beruflich vertrauten Personen hinausgeht. Dennoch bleibt unklar, wie viele dieser Verfahren wirklich ihren Weg ins Licht der Öffentlichkeit finden, denn für eine Veröffentlichung des Schiedsspruchs und weiterer Verfahrensunterlagen ist sowohl nach den Regeln des ICSID wie auch nach den UNCITRAL-Regeln die Zustimmung beider Parteien notwendig.[727]

a) Santa Elena

Der Ursprung der Auseinandersetzung zwischen der Compañia des Desarrollo de Santa Elena, S.A. und Costa Rica[728] liegt schon recht lange zurück. Der Fall nimmt eine Sonderstellung ein, da er einer der seltenen Fälle ohne Dekolonialisierungshintergrund ist, in denen eine direkte Enteignung erfolgte und dies auch staatlicherseits nicht bestritten wurde. Es ging dabei um ein knapp 16.000 Hektar großes Grundstück, das auf einer Länge von 30 km an der Westküste Costa Ricas liegt und eine einzigartige Flora und Fauna beheimatet. Die Compañia des Desarrollo de Santa Elena, S.A. (im Folgenden „CDSE") wurde 1970 von einigen amerikanischen Investoren gegründet, um das für US$ 395.000 erworbene Grundstück mit dem Ziel einer touristischen Nutzung zu entwickeln, was in der Folgezeit auch geschah. 1978 erließ die Regierung Costa Ricas eine Enteignungsanordnung und bot an, eine Entschädigung in Höhe von US$ 1,9 Millionen zu zahlen. Das Gebiet wurde anschließend einem benachbarten Nationalpark angegliedert, um den dort lebenden Großkatzen ein den Anforderungen der Art entsprechendes größeres Areal zur Verfügung stellen zu können. Gegen die Enteignung selbst wandte CDSE sich nicht, allein die Höhe der angebotenen Entschädigung erachtete man als zu gering. Die Parteien beriefen sich dabei auf unterschiedliche Gutachten, die den Wert des Grundstückes kurz vor der Enteignung geschätzt hatten. Fast zwanzig Jahre stritt man mal mehr, mal weniger hitzig vor nationalen Gerichten über die Frage einer angemessen hohen Entschädigungssumme, bis 1995 eine schiedsgerichtliche Klärung initiiert wurde[729], der Schiedsspruch erging im Jahr 2000.

---

727 ICSID-Konvention Artikel 22 Abs. 2; Artikel 32 Abs. 5 UNCITRAL Arbitration Rules (Fn. 441).

728 Compañia del Desarrollo de Santa Elena, S.A. and the Republic of Costa Rica, ICSID Fall Nr. ARB/96/1, Final Award vom 17. Februar 2000 (im Folgenden „Santa Elena Award").

729 Hauptgrund für das Einverständnis Costa Ricas zur Einsetzung eines Schiedsgerichts dürfte gewesen sein, dass die USA ihre Zustimmung zur Auszahlung eines

Die beiden Hauptpunkte der schiedsgerichtlichen Auseinandersetzung waren die Frage des anwendbaren Rechts[730] und die Berechnung der zu zahlenden Entschädigung, insbesondere die Entscheidung, ob Zinseszinsen für die Zinsberechnung zu berücksichtigen seien. Das Vorliegen der Enteignung selbst war unstreitig, daher wurden anders als bei den übrigen im Rahmen dieser Arbeit analysierten Fällen keinerlei Ausführungen zu den Voraussetzungen von Enteignungen, direkt oder indirekt, benötigt.

Interessant wird der Schiedsspruch durch eine Aussage, die im Zusammenhang mit der Frage des anwendbaren Entschädigungsstandards getätigt wurde. Unter der Überschrift „Standard of Compensation" resümiert das Schiedsgericht zunächst, dass es in der Vergangenheit einige Kontroversen über den anwendbaren Entschädigungsstandard gegeben habe[731], im vorliegenden Fall aber unumstritten sei, dass „full compensation for the fair market value of the Property, *i.e.*, what a willing buyer would pay to a willing seller", gezahlt werden müsse.[732] Daraufhin stellt das Schiedsgericht fest, dass es bei der Frage der Entschädigung folgende Erwägungen berücksichtigt habe:

- [...]

- While an expropriation or taking for environmental reasons may be classified as a taking for a public purpose, and thus may be legitimate, the fact that the Property was taken for this reason does not affect either the nature or the measure of the compensation to be paid for the taking. That is, the purpose of protecting the environment for which the Property was taken does not alter the legal character of the taking for which adequate compensation must be paid. The international source of the obligation to protect the environment makes no difference.[733]

Unmissverständlich fasst das Schiedsgericht seine Position im folgenden Absatz wie folgt zusammen:

Expropriatory environmental measures – no matter how laudable and beneficial to society as a whole – are, in this respect, similar to any other expropriatory measures that a state may take in order to implement its policies: where property is expropri-

---

US$ 175 Millionen umfassenden Entwicklungshilfekredites auf der Grundlage des sogenannten „Helms Amendement" verweigerten, Santa Elena Award, Rn. 24 f.

730 Diese Frage richtete sich nach Artikel 42 Abs. 1 ICSID-Konvention. Wäre nationales Recht zur Anwendung gelangt, hätte die Entschädigungssumme sich nach dem Zeitpunkt ihrer Zahlung, also dem Jahr 2000 mit entsprechend gestiegenem Grundstückswert, gerichtet. Bei der Anwendung von Völkerrecht dagegen wäre der entscheidende Zeitpunkt zur Berechnung des Grundstückwertes derjenige der Enteignung selbst und damit 1978 selbst gewesen.

731 S. Darstellung unter Santa Elena Award, Rn. 69 ff.

732 Santa Elena Award, Rn. 73.

733 Santa Elena Award, Rn. 71.

ated, even for environmental purposes, whether domestic or international, the state's obligation to pay compensation remains.[734]

Zusätzlich weist das Schiedsgericht in einer Fußnote zu dieser Passage darauf hin, dass es sich nicht verpflichtet sah, die von Costa Rica angeführten völkerrechtlichen Texte näher zu untersuchen, aus denen sich die Erhaltungspflicht des Landes hinsichtlich des enteigneten Gebietes ergeben sollte.

Diese strikte Haltung lässt das Schiedsurteil hervorstechen. Zwar scheint die Tendenz, den Grund für eine Enteignung allein bei der Legitimitätsvoraussetzung des Allgemeinwohls zu berücksichtigen, auch bei anderen Schiedssprüchen, wie etwa in der Sache *Metalclad*, erkennbar. Jedoch ist die hier zum Ausdruck kommende Unmissverständlichkeit ohne Beispiel. Das Schiedsgericht macht deutlich, dass es zu den Vertretern der „sole effects"-Doktrin gehört. Dabei kann der Passage entnommen werden, dass das Schiedsgericht nicht nur Maßnahmen zum Schutz der Umwelt für irrelevant hält. Auch jede weitere Maßnahme, die enteignende Wirkung aufweist und von einem Staat ergriffen wird, um seine Politikziele zu erreichen, muss entschädigt werden. Mit der Anforderung, dass eine rechtmäßige Enteignung zu einem Allgemeinwohlzweck erfolgen muss, lässt sich diese Auffassung dennoch in Übereinstimmung bringen. Hiernach muss ein solcher Zweck vorliegen, damit überhaupt enteignet werden darf. Dieser hehre Zweck führt aber im Weiteren nicht dazu, dass der Staat keine Entschädigung zahlen müsste. Bei der Bemessung der Entschädigung ging das Schiedsgericht dann allerdings recht salomonisch vor. Nach ausführlicher Diskussion der grundlegenden Bemessungsregeln erkannte das Schiedsgericht dann ohne weitere Begründung eine Summe an, die etwa in der Mitte der Positionen von Kläger und beklagtem Staat lag.[735]

b) Tecmed

aa) Sachverhalt

Dieser Fall wurde im Mai 2003 nach dem BIT zwischen Spanien und Mexiko entschieden. Als Klägerin trat die spanische Firma Tecnicas Medioambientales,

---

734 Santa Elena Award, Rn. 72.

735 Dies gilt sowohl bei der Festlegung des Grundstückswertes (Costa Rica: US$ 1,9 Millionen, CDSE: US$ 6,4 Millionen, Schiedsgericht: US$ 4,1 Millionen) als auch bei der Bestimmung der gesamten fälligen Entschädigung (hier nennt der Award für die Forderungen von CDSE insgesamt vier verschiedene Summen, von US$ 22 Millionen bis hin zu US$ 41,3 Millionen. Costa Rica hielt nach wie vor US$ 1,9 Millionen zuzüglich Zinsen für angebracht. Das Schiedsgericht erkannte auf US$ 16 Millionen).

TECMED S.A. auf. Über ein mexikanisches Tochterunternehmen, TECMED, Tecnicas Medioambientales de Mexico, S.A. de C.V., erwarb sie Anfang 1996 von der mexikanischen Stadt Hermosillo die Genehmigung zum Betrieb einer örtlichen Abfallverwertungs- und -entsorgungsanlage sowie einer Mülldeponie. Diese Genehmigung wurde in der Folgezeit auf eine andere zu diesem Zweck gegründete, ebenfalls nach mexikanischem Recht errichtete Tochterfirma, CYTRAR, S.A. de C.V., übertragen.[736]

Während die Anlagen zuvor mit einer zeitlich unbefristeten Genehmigung betrieben wurden, wurde bei der Übertragung der Genehmigung auf Cytrar lediglich eine jährlich zu erneuernde Genehmigung erteilt. Diese wurde nach einmaliger Verlängerung bis Ende 1998 im November 1998 nicht wieder erteilt. Weiterhin wurde Cytrar zur Aufgabe des Betrieb und der Anlage aufgefordert.[737] Die zuständige Behörde führte als Grund die Unzuverlässigkeit Cytrars an. Sie führte dafür zahlreiche Verstöße an, wie etwa die Lagerung nicht genehmigter Arten von Gefahrstoffen oder die Überbelegung einzelner Parzellen der Deponie.[738] Tatsächlich hatten diese Verstöße teilweise stattgefunden und waren in entsprechenden administrativen Verfahren mit Geldbußen geahndet worden. Es wurde jedoch ausdrücklich zugestanden, dass die Verstöße für einen Widerruf der Genehmigung nicht ausreichend seien.[739]

Das eigentliche Problem stellte die lokale Opposition gegen die Anlage dar. Die Proteste fanden auf breiter Basis statt und hatten zum Ziel, dass der Betrieb der nur acht Kilometer vom Stadtzentrum Hermosillos entfernten Abfallverwertungsanlage von Cytrar eingestellt würde.[740] Aus rechtlicher Sicht war jedoch gegen die ursprüngliche Betriebsgenehmigung nichts einzuwenden. Regelungen im mexikanischen Recht, die einen deutlich größeren Abstand zwischen bewohnter Fläche und derartigen Anlagen vorsahen, wurden erst später eingeführt und waren auf die von Cytrar betriebene Anlage nicht anwendbar.[741] Cytrar wie auch Tecmed zeigten sich zu Verhandlungen über eine Verlegung des Betriebs mit den zahlreichen zuständigen Behörden bereit, sofern bis zu dem auf eigene Kosten durchzuführenden Umzug die alte stadtnahe Anlage weiterbetrieben werden könne. Im Zeitpunkt der Genehmigungsversagung war jedoch noch keine Entscheidung bezüglich eines Ausweichareals gefallen,

---

736 Tecnicas Medioambientales, TECMED S.A. v. Mexico, ICSID Fall Nr. ARB(AF)/00/2, Award vom 29. Mai 2003 (im Folgenden „Tecmed Award"), Rn. 35.

737 Tecmed Award, Rn. 38 f.

738 Tecmed Award, Rn. 99, gibt die Gründe für die Nichterteilung einer erneuten Genehmigung wieder.

739 Tecmed Award, Rn. 100.

740 Tecmed Award, Rn. 108.

741 Tecmed Award, Rn. 106.

die erforderlichen Tests über die Tauglichkeit der alternativen Stätte waren ebenfalls noch nicht abgeschlossen.[742]

Obwohl also eigentlich wiederum nur eine befristete Genehmigung erforderlich gewesen wäre (um den Zeitraum bis zur Verlegung zu überbrücken), lehnten die mexikanischen Behörden nach ausgiebigen internen Konsultationen eine solche Regelung ab und ordneten die komplette Schließung des Betriebs an.[743] Im Juli 2000 stieß Tecmed eine schiedsgerichtliche Klärung der Streitigkeit an, wobei eine nicht öffentlich bekannte Summe an Schadensersatz gefordert wurde.[744] Tecmed führte an, schon die Erteilung jeweils nur befristet geltender Genehmigungen stelle eine Verletzung der berechtigten Erwartungen Tecmeds bei der Ausführung ihre Investitionen dar, da im Bieterverfahren eine unbefristet geltende Genehmigung zu einem entsprechenden Preis erworben worden sei. Entscheidend sei aber, dass die Nichtverlängerung im November 1998 eine Enteignung darstelle. Außerdem rügte Tecmed die Verletzung des Grundsatzes der „fairen und gerechten Behandlung".

bb) Schiedsspruch

Das Schiedsgericht kam am 29. Mai 2003 in einer mit Spannung erwarteten Entscheidung tatsächlich zu dem Schluss, dass Tecmed enteignet wurde und daher mit etwa US$ 5,5 Millionen zu entschädigen sei. Das Schiedsgericht überprüfte dabei in einem ersten Schritt, ob der Investor aufgrund der mexikanischen Entscheidung

> [...] was radically deprived of the economical use and enjoyment of its investments, as if the rights related thereto − such as the income or benefits related to the landfill or to its exploitation − had ceased to exist.[745]

Es sieht somit das Kriterium des „effects" als eines der Hauptmerkmale für die Bestimmung einer Enteignung an und verweist hierfür auf den Schiedsspruch in *Pope & Talbot* wie auch auf die Ausführungen des Restatement. Daneben bezieht sich das Schiedsgericht auf den Wortlaut des Artikel 5 Abs. 1 des zugrunde liegenden BIT, in dem von Enteignungen, Nationalisierungen oder anderen Maßnahmen mit ähnlichen Charakteristika oder gleichen Wirkungen die Rede ist. Im Weiteren hält das Schiedsgericht fest, dass nach den Grundsätzen des Völkerrechts auch regulative Maßnahmen enteignende Wirkungen entfalten können, wobei hiernach die dahinterstehende Intention eines Staates weniger

---

742 Tecmed Award, Rn. 111 f., 142.
743 Tecmed Award, Rn. 109–112.
744 Tecmed Award, Rn. 39.
745 Tecmed Award, Rn. 115.

wichtig als der Effekt der Maßnahme sei.[746] Aus dem Zusammenhang dieses Zitates wird deutlich, dass mit dieser Aussage nicht der Motivation staatlichen Handels die Wichtigkeit abgesprochen wird, sondern lediglich klargestellt werden soll, dass es nicht darauf ankommt, ob ein Staat enteignen wollte oder nicht.

Die Mülldeponie konnte, nachdem die Betriebsgenehmigung nicht erneuert wurde, nicht mehr betrieben werden. Eine weitere Nutzung setzte diese Betriebsgenehmigung voraus. Ohne die Genehmigung fanden überdies die mexikanischen Regelungen über die einzuhaltende Mindestdistanz einer derartigen Anlage zu Wohngebieten Anwendung, wonach ein weiterer Betrieb auch bereits aus diesem Grund unzulässig gewesen wäre. Zu anderen Zwecken ließ das Areal sich nicht nutzen, sodass das Schiedsgericht der Ansicht war, der Effekt der mexikanischen Maßnahmen sei einschneidend genug, um von einer Enteignung zu sprechen.[747]

Das Schiedsgericht hielt noch einen weiteren Prüfungsschritt für erforderlich. Allein der Effekt der fraglichen Maßnahme auf die Position des Investors sei nicht das einzig entscheidende Kriterium. Daher hielt das Schiedsgericht fest, dass Ausgangspunkt seiner weiteren Überlegungen der Grundsatz sei, dass ein Staat im Falle des Handelns im Rahmen seiner Police Powers keine Entschädigung zahlen müsse.[748] Jedoch lasse sich aus Artikel 5 des BIT nicht ableiten, dass regulative Maßnahmen per se nicht als Enteignung angesehen werden könnten, selbst wenn sie gemeinnützige Ziele verfolgten. Um nun zu einer Einschätzung über den enteignenden Charakter der mexikanischen Entscheidung zu gelangen, nimmt das Schiedsgericht eine Abwägung vor. Es berücksichtigt,

> whether such actions or measures are proportional to the public interest presumably protected thereby and to the protection legally granted to investments, taking into account that the significance of such impact has a key role upon deciding the proportionality.[749]

---

746 Die Stelle lautet wörtlich:
   "The government's intention is less important than the effects of the measures on the owner of the assets or on the benefits arising from such assets affected by the measures; and the form of the deprivation measure is less important than its actual effects."
   Tecmed Award, Rn. 116
747 Tecmed Award, Rn. 117.
748 Tecmed Award, Rn. 119.
749 Tecmed Award, Rn. 122.

194

Für dieses Prüfungsprogramm beruft sich das Schiedsgericht ausdrücklich auf die Rechtsprechung des EGMR zu Artikel 1 des 1. Protokolls zur EMRK.[750]

Nach Auffassung des Schiedsgerichts vermögen die für die mexikanischen Maßnahmen angeführten Gründe die Abwägung nicht zugunsten der mexikanischen Seite zu entscheiden. Das liegt jedoch nicht daran, dass man der Ansicht war, der angeführte Umweltschutz sei generell nicht dazu in der Lage, sich gegenüber dem Investitionsschutz zu behaupten. Das Schiedsgericht gelangte vielmehr nach Auswertung der ihm zur Entscheidung vorgetragenen Tatsachen zu der Überzeugung, dass die genannten Gründe in tatsächlicher Hinsicht nicht vorliegen würden. Zwar sei richtig, dass die angeführten Verfehlungen Cytrars aufgetreten seien. Allerdings sei zu bedenken, dass die Verstöße jedes Mal im dafür vorgesehenen administrativen Verfahren gerügt und sanktioniert wurden.[751] Tecmed als Missetäter und Adressat dieser Entscheidungen habe sich als zuverlässiger Partner erwiesen, der die jeweiligen Verstöße entweder selbst abstellte oder auf deren Einstellung hinwirkte, sofern sie nicht seinem unmittelbaren Verantwortungsbereich entstammten. Während dieser Verfahren war ausdrücklich festgehalten worden, dass die Vorwürfe nicht derart schwerwiegend seien, dass sie die Betriebsgenehmigung Cytrars gefährdeten. Darüber hinaus lagen dokumentierte Aussagen und Bestätigungen von mexikanischer Seite vor, aus denen hervorgeht, dass man den Betrieb der Anlage nicht für gesundheits- oder umweltgefährdend hielt.[752]

Im Folgenden untersucht das Schiedsgericht ausführlich, ob die angeführten „politischen Verhältnisse", die durch erheblichen bürgerschaftlichen Widerstand gegen den Betrieb der Anlage auf dem stadtnahen Gelände gekennzeichnet waren, als Grund für die mexikanische Entscheidung infrage kommen und wie die Abwägung unter Berücksichtigung dieser Gründe auszusehen hätte. Das Schiedsgericht hält fest, dass der Entstehungsprozess der mexikanischen Entscheidung zeige, dass sie tatsächlich zu einem Gutteil vom politischen Druck der Bevölkerung beeinflusst war. Jedoch sei die Situation weit davon entfernt gewesen, als Notlage, soziale Krise oder als Unruhesituation bezeichnet werden zu können. Dieses Ausmaß wäre nach Ansicht des Schiedsgerichts nötig gewesen, um sich in der Abwägung gegen den durch den BIT garantierten Investitionsschutz durchsetzen zu können.

---

750 Verweis auf Matos e Silva, Rn. 92; Mellacher u.a. ./. Österreich, Urteil des EGMR v. 19. Dezember 1989, Serie A 169, Rn. 48; Pressos Compañia Naviera u.a. ./. Belgien, Urteil des EGMR v. 20. November 1995, Serie A 332, Rn. 38.
751 Tecmed Award, Rn. 123
752 Tecmed Award, Rn. 124.

Dass ein Schiedsgericht eine derart dezidierte Abwägung zur Enteignungsfrage durchführt, kann mit Fug und Recht als Novum bezeichnet werden. Zudem wurde bislang weder in so prominenter Weise auf die Rechtsprechung des EGMR verwiesen noch in der rechtlichen Würdigung in Bezug genommen. Die Vorgehensweise ist umso ungewöhnlicher, als sich für sie weder im BIT zwischen Spanien und Mexiko noch in sonstigen investitionsschützenden Instrumenten normative Anhaltspunkte für die durchgeführte Abwägung finden lassen. Außer der EMRK weisen nur das GATT (Artikel XX) sowie das GATS (Artikel XIV) derartige Regelungen auf. Wenn aber die tatsächlichen Gegebenheiten die Berufung auf umweltrechtliche Erwägungen nicht rechtfertigen können, muss – sofern die enteignende Maßnahme ausreichend stark in die Investition eingreift – selbstverständlich entschädigt werden.

IV. Exkurs zum „fair and equitable treatment"-Standard

Fast alle Investitionsschutzinstrumente kennen neben dem Schutz vor Enteignungen weitere Garantien, deren Verletzung durch den Gaststaat mit der Pflicht zur Schadenswiedergutmachung verbunden ist. Der dem Enteignungsschutz am nächsten stehende ist der Standard des „fair and equitable treatment", der „fairen und gerechten Behandlung". Diese Schutzformel findet sich in (fast) jedem BIT und vielen regionalen, multilateralen Instrumenten, auch im Entwurf des Verhandlungstextes des MAI wurde sie aufgenommen. Dort hieß es:

> 1.1 Each Contracting Party shall accord to investments in its territory of investors of another Contracting Party fair and equitable treatment and full and constant protection and security. In no case shall a Contracting Party accord treatment less favourable than required by international law.

Ebenso wie der Schutz vor Enteignung dient die Garantie der fairen und gerechten Behandlung der Sicherung eines stabilen Investitionsklimas. Oftmals nimmt der Text der Klausel selbst Bezug auf dieses Ziel. Ein Beispiel dafür ist Artikel 1105 Abs. 1 NAFTA:

> (1) Each Contracting Party shall, in accordance with the provisions of this Treaty, encourage and create stable, equitable, favourable and transparent conditions for Investors of other Contracting Parties to make investments in its area. Such conditions shall include a commitment to accord at all times to Investments of Investors of other Contracting Parties fair and equitable treatment.

Inzwischen ist klar, dass der Inhalt des "fair and equitable treatment"-Standards ("FET") allein völkerrechtlich ausgefüllt wird und nicht anhand des im Gastland herrschenden nationalen Standards definiert werden kann. So kann es vorkommen, dass eine staatliche Handlung nach nationalem Recht legal ist und der internationale Investor nicht anders als eigene Staatsangehörige behandelt wird, dies aber dennoch gegen den FET-Standard verstößt. Entgegen dem Wortlaut „fair *and* equitable" beinhaltet der FET-Standard allerdings nur einen Maßstab, nicht etwa einen der „fairen Behandlung" und der „gerechten Behandlung".

Immer noch nicht abschließend geklärt ist, wie das Verhältnis des FET-Standards zum inzwischen völkergewohnheitsrechtlichen „internationalen Mindeststandard" ausfällt. Spiegelt „fair and equitable treatment" diesen lediglich wider, oder bietet der FET-Standard ein darüber hinausgehendes Schutzniveau? Als Argument für einen über das Völkergewohnheitsrecht hinausreichenden Schutz wird angeführt, dass die explizite Aufnahme eines Standards wenig Sinn ergäbe, wenn damit nicht ein „Mehr" als der ohnehin bereits durch das Völkergewohnheitsrecht gesicherte Standard erreicht werden sollte. Zudem sei nicht einleuchtend, warum zur Beschreibung eines feststehenden Begriffs wie dem des „internationalen Mindeststandards" ein gänzlich anderer, nämlich der FET-Standard, verwendet werden sollte.[753] Große Aufmerksamkeit wurde deshalb einer Entscheidung der NAFTA Free Trade Commission (FTC) zuteil.[754] Der Entscheidung der FTC kommt im Rahmen des NAFTA große Bedeutung zu, da Schiedsgerichte, die nach Artikel 1115 ff. NAFTA zur Streitbeilegung berufen werden, gemäß Artikel 1131 Abs. 2 NAFTA an Interpretationen von Vertragsklauseln durch die FTC gebunden sind. Angestoßen durch hitzige Auseinandersetzungen im Zuge der ersten Schiedsfälle, die sich gegen die USA und Kanada richteten, nahm die FTC dazu Stellung, ob mit Artikel 1105 ein über dem völkerrechtlichen Minimalstandard liegender Schutz verbunden sei. Die FTC verneinte dies, der Standard des Artikel 1005 NAFTA gehe nicht über das völkergewohnheitsrechtliche Maß hinaus.[755] Schiedsgerichte außerhalb des

---

753 So etwa *Dolzer/Scheurer,* Principles of International Investment Law, S. 124.

754 Dreiköpfiges Gremium, das nach Artikel 2001 Abs. 1 NAFTA zur Überwachung der Vertragsanwendung des NAFTA berufen ist.

755 Allerdings müssen dabei auch die sprachlichen Besonderheiten der Norm beachtet werden. So steht die Norm bereits unter der Überschrift „Minimum Standard of Treatment". Hinzu kommt, dass die Norm davon spricht, dass der Gaststaat dem Investor Verhalten schuldet, das in Übereinstimmung „with international law, including fair and equitable treatment [...]" sein soll (Hervorhebung nicht im Original).
Nachfolgend der Text der Interpretative Note des FTC vom 31. Juli 2001:
"Minimum Standard of Treamtent in Accordance with International Law:

NAFTA haben sich von dieser Auslegung zumeist jedoch weder gebunden gefühlt, noch im Ergebnis beeinflussen lassen.[756] In der Tat handelt es sich nicht
um eine universell gültige Aussage, sondern um die Interpretation eines
speziellen Vertrages, die lediglich für nach diesem Maßstab zu entscheidende
Streitigkeiten bindende Wirkung hat.[757] Allerdings wird auch festgestellt, dass
der theoretische Unterschied in der Anwendung des Standards auf den Einzelfall
wohl nur sehr selten zum Tragen kommen dürfte.[758]

Der FET-Standard ist breit angelegt und inhaltlich schwer zu fassen, zudem
war sein Verständnis im Laufe der Zeit Veränderungen unterworfen. Ihren Ausgangspunkt nahm die Diskussion um die richtige Behandlung von Ausländern
1926 mit dem Fall *Neer*[759], in dem es um zwar nicht um eine Investition,
sondern um angeblich nachlässige Ermittlungen mexikanischer Behörden in
einem Mordfall gegen einen amerikanischen Verdächtigen ging. Das Schiedsgericht legte einen vergleichsweise strengen Maßstab an:

> The treatment of an alien, in order to constitute an international delinquency, should
> amount to an outrage, to bad faith, to willful neglect of duty, or to an insufficiency

---

1. Article 1005(1) prescribes the customary international law minimum standard of
treatment of aliens as the minimum standard of treatment to be afforded to investments
of investors of another Party.
2. The concepts of 'fair and equitable treatment' and 'full protection and security' *do
not require treatment in addition to or beyond that which is required by the customary
international law* minimum standard of treatment of aliens.
3. A determination that there has been a breach of another provision of the NAFTA, or
of a separate international agreement, does not establish that there has been a breach of
Article 1105(1)."

756 Vgl. Azurix Corp. v. Argentina, ICSID Fall Nr. ARB/01/12, Award vom 14. Juli 2006
(im Folgenden „Azurix Award"), Rn. 361. Das Schiedsgericht in MTD nimmt von der
FTC-Auslegung Notiz und entwickelt anschließend eine eigene, am Wortlaut des zugrunde liegenden BIT orientierte Interpretation, MTD Equity Sdn. Bhd. and MTD Chile
S.A. v. Chile, ICSID Fall Nr. ARB/01/7, Award vom 25. Mai 2004, Rn. 109 ff.
757 Im Gegensatz dazu ist die Vertragspraxis der USA sowie Kanadas von der Interpretative Note der FTC geprägt worden. Die Model-BITs der USA (2004) und Kanadas
(2004) schreiben explizit fest, dass der FET-Standard nicht mehr als die Garantie des
völkergewohnheitsrechtlichen Minimumstandards verlange (jeweils Art. 5).
758 S. aus der Schiedspraxis z.B. Saluka Investments BV v. Czech Republic, Partial Award
vom 17. März 2006, Rn. 291. Eine Aufzählung der Literatur zu diesem Meinungsstreit
findet sich bei *Yannaca-Small,* OECD Working Paper on International Investment
Number 2004/3, S. 18 f.
759 Neer v. Mexico, Opinion, US-Mexico General Claims Commission, 15. Oktober 1926,
American Journal of International Law, 21 (1927), 555.

of governmental action so far short of international standards that every reasonable and impartial man would readily recognize its insufficiency.[760]

Die Handlungen Mexikos erreichten diese Intensität nicht, sodass ein Anspruch versagt wurde. Oft zitiert wird auch der Ende der 1980er-Jahre vom Internationalen Gerichtshof entschiedene Fall ELSI (USA gegen Italien).[761] Hierin scheint der Maßstab gegenüber *Neer* bereits etwas abgeschwächt. Der IGH hatte über die 1968 vorgenommene Beschlagnahme eines am Rande der Insolvenz stehenden italienischen Unternehmens mit amerikanischen Eigentümern durch den Bürgermeister von Palermo zu entscheiden. Der zugrunde liegende Vertrag (Treaty of Friendship, Commerce and Navigation von 1948) nannte zwar nicht den FET-Standard, doch verbot er „willkürliche" Behandlungen. Der IGH führte aus:

> Arbitrariness is not so much something opposed to a rule of law, as something opposed to the rule of law [...]. It is a wilful disregard of due process of law, an act which shocks, or at least surprises, a sense of judicial propriety.[762]

Der Gerichtshof war der Ansicht, dass die Handlungen Italiens nicht gegen diesen Standard verstoßen hatten.[763]

Im Rahmen der jüngeren Schiedstätigkeit sticht der Schiedsspruch in Sachen *Tecmed* hervor.[764] Das Schiedsgericht hat sich in diesem Fall, dem der BIT zwischen Spanien und Mexiko zugrunde lag, sehr ausführlich mit dem Inhalt des FET-Standard beschäftigt und hielt fest:

> The Arbitral Tribunal considers that this provision of the Agreement, in light of the good faith principle established by international law, requires the Contracting Parties to provide to international investments treatment that does not affect the basic expectations that were taken into account by the foreign investor to make the investment. The foreign investor expects the host State to act in a consistent manner, free from ambiguity and totally transparently in its relations with the foreign investor, so that it may know beforehand any and all rules and regulations that will govern its investments, as well as the goals of the relevant policies and administrative practices or directives, to be able to plan its investment and comply with such regulations. [...] The foreign investor also expects the host State to act consistently, i.e. without arbitrarily revoking any preexisting decisions or permits issued by the State that

---

760 Ebenda, S. 556.
761 Elettronica Sicula SpA (ELSI) (United States of America v. Italy), Urteil vom 20. Juli 1989, IGH Reports 1989, 15 (im Folgenden „ELSI").
762 A.a.O., Rn. 128.
763 Allerdings fomulierte Richter Schwebel eine „dissenting opinion", in der er unter Rückgriff auf die *travaux préparatoires* und das Zusatzabkommen zum Vertrag zu dem Ergebnis kam, dass der „equitable treatment"-Standard dem gesamten Vertrag zugrunde lag und dieser durch die Beschlagnahme sehr wohl verletzt würde.
764 S. Darstellung oben S. 191.

were relied upon by the investor to assume its commitments as well as to plan and launch its commercial and business activities. The investor also expects the State to use the legal instruments that govern the actions of the investor or the investment in conformity with the function usually assigned to such instruments, and not to deprive the investor of its investment without the required compensation.[765]

Das Schiedsgericht bejahte eine Verletzung des FET-Standards (sowie der Enteignungsvorschrift) und sprach den Klägern Schadensersatz zu. Während der *Tecmed*-Schiedsspruch sehr die Sichtweise des Investors zu betonen scheint, weist das Schiedsgericht in *S.D. Myers* auf die Notwendigkeit eines Spielraums für staatliches Handeln hin:

> The Tribunal considers that a breach of Article 1105 occurs only when it is shown that an investor has been treated in such an unjust or arbitrary manner that the treatment rises to the level that is unacceptable from the international perspective. That determination must be made in the light of the high measure of deference that international law generally extends to the right of domestic authorities to regulate matters within their own borders. The determination must also take into account any specific rules of international law that are applicable to the case.[766]

Die Zitate zeigen, dass staatliche Handlungen ein erhebliches Maß an Undurchsichtigkeit, Gedankenlosigkeit, Bösartigkeit oder Willkür erreichen müssen, um als Verletzung des FET-Standards gewertet werden zu können. Hilfreiche Typisierungen nach Fallgestaltungen, bei denen Schiedsgerichte in der jüngeren Vergangenheit eine Verletzung des FET-Standards näher untersucht haben, wurden von verschiedenen Autoren vorgenommen, wenn auch nicht immer völlig trennscharf und teilweise überschneidend.[767] Damit lässt sich ein erster Eindruck gewinnen, welches staatliche Verhalten möglicherweise als den FET-Standard verletzend angesehen wurde, auch wenn immer wieder betont wird, dass die Beurteilung eines Falles voll und ganz auf die speziellen Umstände genau dieses Einzelfalles ausgerichtet ist.[768]

---

765 Tecmed Award, Rn. 154.

766 Myers Partial Award, Rn. 263.

767 *Dolzer/Scheurer,* Principles of International Investment Law, S. 133 ff.; *Yannaca-Small,* OECD Working Paper on International Investment Number 2004/3, S. 25 ff., *Scheurer,* Journal of World Investment & Trade, 6 (2005), 357, 373 ff.

768 Mondev International Ltd. v. USA, ICSID Fall Nr. ARB(AF)/99/2, Award vom 11. Oktober 2002 (im Folgenden „Mondev Award"), Rn. 118; Waste Management, Inc. v. Mexico, ICSID Fall Nr. ARB(AF)/00/3, Award vom 30. April 2004 (im Folgenden „Waste Management Award"), Rn. 90; Ronald S. Lauder v. Czech Republic, Award vom 3. September 2001, abrufbar unter http://italaw.com/documents/LauderAward.pdf (zuletzt am 1. März 2013 abgerufen), Rn 292; GAMI Investments, Inc. v. Mexico, Award vom 15. November 2004, Rn. 96.

An erster Stelle steht das Recht eines Investors auf verfahrensmäßige Fairness. Die Verweigerung rechtsstaatlicher Garantien, wie das Vorenthalten eines fairen Verfahrens oder die Verweigerung des Zugangs zu einem Gericht, wären offensichtliche Verletzungen dieses Rechts. Die inzwischen ergangenen Schiedssprüche zeigen, dass Investoren in Fällen, die dieser Fallgruppe zugerechnet werden können, wirklich ernsthaft schlecht behandelt wurden oder hätten werden müssen, sodass die Eingriffsintensität nahezu das von *Neer* geforderte Niveau erreicht. Oft scheint auch willkürliches Verhalten damit verbunden zu sein.[769] Nicht ausreichend ist dagegen beispielsweise eine um einige Monate verzögerte gerichtliche Entscheidung oder eine lediglich rechtlich falsche Entscheidung.[770] Auch das Verhalten von Behörden, der Exekutive, ist unter diesem Topos untersucht worden, etwa wenn die zuständige Exekutive das geltende Recht eindeutig falsch und dabei böswillig angewendet hat.[771]

Eine nahezu ebenso wichtige Rolle wird in letzter Zeit dem Merkmal der Transparenz und Stabilität staatlichen Handelns zugesprochen.[772] Die „berechtigten Erwartungen des Investors" sind mit diesen beiden Elementen eng verbunden. Die Schiedspraxis hat sich ausführlich mit den Anforderungen an

---

769 Im Fall *Middle East* wurde ein Schiff der Klägerin ohne vorherige schriftliche Mitteilung beschlagnahmt und versteigert. Das Schiedsgericht war der Ansicht, dass derart einschneidende Maßnahmen nicht ohne vorherige Mitteilung an den Eigentümer geschehen dürften (auch wenn das zitierte lokale Recht dies möglicherweise erlaubte), und sah nicht nur die FET-Bestimmung des griechisch-ägyptischen BIT verletzt, sondern auch die Enteignungsvorschrift, s. Middle East Cement Shipping and Handling Co. S.A. v. Egypt, ICSID Fall Nr. ARB/99/6, Award vom 12. April 2002, Rn. 143 f.; in *S.D. Myers* (zum Sachverhalt s. S. 146) qualifizierte das Schiedsgericht die Maßnahmen Kanadas als diskriminierend und protektionistisch. Faktisch handelte es sich zudem um zielgerichtet auf S.D Myers abgestimmte Maßnahmen, die die angestrebte wirtschaftliche Betätigung unmöglich machten, um so kanadischen Konkurrenten zu bevorzugen, s. Myers Partial Award, Rn. 19–195; im Fall *Loewen* stellte das Schiedsgericht fest, dass auch das Verhalten eines Gerichts – so es derart diskriminierend wie in diesem Fall ausfällt – den FET-Standard verletzen kann, The Loewen Group, Inc and Raymond L. Loewen v. USA, ICSID Fall Nr. ARB(AF)/98/3, Award vom 26. Juni 2003, Rn. 119–123.

770 ELSI, Rn. 124.; ADF Group Inc. v. USA, ICSID Fall Nr. ARB(AF)/00/1, Award vom 9. Januar 2003, Rn. 190.

771 Vgl. etwa Azinian et al. v. Mexico, ICSID Fall Nr. ARB(AF)/97/2, Award vom 1. November 1999, Rn. 103.

772 *Yannaca-Small* nennt diese Merkmale als Kombination und fasst sie unter die Überschrift „good faith", während *Scheurer* „good faith" als weitere eigenständige Fallgruppe definiert. *Yannaca-Small* weist zudem darauf hin, dass es sich bei Transparenz um ein „relatively new concept not generally considered a customary international law standard" handele, S. 37.

Transparenz, Stabilität und berechtigte Erwartungen beschäftigt.[773] Transparenz bedeutet, dass der rechtliche Rahmen für die Investitionstätigkeit hinreichend deutlich erkennbar ist und Änderungen dieser Rahmenbedingungen ausschließlich auf rechtlicher Grundlage geschehen. Genau auf dieser rechtlichen Grundlage beruhen auch die berechtigten Erwartungen eines Investors. Sie wird durch die bestehenden Gesetze eines Staates, dessen internationale Verträge, Einzelanordnungen, Akte der Verwaltung und Einzelrechte verleihende Lizenzen, sowie – so wird hin und wieder vertreten – auch durch vertragliche Verpflichtungen des Gaststaates bestimmt. Auch auf Zu- oder Versicherungen expliziter oder auch impliziter Art können berechtigte Erwartungen beruhen. Ändert sich dann diese Rechtslage, kann argumentiert werden, dass ein Gaststaat seine Verpflichtung unter dem FET-Standard gegenüber einem Investor verletzt.[774] Sofern sich der Gaststaat jedoch an die Anforderungen des FET-Standards hält, also insbesondere in transparenter Weise vorgeht und die berechtigten Erwartungen seiner Investoren nicht beeinträchtigt, kann ein Staat seine rechtlichen Angelegenheiten unverändert nach seinem Gutdünken regeln. Zumal ein Investor nicht berechtigterweise erwarten kann, dass die Rechtslage seines Gaststaates sich überhaupt nicht mehr ändern wird.[775] Einem Investor obliegt damit, sich ausreichend über die Rahmenbedingungen seines Gaststaates zu informieren, spiegelbildlich ist der Handlungsspielraum des Gaststaates in dem Maße beschränkt, in dem er bei dem Investor berechtigte Erwartungen geweckt hat. Schon diese kurze Darstellung lässt deutlich werden, dass ein objektiver Maßstab zur Beurteilung von möglichen Verstößen nur schwer zu finden sein dürfte. Was genau ein Investor berechtigterweise erwarten durfte, scheint eine

---

773 S. z.B. den Schiedsspruch in *Metalclad* (s. oben S. 128), Metaclad Award, Rn. 76, 89 und 99, allerdings wurde dieser Befund durch den von Kanada zur Überprüfung des Schiedsspruchs angerufenen Supreme Court von British Columbia angezweifelt; im Fall *Maffezini* befand das Schiedsgericht, dass die Umstände um die Darlehensanweisung des privaten Investors durch einen für die spanische Regierung Handelnden derart intransparent waren, dass Spanien dadurch seine Verpflichtungen unter dem FET-Standard verletzte, Emilio Agustín Maffezini v. Spain, ICSID Fall Nr. ARB/97/7, Award on the Merits, 13. November 2000, Rn. 83.

774 Stellvertretend für eine Vielzahl an Fällen soll an dieser Stelle nur der Fall *Tecmed* zitiert werden, in dem das Schiedsgericht zu dem Schluss kam:
"[…] the Claimant was entitled to expect that the government's actions would be free from any ambiguity that might affect the early assessment made by the foreign investor of its real legal situation or the situation affecting its investment and the actions the investor should take accordingly."
Tecmed Award, Rn. 167

775 *Scheurer*, Journal of World Investment & Trade, 6 (2005), 357, 374.

sehr subjektive, zumindest aber in höchstem Maße einzelfallabhängige Angelegenheit zu sein.

Obwohl zwar auf dem gleichen Grundgedanken wie Transparenz und Stabilität staatlichen Handelns beruhend, ist nicht ganz so eindeutig geklärt, ob auch ein Verstoß gegen das Prinzip „pacta sunt servanda" als Verletzung des FET-Standards angesehen werden muss. Wie bereits erwähnt, liegt vielen Investitionsvorhaben eine vertragliche Basis zwischen dem Investor und seinem Gaststaat zugrunde, die der Regelung und Absicherung der gegenseitigen Rechte und Pflichten dient. Wie auch Gesetze oder sonstige Rechtsakte des Gaststaates bilden derartige Verträge die Grundlage von Erwartungen eines Investors. Eine Zuwiderhandlung des Gaststaates gegen diese Grundlage, ein Vertragsbruch gleich welcher Form, kann somit das Vertrauen des Investors in den Rechtsrahmen des Gaststaates und damit auch seine möglicherweise berechtigten Erwartungen erschüttern. Allerdings ist angesichts der im Raum stehenden Rechtsfolge eines Verstoßes gegen den FET-Standard naheliegend, dass nicht jeder Verstoß gegen eine noch so untergeordnete Vertragsbestimmung als Verletzung des FET-Standard eingestuft werden kann. Wenn dagegen die grundlegenden Garantien eines Vertrages verletzt werden, auf die der Investor zur wirtschaftlichen Realisierung seines Projekts in besonderer Weise vertrauen musste, kann eine Einstufung als Verletzung des FET-Standards durchaus gerechtfertigt sein.[776] Letztlich wird also entscheidend sein müssen, wie wichtig die konkret nicht eingehaltene Vertragsbestimmung im Einzelfall war und auch welche Folgen ihre Verletzung nach sich zog.

---

[776] SGS Société Générale de Surveillance S.A. v. Philippines, ICSID Fall Nr. ARB/02/6, Decision of objections to jurisdiction, 29. Januar 2004, Rn. 162 :
"[…] an unjustified refusal to pay sums admittedly payable under an award or a contract at least raises arguable issues under Article IV [der Artikel des BIT, der den FET-Standard beinhaltet]".
Siehe auch Mondev Award, Rn. 134:
"[a] governmental prerogative to violate investment contracts would appear to be inconsistent with the principles embodied in Article 1105 and with contemporary standards of national and international law concerning governmental liability for contractual performance."
Für einen strengen Standard in dieser Hinsicht sprach sich das Schiedsgericht in *Waste Management* aus (hier verweigerte die Stadt Acapulco aufgrund erheblicher Zahlungsschwierigkeiten die monatlichen Zahlung gegenüber dem Investor), vgl. Waste Management Award, Rn. 115:
"[e]ven the persistent non-payment of debts by a municipality is not to be equated with a violation of Article 1105, provided that it does not amount to an outright and unjustified repudiation of the transaction and provided that some remedy is open to the creditor to address the problem."

Der Vorteil des FET-Standards ist seine Flexibilität. Er kann im Laufe der Zeit fortentwickelt und mit Inhalten gefüllt werden, die zum jetzigen Zeitpunkt noch gar nicht denkbar und notwendig sind. Damit geht aber auch schon der Nachteil des FET-Standards einher. Noch schwerer als bei einer Enteignung ist vorhersehbar, ob ein bestimmtes Verhalten als Verletzung des FET-Standards aufgefasst werden wird. Auch wenn immer wieder betont wird, die Anwendung des FET-Standards ermögliche keine richterliche Entscheidung im Sinne eines *ex aequo et bono,* ist der FET-Standard trotz aller Bemühungen um Typisierung und Abgrenzung von Fallgruppen recht unscharf und das Ergebnis seiner Anwendung auf einen konkreten Fall fast unmöglich vorherzusagen. Der Auswahl der Schiedsrichter und der Rechtsvertreter kommt daher eine kaum zu überschätzende Bedeutung zu. Mehr noch als in anderen Fällen wird die Einstellung des Schiedsgerichts und das anwaltliche Geschick über den Ausgang eines Streitfalles entscheiden können.

V. Auswertung

Das Spannungsfeld zwischen Investitions- und Umweltschutzrecht ist noch recht unbestellt. Zwar reichen die Wurzeln beider Rechtsgebiete weit zurück. Doch hat sich der Bereich des Investitionsschutzrechts bereits deutlich früher ausgebildet und ist durch ein enges Geflecht von Schutzinstrumenten mit im Wesentlichen sehr ähnlichen Rechtsregeln gekennzeichnet. Dagegen ist der völkerrechtlich verankerte Umweltschutz vergleichsweise jung. Mit der stetig steigenden Bedeutung des Umweltschutzrechts stellte sich zunehmend die Frage, wie die manchmal gegenläufigen Interessen der beiden Rechtsbereiche in Einklang gebracht werden können.

Die im Rahmen dieser Arbeit analysierten Fälle und Investitionsschutzinstrumente haben gezeigt, dass das Investitionsschutzrecht dabei recht lange unbeeindruckt von seinem Primat ausgegangen ist. Erst in der jüngeren Vergangenheit und sicherlich auch vor dem Hintergrund gestiegenen Drucks durch NGOs und die Rechtsöffentlichkeit wurde das Primat des Investitionsschutzrechts geschliffen. So existieren inzwischen immer mehr investitionsschützende Instrumente, die der gestiegenen Bedeutung des Umweltschutzes Rechnung tragen.

Zumeist geschieht dies dadurch, dass den beteiligten Staaten Handlungsspielräume im Hinblick auf umweltschützende Maßnahmen eingeräumt werden. Dies zeigt, dass der Schutz von Investitionen nicht mehr uneingeschränkt gilt. Auch die Rechtsprechung ist dem gefolgt. Dabei scheint sich durchzusetzen, dass im Konfliktfall eine Abwägung der Belange des Investitions- und des

Umweltschutzes vorzunehmen ist. Damit wird letztlich eine Verhältnismäßigkeitsprüfung vorgenommen. Die traditionelle Sicht, dass der Zweck einer enteignenden Maßnahme, sofern sie nur dem (weit verstandenen) Allgemeininteresse diente, nicht weiter von Interesse war und der betroffene Investor in jedem Fall entschädigt werden musste, ist damit weitgehend als überholt anzusehen. Es lässt sich auf der anderen Seite jedoch auch nicht feststellen, dass allein die Berufung auf Belange des Umweltschutzes dazu führt, dass die Entschädigungspflicht für enteignende Maßnahmen ohne Weiteres (und damit im Sinne der Police Powers) verneint wurde. Diesen Status haben umweltschützende Maßnahmen somit auch (noch) nicht erreicht.

Die ausgewogene Herangehensweise ist zu begrüßen. Die Lösung eines Zielkonflikts kann nach der hier vertretenen Ansicht nicht darin bestehen, einem der kollidierenden Ziele den uneingeschränkten Vorrang einzuräumen, zumal sich aus der rechtlichen Stellung des Investitionsschutzrechts gegenüber dem Umweltschutzrecht kein solcher Vorrang ableiten lässt. Damit hat sich für das Investitionsrecht ein Zustand eingestellt, der im internationalen Handelsrecht seit dem Inkrafttreten des GATT besteht. Auch die Rechtsprechung des Europäischen Gerichtshofs, berufen über die Einhaltung der Europäischen Verträge zu wachen, spiegelt einen solchen Ansatz wider. Im Zusammenhang mit umweltschützenden Maßnahmen, die geeignet waren, den freien Warenverkehr innerhalb der Union zu beeinträchtigen, hat der Gerichtshof eine Verhältnismäßigkeitsprüfung vorgenommen.[777] Zwar mag argumentiert werden, dass Investitionen aufgrund ihrer stärkeren Verbindung mit dem Gaststaat ihrem Wesen nach schützenswerter seien als bloße Handelsverbindungen. Dennoch ist nicht nachvollziehbar, warum eine Investition gänzlich immun gegen umweltschützende Regelungen sein soll, während andere grenzüberschreitende wirtschaftliche Tätigkeiten von ihnen betroffen sein würden. Zudem steht die Annäherung der Behandlung von Investitionen ganz in Übereinstimmung mit der dargestellten Rechtsprechung des EGMR, bei der das starke Recht des Eigentums ebenfalls nicht uneingeschränkt geschützt wird, sondern mit gleichstarken Allgemeininteressen, wie dem Umweltschutz, abgewogen wird.

So fortschrittlich und begrüßenswert diese Entwicklung auch ist, ist doch zu überlegen, ob ein Interessenausgleich anhand einer Abwägung oder Verhältnismäßigkeitsprüfung das Spannungsfeld zwischen Umwelt- und Investitionsschutz wirklich auflösen kann oder ob die Abwägung eine Entscheidung letztlich nicht nur aufschiebt. Wie auch die Analyse der dargestellten Fälle gezeigt hat, wird in

---

777 Vgl. nur Europäischer Gerichtshof, Entscheidung vom 20. September 1988, C-302/96 – *Kommission/Dänemark;* Entscheidung vom 3. Dezember 1998, C-67/97 – *Bluhme (braune Læsø-Biene).*

der Praxis zwar häufig entweder der Effekt der Maßnahme nicht so einschneidend oder aber das umweltschützende Motiv der Maßnahme nicht ohne jeden Zweifel nachweisbar oder die ergriffene Maßnahme im Kern bereits ungeeignet sein, sodass die Abwägung bereits aus tatsächlichen Gründen in eine Richtung ausfallen wird.

Wie aber muss eine Situation bewertet werden, in der eine Maßnahme aufgrund ihrer negativen Auswirkungen auf den betroffenen Investor als Enteignung qualifiziert werden muss, während ihr umweltschützender Zweck zugleich über alle Zweifel erhaben ist? Zudem sei unterstellt, dass die Maßnahme darüber hinaus auch nicht diskriminierend ist und keine berechtigten Erwartungen verletzt. Wenn man die Ausführungen der verschiedenen Schiedsgerichte (allen voran das Schiedsgericht in *Chemtura*) und die Wertungen von Investitionsschutzinstrumenten zugunsten eines regulativen Handlungsspielraums ernst nehmen darf, muss man zu dem Schluss gelangen, dass letztlich den Interessen des Umweltschutzes der Vorrang einzuräumen ist. Bislang steht die Nagelprobe allerdings noch aus. Auch die jüngst in *Chemtura* eingeschlagene Richtung nahm lediglich die Form eines Obiter Dictums an ergangen und war damit gerade nicht entscheidungserheblich. Wahrscheinlicher ist jedoch, dass die tatsächlichen Gegebenheiten zukünftiger Fälle (wie bereits so häufig zuvor) Entscheidungen erlauben, bei denen eine letztverbindliche Stellungnahme zur Auflösung des Zielkonfliktes ausbleiben kann. Möglicherweise ist ein solcher Schiedsspruch im Grunde aber auch gar nicht notwendig. Denn bereits jetzt gibt es zum einen die erwähnten Investitionsschutzverträge und zum anderen eine Vielzahl von Zitaten und schiedsrichterlichen Aussagen, aus denen sich die Auffassung ableiten lässt, dass der Zielkonflikt in Richtung Umweltschutz gelöst werden würde. Damit kommt beiden Quellen in der Praxis eine Art Vorfeldwirkung zu, die sich letztlich aus ihrem Charakter als Rechtsquellen im Sinne des IGH-Statuts ableitet. Die schiedsrichterliche Auslegung und Erläuterung der völkervertraglichen Regelungen hat dabei eine entscheidende Rolle für die Vermittlung und Akzeptanz gespielt. Da handlungswillige Staaten somit darauf verweisen können, dass verhältnismäßige, nicht diskriminierende Maßnahmen zum Schutze der Umwelt ohne Entschädigungspflicht ausländische Investitionen beeinträchtigen dürfen, besteht kein Grund für die vielfach befürchtete Regulierungszurückhaltung. Die Herausforderung für Regierungen besteht damit letztendlich darin, den Anforderungen beider Regimes, Investitionsschutzregime und Umweltschutzregime, gerecht zu werden und die beabsichtigten Maßnahmen tatsächlich verhältnismäßig, nicht diskriminierend, aber zugleich auch noch effektiv auszugestalten. Die grundlegende Wertungsfrage scheint jedoch zugunsten des Umweltschutzes auszugehen – zum Wohl der Allgemeinheit haben die Interessen des Einzelnen zurückzustehen, auch wenn es sich dabei um ebenfalls besonders schutzwürdige Interessen ausländischer Direktinvestitionen handelt. Damit ist jedoch, wie dargestellt, kein uneingeschränkter Vorrang verbunden, da umweltschützende Maßnahmen sich insofern nur dann durchsetzen können, wenn sie nicht diskriminierend und verhältnismäßig sind.

Von großer Bedeutung ist darüber hinaus, welchen Standard man bei dem Nachweis der möglichen Umweltschädigung anlegen muss. Setzt man den Standard zu niedrig an, wäre es für Staaten sehr leicht, enteignende Maßnahmen unter dem Deckmantel des Umweltschutzes zu erlassen und damit andere, möglicherweise protektionistische Motive zu verschleiern. Setzt man den Standard andererseits zu hoch an, bestünde die Gefahr, dass umweltschützende Maßnahmen vergleichsweise schwer begründbar wären und handlungswillige Staaten so abgeschreckt würden. Diese Wirkung würde durch die vielfach bestehende Klagemöglichkeit privater Investoren noch verstärkt und das Vorsorgeprinzip so letztlich ausgehöhlt. Verständlicherweise sind hier verschiedene Ansichten denkbar. Bei der Bewertung ist allerdings darauf zu achten, dass die Frage zwei Dimensionen aufweist. Zunächst müssen handlungswillige Staaten eine Risikoeinschätzung vornehmen, also entscheiden, um welches Risiko es sich handelt und ob man ihm begegnen muss oder es in Kauf nimmt (die Frage nach dem „Ob"). In einem zweiten Schritt gilt es das als behandlungsbedürftig erkannte Risiko durch konkrete Maßnahmen einzudämmen (also das „Wie").

Es steht außer Frage, dass für die Frage der Risikoeinschätzung und somit des Nachweises einer Umweltgefahr wissenschaftliche Einschätzungen eine zentrale Rolle spielen. Das Schiedsurteil in *Methanex* hat sich damit beschäftigt, welchen Standards derartige wissenschaftliche Untersuchungen genügen müssen.[778] Das kalifornische MTBE-Verbot fußte auf einer Studie der UCLA, die aus 17 separaten Arbeiten von insgesamt über 60 Wissenschaftlern bestand, die verschiedene Aspekte der möglichen Umweltgefährdung von MTBE untersucht hatten. Im Laufe des Verfahrens legten die Parteien weitere Gutachten vor, zum einen zur Frage der Umweltgefährdung selbst und zum anderen über die wissenschaftliche Güte der jeweils anderen Gutachten. Das Schiedsgericht hatte erkannt, dass das

> resulting expert testimony contained in these many reports is extremely important in this arbitration, going to the heart of the question of whether the US measures, as alleged by Methanex, constitute a "sham environmental protection in order to cater to local political interests or in order to protect a domestic industry".[779]

---

778   Methanex Final Award, Part III – Chapter A.
779   Methanex Final Award, Rn. 41.

Das Schiedsgericht hat der UCLA-Studie letztlich einen ernstlichen, objektiven und wissenschaftlichen Angang an das vielschichtige Thema attestiert. Es hält aber auch fest:

> Whilst it is possible for other scientists and researchers to disagree in good faith with certain of its methodologies, analyses and conclusions, the fact of such disagreement, even if correct, does not warrant this Tribunal in treating the UC Report as part of a political sham by California.[780]

Das Zitat zeigt, dass es bei der Analyse der wissenschaftlichen Grundlagen einer Maßnahme und damit bei der Frage nach den Nachweisanforderungen nicht darum gehen kann, die einzig wahre Ansicht zu einem Thema aufzeigen zu können. Vielmehr muss sichergestellt werden, dass ein ordentlicher Standard wissenschaftlichen Arbeitens eingehalten wurde, um so (nahezu) ausschließen zu können, dass der fraglichen Maßnahme keine ernsthaften Umwelterwägungen zugrunde lagen, sondern vielmehr diskriminierende oder protektionistische Motive. Möglicherweise ist es daher tatsächlich notwendig, im Streitfall eine Vielzahl, wie zum Beispiel die insgesamt 14 für das Verfahren angefertigte Gutachten und entsprechende Erläuterungen zu hören, um die Güte der zugrunde gelegten Untersuchungen sicherzustellen. Jedoch muss man sich im Klaren darüber sein, dass diese Art von Absicherung allenfalls im Streitfall möglich sein wird und eine handlungswillige Regierung im regulatorischen „Alltag" sicherlich überfordern dürfte. Das Schiedsgericht in *Methanex* sah es darüber hinaus als wichtig an, dass das wissenschaftliche Verfahren in transparenter Weise durchgeführt wurde.[781] Dadurch bestand die Gelegenheit, dass die Ergebnisse interessierten Dritten frühzeitig zugänglich gemacht wurden und diese Fehler aufdecken oder Kommentare abgeben konnten. Nach Meinung des Schiedsgerichts kann so die Gefahr von Gefälligkeitsgutachten eingedämmt werden.[782]

Die Einschätzung des Schiedsgerichts in *Methanex* wurde auch von dem Schiedsgericht in *Chemtura* geteilt. Dabei hält das Schiedsgericht eingangs seiner Prüfung fest:

> [...] the rule of a Chapter 11 Tribunal is not to second-guess the correctness of the science-based decision making of highly specialized national regulatory agencies.[783]

Und führt wenig später in Bezug auf die wissenschaftliche Basis der nach Ansicht des Klägers enteignenden Maßnahme weiter aus:

---

780 Methanex Final Award, Rn. 101.
781 Methanex Final Award, Rn. 17.
782 Methanex Final Award, Rn. 101.
783 Chemtura Award, Rn. 134. Dies wurde im Übrigen auch nicht vom Kläger infrage gestellt.

[…] it is not for the Tribunal to judge the correctness or adequacy of the scientific results of the Special Report.[784]

Nach diesen Feststellungen zieht sich das Schiedsgericht darauf zurück, zu überprüfen, ob das wissenschaftliche Verfahren fair und transparent abgelaufen ist, ob also die Betroffenen ausreichend Gelegenheit zur Stellungnahme hatten und keine Gefahr der Voreingenommenheit der Behörde bestand. Damit prüft das Schiedsgericht hier im Kern die gleichen Anforderungen wie in *Methanex* ab, ohne jedoch in die erwähnte „Gutachterschlacht" einzutreten. Allerdings muss berücksichtigt werden, dass das Schiedsgericht diese Äußerungen im Rahmen seiner Prüfung des „fair and equitable treatment"-Standards des Artikel 1105 NAFTA tätigte und nicht bei der Prüfung des Enteignungsvorwurfs (hier war mangels ausreichend starkem Eingriff keine solche Prüfung mehr notwendig).

Die Ansichten des Schiedsgerichts decken sich so mit den Anforderungen, die auch das Cartagena-Protokoll an die wissenschaftliche Grundlage von Maßnahmen stellt. Zum erforderlichen Nachweis heißt es dort in Annex 3, Rn. 3:

> Risk assessment should be carried out in a scientifically sound and transparent manner, and can take into account expert advice of, and guidelines developed by, relevant international organizations.

Es gibt sogar ein „Online Expert Forum and the Ad Hoc Technical Expert Group on Risk Assessment and Risk Management", das den Parteien mit Leitfäden bei der effizienten Anwendung und Durchsetzung des Protokolls Hilfestellung leisten soll. Ganz dem Vorsorgeprinzip verpflichtet, führt das Protokoll weiterhin aus, dass

> [l]ack of scientific knowledge or scientific consensus should not necessarily be interpreted as indicating a particular level of risk, an absence of risk, or an acceptable risk.[785]

Der auf den ersten Blick strenger scheinende Maßstab[786] des WTO Agreement on the Application of Sanitary and Phytosanitary Measures („SPS Agreement")[787] erweist sich bei genauerer Analyse als deckungsgleich mit dem hier befürworteten Maßstab. In Artikel 2.2 verlangt das SPS Agreement ebenfalls, dass Maßnahmen auf der Basis von „scientific principles" ergriffen werden und nur aufrechterhalten werden, wenn dafür „sufficient scientific evidence" be-

---

784   Chemtura Award, Rn. 153.

785   Cartagena-Protokoll, s. Fn. 324, Annex 3 „Risk Assessment", Nr. 3 und 4.

786   So jedenfalls scheint ihn *Newcombe,* ICSID Review – Foreign Investment Law Journal, 20 (2005), 1, 34 f. zu bewerten.

787   Abgedruckt in International Legal Materials, 33 (1994) 1125, 1153.

steht.[788] Der vermeintlich strengere Maßstab kommt erst bei der Stufe des „Wie", dem Risikomanagement, zum Tragen. Danach sollen Maßnahmen nur ergriffen und beibehalten werden, wenn es notwendig ist. Dieser Maßstab ist damit strenger als der hier festgestellte Ansatz der Verhältnismäßigkeit.[789]

Abschließend sei noch auf die Bedeutung der „berechtigten Erwartungen" eingegangen. Es wurde festgestellt, dass einige Schiedsgerichte auch bei an sich entschädigungslosen Eingriffen (weil den soeben dargelegten Anforderungen genügend) danach fragen, ob diese entgegen vorheriger anderslautender Versicherung gegenüber dem Investor ergriffen wurden. Sofern dies der Fall sei, stehe diese „Einzelfallregelung" im Vordergrund. Die Anwendung dieser Gegenausnahme auf zwischen einem Investor und seinem Gaststaat vereinbarte Situationen leuchtet ein und ist legitim. Allenfalls ist zu bedenken, dass sich im Enteignungsfall andere Investoren in vergleichbarer Situation (etwa aus der gleichen Branche), denen keine derartige Zusicherung gegeben wurde, auf den ersten Blick durchaus erfolgreich über diskriminierendes Verhalten ihres Gaststaates beschweren könnten. Die Ausweitung der Gegenausnahme über den Einzelfall hinaus verlangt jedoch genauere Untersuchung. Dabei rücken Situationen in den Blick, wie sie etwa bei *Fredin* oder *Methanex* anklangen.[790] Der EGMR in *Fredin* und das Schiedsgericht in *Methanex* führten aus, dass die Kläger sich gerade nicht auf berechtigte Erwartungen berufen könnten, da sie in hoch regulierten Branchen tätig waren und ihnen hätte klar sein müssen, dass sich der Rechtsrahmen, der ihre wirtschaftliche Tätigkeit bestimmt, jederzeit ändern könne. Auf die Spitze getrieben könnte argumentiert werden, dass ein Staat auf diese Weise und unter Berufung auf das umweltrechtliche Vorsorgeprinzip jedweden Investitionsschutz aushöhlen könnte. Dieser Vorwurf setzt voraus, dass die Gegenausnahme der berechtigten Erwartungen nach dieser Lesart nie eingreifen könnte. Das wiederum setzt jedoch voraus, dass man sich als – derzeit noch unerkannt umweltschädlich verhaltender – Investor darauf verlassen können muss, dass das eigene wirtschaftliche Verhalten auch zukünftig uneingeschränkt weitergeführt werden darf, auch wenn zwischenzeitlich dessen

---

788 Artikel 5.2 führt weiter aus, dass die Risikoabschätzung anhand von „available scientific evidence; relevant processes and production methods; relevant inspection, sampling and testing methods" erfolgen soll.

789 A.A. *Weiler,* Boston College International & Comparative Law Review, 26 (2003), 229, 237.

790 Zuletzt hatte auch das Schiedsgericht in Grand River Enterprises Six Nations v. USA bestätigt, dass zwar vorrangig Einzelfallabreden berechtigte Erwartungen auslösen können, dies jedoch für die allgemeine Rechtslage auch gelten kann, allerdings nur sofern sie unstreitig und eindeutig ist. Dies wurde im Fall verneint. Vgl. Award vom 12. Januar 2011, Rn. 141.

Umweltschädlichkeit vermutet wird. Dagegen steht wohl außer Frage, dass derartige Tätigkeiten entsprechend der dargelegten Grundsätze entschädigungslos enteignet werden dürfen, sofern zweifelsfrei feststeht und nachgewiesen ist, dass die Tätigkeit umweltschädlich ist. Der Vorwurf richtet sich demnach im Kern gegen die Bedeutung des Vorsorgeprinzips, da hiernach bereits in einem früheren Stadium Eingriffe ermöglicht werden, die dann aufgrund des Umweltbezugs entschädigungslos bleiben dürfen. Damit jedoch wird wiederum die grundsätzliche Berechtigung für die entschädigungslose Enteignung aus Umweltschutzgründen angegriffen, da das Vorsorgeprinzip eines der grundlegenden Leitfäden des Umweltrechts ist, und damit letztlich wiederum die grundlegende Wertungsentscheidung infrage gestellt. In praktischer Hinsicht kann den Bedenken einer grenzenlosen Aushöhlung des Investitionsschutzes nur damit begegnet werden, dass umweltschützende Maßnahmen wie dargestellt nicht ohne geprüfte wissenschaftliche Basis erlassen werden dürfen.

Literaturverzeichnis

Alenfeld, Justus: Die Investitionsförderverträge der Bundesrepublik Deutschland, Frankfurt a.M., 1971.

Alvarez, Henri C.: Arbitration under the North American Free Trade Agreement, Arbitration International, 16 (2000), 393–430.

American Law Institute: Restatement of the Law Third, The Foreign Relations Law of the United States, Band 2, §§ 501–Ende, Washington 1987.

Ayoub, Lena: Nike Just Does it – and Why the United States shouldn't: The United States' International Obligation to Hold MNCs Accountable for Their Labor Rights Violations Abroad, DePaul Business Law Journal, 11 (1999), 395–442.

Banz, Michael: Völkerrechtlicher Eigentumsschutz durch Investitionsschutzabkommen, insbesondere die Praxis der Bundesrepublik Deutschland seit 1959, Berlin 1988.

Baughen, Simon: Investor Rights and Environmental Obligations: Reconciling the Irreconcilable?, Journal of Environmental Law, 13 (2001), 199–220.

Baxter, Richard B.: Treaties and Custom, Recueil des Cours, 129 (1970 I), 25–106.

Bhala, Raj: The Myth about Stare Decisis and International Trade Law, American University International Law Review, 14 (1998–1999), 845–956.

Blomström, Magnus, Kokko, Ari: The Impact of Foreign Investment on Host Countries: A Review of the Empirical Evidence, Working Paper No. 1745, Dezember 1996, World Bank.

Bodie, Zvi, Kane, Alex und Marcus, Allan J.: Investments, 3. Aufl., Chicago 1996.

Böttger, Katja: Die Umweltpflichtigkeit von Auslandsdirektinvestitionen im Völkerrecht, Baden-Baden 2002, zugl. Diss. jur., Universität Bremen 2002.

Bodie, Zvi, Kane, Alex und Marcus, Allan J.: Investments, 3. Aufl., Chicago, 1996.

Braun, Hans-Gert: Veränderte Einstellung der Entwicklungsländer zu Auslandsinvestitionen?, in: Zielsetzung Partnerschaft: Die weltwirtschaftliche Bedeutung von Auslandsinvestitionen und Technologietransfer, Edition Dräger-Stiftung, Band 9, 1985, 289–312.

Brower II, Charles H.: Structure, Legitimacy, and NAFTA's Investment Chapter, Vanderbilt Journal of Transnational Law, 36 (2003), 37–94.

Brower II, Charles H.: Investor-State Disputes under NAFTA: The Empire Strikes Back, Columbia Journal of Transnational Law, 40 (2001–2002), 43–88.

Brower II, Charles H., Stevens, Lee A.: Who Then Should Judge?: Developing the International Rule of Law under NAFTA Chapter 11, Chicago Journal of International Law, 2 (2001), 193–202.

Brownlie, Ian: Principles of Public International Law, 6. Aufl., Oxford, 2003.

Bruneé, Jutta: "Common Interest" – Echoes from an Empty Shell? Some Thoughts on Common Interest and International Environmental Law, Zeitschrift für ausländische öffentliches Recht und Völkerrecht, 49 (1989), 791–808.

Calliess, Christian: Rechtsstaat und Umweltstaat, Zugleich ein Beitrag zur Grundrechtsdogmatik im Rahmen mehrpoliger Verfassungsrechtsverhältnisse, Tübingen 2001.

Christie, G.C.: What Constitutes a Taking of Property under International Law?, British Yearbook of International Law, 38 (1962), 307–338.

Coe, Jack, Rubins, Noah: Regulatory Expropriation and the Tecmed Case: Context and Contributions, in: Weiler, International Investment Law and Arbitration – Leading Cases from the ICSID, NAFTA, Bilateral Treaties and Customary International Law, 2005, 597–667.

Dagon, Roger: Erwerb von Grundstücken durch Ausländer in der Schweiz, Recht der Internationalen Wirtschaft, 1985, 930–937.

Delaume, Georges René: The Proper Law of State Contracts Revisited, ICSID Rev. – FILJ 12 (1997), 1–28.

Deva, Surya: Human Rights Violations by Multinational Corporations and International Law: Where from here?, Connecticut Journal of International Law, 19 (2003), 1–57.

Dhooge, Lucien J.: The Revenge of the Trail Smelter: Environmental Regulation as Expropriation pursuant to the North American Free Trade Agreement, American Business Law Journal, 38 (2001), 475–558.

Doehring, Karl: Gewohnheitsrechts aus Verträgen, Zeitschrift für ausländisches öffentliches und Völkerrecht, 36 (1976), 77–95.

Dolzer, Rudolf: Indirect Expropriations: New Developments?, New York University Environmental Law Journal, 11 (2002), 64–93.

Ders.: Eigentumsschutz als Abwägungsgebot, Bemerkungen zu Art. 1 des Ersten Zusatzprotokolls der EMRK, in: Festschrift für Wolfgang Zeidler, Berlin 1987, 1677–1691.

Ders.: Indirect Expropriation of Alien Property, ICSID Review – Foreign Investment Law Journal, 1 (1986), 41–65.

Ders.: Permanent Sovereignty over Natural resources and Economic Decolonization, Human Rights Law Journal, 7 (1986), 217–230.

Ders.: Eigentum, Enteignung und Entschädigung im geltenden Völkerrecht, Berlin 1985.

Ders.: New Foundations of the Law of Expropriation of Alien Property, American Journal of International Law, 75 (1981), 553–589.

Dolzer, Rudolf; Bloch, Felix: Der rechtliche Schutz ausländischer Investitionen, in: Handbuch Internationales Wirtschaftsrecht, herausgegeben von Kronke, Melis und Schnyder, Köln 2005.

Dolzer, Rudolf, Scheurer, Christoph: Principles of International Investment Law, Oxford 2008.

Dolzer, Rudolf, Stevens, Margarete: Bilateral Investment Treaties, The Hague 1995.

Douglas, Zachary: Can a Doctrine of Precedent Be Justified in Investment Treaty Arbitration?, ICSID Review – Foreign Investment Law Journal, 25 (2010), 104–111.

Eaton, Joshua P.: The Nigerian Tradegy, Environmental Regulation of Transnational Corporations, and the Human Right to a Healthy Environment, Boston University International Law Journal 15, (1997), 261–307.

Eisenführ, Franz: Investitionsrechnung, 12. Aufl., Aachen 1998.

Epiney, Astrid: Das „Verbot erheblicher grenzüberschreitender Umweltbeeinträchtigungen": Relikt oder konkretisierungsfähige Grundnorm?, Archiv des Völkerrechts, 33 (1995), 309–360.

Eskeland, Gunnar S., Harrison, Ann E.: Moving to Greener Pastures? Multinationals and the Pollution Haven Hypothesis Policy Research Department, Working Paper No. 1744, Januar 1997, World Bank.

Fachiri, Alexander: Expropriation and International Law, British Yearbook of International Law, 6 (1925), 159–171.

Falk, Richard: On the Quasi-Legislative Compentence of the General Assembly, American Journal of International Law, 60 (1966), 782–791.

Ferguson, Julia: California's MTBE Contaminated Water: An Illustration of the Need for an Environmental Interpretative Note on Article 1110 of NAFTA, Colorado International Environmental Law & Policy, 11 (2000), 499–519.

Ferretti, Janine: NAFTA and the Environment: An Update, Canada-United States Law Journal, 28 (2002), 81–89.

Fischer, Peter: Some Recent Trends and Developments in Foreign Investments, in: Völkerrecht – Recht der Internationalen Organisationen – Weltwirtschaftsrecht, Festschrift für Ignaz Seidl-Hohenveldern, Köln 1988, 95–108.

Frey, Barbara A.: The Legal and Ethical Responsibilities of Transnational Corporations in the Protection of International Human Rights, Minnesota Journal of Global Trade, 6 (1997), 153–188.

Gantz, David A.: Potential Conflicts Between Investor Rights And Environmental Regulation Under NAFTA's Chapter 11, The George Washington International Law Review, 33 (2000–2001), 651–752.

Gees, Karol: Permanent Sovereignty over Natural Resources: An Analytical review of the United Nations Declaration and its Genesis, International and Comparative Law Quarterly, 13 (1964), 398–449.

Gentry, Bradford: Foreign Direct Investment and the Environment: Boon or Bane?, OECD Dokument CCNM/EMEF/EPOC/CIME (98) 2, Januar 1999.

van Genugten, Willem, van Bijsterveld, Sophie: Codes of Conduct For multinational Enterprises: Useful Instruments Or A Shield Against Binding Responsibility?, Tilburg Foreign Law Review, 7 (1998), 161–177.

Gill, Judith: Is There a Special Role for Precedent in Investment Arbitration?, ICSID Review – Foreign Investment Law Journal, 25 (2010), 87–95.

Godshall, Lauren E.: In the Cold Shadow of Metalclad: The Potential for change to NAFTA's Chapter Eleven, N.Y.U. Environmental Law Journal, 11 (2002), 264–316.

Golsong, Heribert: Das Problem der Rechtsetzung durch Internationale Organisationen (insbesondere im Rahmen der Vereinten Nationen), in: Berichte der Deutschen Gesellschaft für Völkerrecht, Heft 10, 1971, 1–50.

Gramlich, Ludwig: Rechtsgestalt, Regelungstypen und Rechtsschutz bei grenzüberschreitenden Investitionen, Baden Baden 1984.

Gudofsky, Jason L.: Shedding Light on Art. 1110 of the NAFTA Concerning Expropriations: An Environmental Case Study, Northwestern Journal of International Law and Business, 21 (2000), 243–316.

Guzman, Andrew T.: Why LDCs Sign Treaties that Hurt Them: Explaining the Popularity of Bilateral Investment Treaties, Virginia Journal of International Law 38, (1998), 639–688.

Häde, Ulrich: Der völkerrechtliche Schutz von Direktinvestitionen im Ausland – Vom Fremdenrecht zum Multilateralen Investitionsabkommen, Archiv des Völkerrechts, 35 (1997), 181.

Hahn, Hugo J., Gramlich, Ludwig: Regelungstypen internationaler Investitionen – Grenzüberschreitender Kapitalverkehr im Völkerrecht und innerstaatlichen Wirtschaftsrecht, Archiv des Völkerrechts, 21 (1983), 145–238.

Henderson, David: The MAI Affair: A Story and Its Lessons, Pelham Paper 5, Melbourne Business School 1999.

216

Hershey, Amos S.: The Calvo and Drago Doctrines, American Journal of International Law, 1 (1907), 26–45.

Herz, John H.: Expropriation of Foreign Property, American Journal of International Law, 35 (1941), 243–262.

Higgins, Rosalyn: The Taking of Property by the State: Recent Developments in International Law, Recueil des Cours, 176 (1982), 259–391.

Horn, Frank: Reservations and Interpretative Declarations to Multilateral Treaties, The Hague 1988.

Hunter, David, Porter, Stephen: International Environmental Law and FDI, in: Legal Aspects of Foreign Direct Investment, hrsg. von Bradlow, Daniel D., Escher, Alfred D., The Hague 1999.

Hyde, James, N.: Permanent Sovereignty over Natural Wealth and Resources, American Journal of International Law, 50 (1956), 845–867.

ICSID: Schiedsurteile, die nach den Regeln der ICSID verhandelt wurden, können auf der Internetseite der ICSID abgerufen werden: http://icsid.worldbank.org/ICSID/FrontServlet?requestType=CasesRH& actionVal=ShowHome&pageName=Cases_Home

Ipsen, Knut: Völkerrecht, 6. Aufl., München 2012.

Kaeckenbeeck, G.: The Protection of Vested Rights, British Yearbook of International Law, 17 (1936), 1–18.

Katzarov, Konstantin: The Theory of Nationalisation, London 1964.

Khalilian, S.K.: The Place of Discounted Cash Flow in International Commercial Arbitrations: Awards by Iran-United States Claims Tribunal, Journal of International Arbitration, 8 (1991), 31–50.

Kimerling, Judith: Disregarding Environmental Law: Petroleum Development in Protected Natural Areas and Indigenous Homelands in the Ecuadorian Amazon, Hastings International and Comparative Law Review, 14 (1991), 849–903.

Klein, Michael, Aaron, Carl, Hadjimichael, Bita: Foreign Direct Investment and Poverty Reduction, World Bank Working Paper 2613, Juni 2001.

Kloepfer, Michael: Umweltrecht, 3. Aufl., München 2004.

Kühn, Jürgen: Neubesinnung der Entwicklungsländer gegenüber Auslandsinvestitionen, in: Zielsetzung Partnerschaft: Die weltwirtschaftliche Bedeutung von Auslandsinvestitionen und Technologietransfer, Edition Dräger-Stiftung, Band 9, 1985, 229–244.

Kühn, Wolfgang, Gantenberg, Ulrike: Die CME-Saga: Ein internationaler Investitionsstreit, SchiedsVZ 2004, 1–13.

Lauterpacht, Elihu: International Law and Private Foreign Investment, Global Legal Studies, 4 (1997), 259–276.

Legum, Barton: Introductory Note to Methanex Corporation v. United States of America, I.L.M. 44 (2005), 1343–1344.

Legum, Barton: Defining Investment and Investor: Who is Entitled to Claim?, Konferenzbeitrag zum Symposium „Making the Most of International Investment Agreements: A Common Agenda", organisiert von ICSID, OECD und UNCTAD, 12. Dezember 2005 in Paris, abrufbar unter: http://www.oecd.org/daf/inv/internationalinvestmentagreements/3637046 1.pdf.

Lörcher, Torsten: ICSID-Schiedsgerichtsbarkeit, SchiedsVZ 2005, 1–21.

Lowenfeld, Andreas: International Economic Law, Oxford 2002.

Lücke, Jörg: Universales Verfassungsrecht, Völkerrecht und Schutz der Umwelt, Archiv des Völkerrechts, 35 (1997), 1–28.

MacDougall, G.D.A.: The Benefits and Costs of Private Investment from Abroad: A Theoretical Approach, Economic Record, Vol. 36, 13–35.

Mani, Muthukumara, Wheeler, David: In Search of Pollution Havens? Dirty Industry in the World Economy, 1960-1995 (April, 1997), room document presented to the OECD Conference on FDI and the Environment (The Hague, 28-29 January 1999).

Mann, Howard, von Moltke, Konrad: NAFTA's Chapter 11 and the Environment – Addressing the Impacts of the Investor-State Process on the Environment, 1999, herausgegeben vom International Institute for Sustainable Development, abrufbar unter: http://www.iisd.org/pdf/nafta.pdf

McRae, M.D.: The Legal Effect of Interpretative Declarations, British Yearbook of International Law, 49 (1978), 155–173.

Meessen, Karl Matthias: Die Verstaatlichung des Kupferbergbaus in Chile vor deutschen Gerichten, Außenwirtschaftsdienst (AWD) 1973, 177–181.

von Mehren, Robert B., Kouridas, Nicholas: International Arbitrations between States and Foreign Private Parties: The Libyan Nationalization Cases, American Journal of International Law, 75 (1981), 476–552.

Merkt, Hanno: Investitionsschutz durch Stabilisierungsklauseln – Zur intertemporalen Rechtswahl in State Contracts, Heidelberg 1990.

Mishkin, Frederic S., Eakins, Stanley G.: Financial Markets and Institutions, 3. Aufl., Boston 2000.

Morisset, Jaques, Pirnia, Neda: How Tax Policy and Incentives affect Foreign Direct Investment, A Review, World Bank Working Paper No. 2509, Dezember 2000.

NAFTA: Schiedsurteile nach dem NAFTA können auf den folgenden Internetseiten abgerufen werden:

http://www.international.gc.ca/trade-agreements-accords-commerciaux/topics-domaines/disp-diff/nafta.aspx?lang=eng

Newcombe, Andrew: The Boundaries of Regulatory Expropriation in International Law, ICSID Review – Foreign Investment Law Journal, 20 (2005), 1–57.

O'Keefe, P.J.: The United Nations and Permanent Sovereignty over Natural Resources, Journal of World Trade Law, 8 (1974), 239–282.

Onuf, N.G.: Professor Falk on the Quasi-Legislative Competence of the General Assembly, American Journal of International Law, 64 (1970), 349–355.

Orrego Vicuna, Francisco: Some International Law Problems Posed by the Nationalisation of Copper Industry by Chile, AJIL 67 (1973), 711–727.

Parra, Antonio: Provisions On The Settlement Of Investment Disputes In Modern Investment Laws, Bilateral Investment Treaties And Multilateral Instruments On Investment, ICSID Review – Foreign Investment Law Journal 12 (1997), 287–364.

Patzina, Reinhard: Rechtlicher Schutz ausländischer Privatinvestoren gegen Enteignungsrisiken in Entwicklungsländern, Heidelberg/Hamburg 1981.

Public Citizen: NAFTA Chapter 11 Investor-to-State Cases: Bankrupting Democracy, 2001, abrufbar unter
http://www.citizen.org/documents/ACF186.PDF

Ralston, Jackson H., Doyle, W.T. Sherman: Venezuelan Arbitrations of 1903: protocols, opinions, summary of awards, Washington D.C. 1904.

Redfern, Alan: The Arbitration between the Government of Kuwait and Aminoil, British Yearbook of International Law, 55 (1984), 65–110.

Reed, Lucy: The De Facto Precedent Regime in Investment Arbitration: A Case for Proactive Case Management, ICSID Review – Foreign Investment Law Journal, 25 (2010), 95–104.

Rückle, Dieter: Investitionen in Handbuch der Betriebswirtschaft (HWB), Teilband 2, 5. Aufl., Stuttgart 1993.

Saggi, Kamal: Trade, Foreign Direct Investment, and Technology Transfer: A Survey, World Bank Working Paper Nr. 2349, Mai 2000.

Salzman, James: Labor Rights, Globalization and Institutions: The Role and Influence of the Organization for Economic Cooperation and Development, Michigan Journal of International Law, 21 (2000), 769–848.

Sands, Phillipe: The „Greening" of International Law: Emerging Principles and Rules, Indiana Journal of Global Legal Studies, 1 (1994), 293–323.

Schanze, Erich: Investitionsverträge im internationalen Wirtschaftsrecht, Frankfurt a.M. 1986.

Scheurer, Christoph: Fair and Equitable Treatment in Arbitral Practice, Journal of World Investment & Trade, 6 (2005), 357–386.

Scheyli, Martin: Aarhus-Konvention über Informationszugang, Öffentlichkeitsbeteiligung und Rechtsschutz in Umweltbelangen, Archiv des Völkerrechts, 38 (2000), 217–252.

Schill, Stephan: The Multilateralization of International Investment Law, Cambridge 2009, zugl. Diss. Frankfurt am Main.

Schneidermann, David: NAFTA's Takings Rule: American Constitutionalism comes to Canada, University of Toronto Law Journal, 46 (1996), 499–537.

Seidl- Hohenveldern, Ignaz: Die Verstaatlichung von Kupferbergbaubetrieben in Chile, Außenwirtschaftsdienst (AWD) 1974, 421–428.

Sen, B: Investment Protection and New World Order, Zeitschrift für ausländisches öffentliches Recht und Völkerrecht, 48 (1988), 419–446.

Shenkman, Ethan: Could Principles of Fifth Amendment Takings Jurisprudence be Helpful in Analyzing Regulatory Expropriation Claims under International Law?, N.Y.U. Environmental Law Journal, 11 (2002), 174.

Simma, Bruno: The Charter of the United Nations – A Commentary, Oxford 2002.

Smarzynska, Beata K., Shang-Jin Wie: Pollution Havens and Foreign Direct Investment: Dirty Secret or Popular Myth? Policy Research Department, Working Paper No. 2673, September 2001, World Bank.

Sohn, Louis B., Baxter, Richard B.: Draft Convention on the International Responsibility of States for Injuries to Aliens, American Journal of International Law, 55 (1961), 548–584.

Soloway, Julie A.: Environmental Regulatoin as Expropriation: The Case of NAFTA's Chapter 11, Canadian Business Law Journal, 33 (2000), 92–127.

Dies.: Environmental Trade Barriers Under NAFTA: The MMT Fuel Additives Controversy, Minnesota Journal of Global Trade, 8 (1999), 55–95.

Sornarajah, M.: The international Law on Foreign Investment, 2. Aufl., Cambridge 2004.

Ders.: Compensation for Expropriation: The Emergence of New Standards, Journal of World Trade Law, 13 (1979), 108–131.

Sparwasser, Reinhard, Engel, Rüdiger, Voßkuhle, Andreas: Umweltrecht – Grundzüge des öffentlichen Umweltschutzrechts, 5. Aufl., Heidelberg 2003.

Stephens, Beth: The Amorality of Profit: Transnational Corporations and Human Rights, Berkeley Journal of International Law, 20 (2002), 45–90.

Stewart, Richard B.: Pyramids of Sacrifice? Problems of Federalism in Mandating State Implementation of National Environmental Policy, Yale Law Journal, 86 (1977), 1196–1272.

Stoll, Jutta: Vereinbarungen zwischen Staat und ausländischem Investor, Berlin/Heidelberg 1982.

Swan, Alan C.: Anmerkungen zu Ethyl Corp. v. Canada, Award on Jurisdiction, American Journal International Law, 94 (2000), 159–166.

Tomuschat, Christian: Die Charta der wirtschaftlichen Recht und Pflichten der Staaten, Zeitschrift für ausländisches öffentliches Recht und Völkerrecht, 36 (1976), 444–491.

Tully, Stephen: The 2000 Review of the OECD Guidelines for Multinational Enterprises, International and Comparative Law Quarterly, 50 (2001), 394–404.

United Nations Centre on Transnational Corporations (UNCTC): World Investment Report 1991 – The Triad in foreign direct investment, United Nations, New York 1991.

United Nations Conference on Trade and Development (UNCTAD): World Investment Report 2007 – TNCs and the Internationalization of R&D, New York and Geneva 2007.

United Nations Conference on Trade and Development (UNCTAD): World Investment Report 2006 – FDI from Developing and Transition Economies: Implications for Development, New York and Geneva 2006.

United Nations Conference on Trade and Development (UNCTAD): World Investment Report 2003 – FDI Policies for Development: National and International Perspectives, New York and Geneva 2003.

United Nations Conference on Trade and Development (UNCTAD): World Investment Report 2002 – Transnational Corporations and Export Competitiveness, United Nations, New York and Geneva 2002.

United Nations Conference on Trade and Development (UNCTAD): World Investment Report 2001 – Promoting Linkages, United Nations, New York and Geneva 2001.

United Nations Conference on Trade and Development (UNCTAD): UNCTAD Series on issues in international investment agreements: Dispute Settlement: Investor-State, New York and Geneva 2003.

United Nations Conference on Trade and Development (UNCTAD): UNCTAD Series on issues in international investment agreements: Environment, United Nations, New York and Geneva 2001.

United Nations Conference on Trade and Development (UNCTAD): UNCTAD Series on issues in international investment agreements: Taking of Property, United Nations, New York and Geneva 2000.

United Nations Conference on Trade and Development (UNCTAD): UNCTAD Series on issues in international investment agreements: Scope and Definition, United Nations, New York and Geneva 1999.

United Nations Conference on Trade and Development (UNCTAD): UNCTAD Series on issues in international investment agreements: Trends in International Investment Agreements: An Overview, United Nations, New York and Geneva 1999.

United Nations Conference on Trade and Development (UNCTAD): Investor-State Dispute Settlement and Impact on Investment Rulemaking, New York and Geneva 2007.

United Nations Conference on Trade and Development (UNCTAD): Tax Incentives and Foreign Direct Investment – A Global Survey, New York and Geneva 2000.

United Nations Conference on Trade and Development (UNCTAD): Note by the UNCTAD Secretariat "Foreign Portfolio Investment (FPI) and Foreign Direct Investment (FDI): Characteristics, similarities, complementarities and differences, policy implications and development impact", S. 4 ff., TD/B/COM.2/EM.6/2 and Corr.1, 15 April 1999.

Vagts, Detelv F.: Coercion and Foreign Investment Rearrangements, American Journal of International Law, 72 (1978), 17–36.

Vandevelde, Kenneth J.: Sustainable Liberalism and the International Investment Regime, Michigan Journal of International Law, 19 (1998), 373–399.

Verdross, Alfred: Kann die Generalversammlung der Vereinten Nationen das Völkerrecht weiterbilden?, Zeitschrift für ausländisches öffentliches Recht und Völkerrecht, 26 (1966), 690–697.

Verwey, Will D., Schrijver, Nico J.: The Taking of Foreign Property under International Law: A New Legal Perspective?, Netherlands Yearbook of International Law, 15 (1984), 3–96.

Vitzthum, Wolfgang Graf (Hrsg.): Völkerrecht, 4. Aufl., Berlin 2007.

Wagner, J. Martin: International Investment, Expropriation and Environmental Protection, Golden Gate University Law Review, 29 (1999), 465–539.

Wälde, Thomas, Kolo, Abba: Environmental Regulation, Investment Protection and "Regulatory Taking", International und Comparative Law Quarterly, 50 (2001), 811–848.

Wälde, Thomas: International Disciplines in National Environmental Regulation: With Particular Focus on Multilateral Investment Treaties, in: International Investment and Protection of the Environment, hrsg. vom International Bureau of the Permanent Court of Arbitration, 2001, 29–71.

Weeramantry, Romesh J: The Future Role of Past Awards in Investment Arbitration, ICSID Review – Foreign Investment Law Journal, 25 (2010), 111–127.

Weiler, Todd: The Treatment of SPS Measures Under NAFTA Chapter 11: Preliminary Answers to an Open-Ended Question, Boston College International and Comparative Law Review, 26 (2003), 229–262.

Ders.: NAFTA Investment Arbitration and the Growth of International Economic Law, Business Law International, 2 (2000), 158–189.

Ders.: The Ethyl Arbitration: First of its Kind and a Harbinger of Things to come, The American Review of International Arbitration, 11 (2000), 187–204.

Weisman, Joshua: Restrictions on the Acquisition of Land by Aliens, Australian Journal of Contract Law, 28 (1980), 39–66.

Weissbrot, David, Kruger, Maria: Norms on the Responsibility of Transnational Corporations and Other Business Enterprises with Regard to Human Rights, American Journal of International Law, 97 (2003), 901–922.

Westfield, Elisa: Globalization, Governance, and Multinational Enterprise Responsibility: Corporate Codes of Conduct in the 21st Century, Virginia Journal of International Law, 42 (2002), 1075–1108.

Weston, Burns H.: The Charter of Economic Rights and Duties of States and the Deprivation of Foreign Owned Wealth, American Journal of International Law, 75 (1981), 437–475.

Ders.: "Constructive Takings" under International Law: A Modest Foray into the Problem of "Creeping Expropriation", Virginia Journal of International Law, 16 (1975–1976), 103–175.

Wheeler, David: Racing to the Bottom? Foreign Investment and Air Pollution in Developing Countries, Policy Research Department Working Paper No. 2524, Januar 2001, World Bank.

Wiesner, Eduardo A.: ANCOM: a new attitude toward foreign investment?, University of Miami Inter-American Law Review, 24 (1992–1993), 435–465.

Williams, John Fischer: International Law and the Property of Aliens, British Yearbook of International Law, 9 (1928), 1–30.

Yannaca-Small, Katia: Improving the System of Investor-State Settlement: An Overview, OECD Working Paper on International Investment, No. 2006/01.

Dies.: Fair and Equitable Treatment Standard in International Investment Law, OECD Working Paper on International Investment, No. 2004/3

Zarsky, Lyuba: Havens, Halos and Spaghetti: Untangling the Evidence about Foreign Direct Investment and the Environment, OECD Dokument CCNM/EMEF/EPOC/CIME (98) 5, 1999.